Stellung und Haftung der Depotbank im Investment-Dreieck

Europäische Hochschulschriften

Publications Universitaires Européennes
European University Studies

Reihe II
Rechtswissenschaft

Série II   Series II
Droit
Law

Bd./Vol. 3945

PETER LANG

Frankfurt am Main · Berlin · Bern · Bruxelles · New York · Oxford · Wien

Nils Seegebarth

Stellung und Haftung der Depotbank im Investment-Dreieck

PETER LANG
Europäischer Verlag der Wissenschaften

Bibliografische Information Der Deutschen Bibliothek
Die Deutsche Bibliothek verzeichnet diese Publikation in der
Deutschen Nationalbibliografie; detaillierte bibliografische
Daten sind im Internet über <http://dnb.ddb.de> abrufbar.

Zugl.: Hamburg, Univ., Diss., 2004

Gedruckt auf alterungsbeständigem,
säurefreiem Papier.

D 18
ISSN 0531-7312
ISBN 3-631-52685-7

© Peter Lang GmbH
Europäischer Verlag der Wissenschaften
Frankfurt am Main 2004
Alle Rechte vorbehalten.

Printed in Germany 1 2 3 4 5   7

www.peterlang.de

Meinen Eltern

Vorwort

Die vorliegende Arbeit wurde vom Fachbereich Rechtswissenschaft der Universität Hamburg im Wintersemester 2003 als Dissertation angenommen. Die Arbeit wurde Anfang 2003 abgeschlossen und befindet sich auf dem aktualisierten Stand 29.02.2004.

Mein aufrichtiger Dank gilt meinem Doktorvater Herrn Prof. Dr. Ott, der die Arbeit betreute. Er hat mein wissenschaftliches Interesse am Kapitalmarktrecht geweckt und durch seine vielfältigen Anregungen die Entstehung der Arbeit maßgeblich gefördert. Herrn Prof. Dr. Hopt möchte ich danken für die Erstellung des Zweitgutachtens.

Besonderer Dank gebührt meinen Eltern. Ihre Unterstützung sowohl im Studium als auch während meiner Promotions- und Referendarzeit waren und sind für mich von unschätzbarem Wert. Zudem möchte ich Dir, liebe Bine, für die Geduld bei der Fertigstellung der Dissertation danken.

Frankfurt a.M., im März 2004   Nils Seegebarth

INHALTSVERZEICHNIS

LITERATURVERZEICHNIS

Adams, Michael	Bankenmacht und Deutscher Juristentag, in: ZIP 1996, S. 1590 ff.
Albach, Horst	Corporate Governance, ZfB Erg. Heft 1/2000
Archner, Gernot	Das 4. Finanzmarktförderungsgesetz aus Sicht der Wertpapier-Investmentbranche, in: Die Bank 2001, S. 800 ff.
Arrow, Kennth J.	The Economics of Agency , in: John Winsor Pratt / Richard J. Zeckhauser (Hrsg.) Principals and Agents: The Struktur of Business, Boston, Harvard Business School Press, 1.Auflage, 1985, S. 37 ff.
Assmann, Heinz-Dieter	Grundfälle zum Vertrag mit Schutzwirkung für Dritte, in: JuS 1986, S. 885 ff.
Assmann, Heinz-Dieter	Konzeptionelle Grundlagen des Anlegerschutzes, in: ZBB 1989, S. 49 ff.
Assmann, Heinz-Dieter	Prospekthaftung, Köln (u.a.), 1985
Assmann, Heinz-Dieter / **Schneider**, Uwe H.	Wertpapierhandelsgesetz, Kommentar, 1. Auflage, Köln, 1995
Assmann, Heinz-Dieter / **Schneider**, Uwe H.	Wertpapierhandelsgesetz, Kommentar, 3. Auflage, Köln, 2003

Assmann, Heinz-Dieter **Schütze,** Rolf A.	/ Handbuch des Kapitalanlagerechts, 2. Auflage, München, 1997 *[zitiert: Bearb. in: Assmann / Schütze]*
Assmann, Heinz-Dieter **Schütze,** Rolf A.	/ Handbuch des Kapitalanlagerechts, Ergänzungsband zur 2. Auflage, München, Stand Januar 2001 *[zitiert: Bearb. in: Assmann / Schütze, Erg.-Bd.]*
Bähr, Biner	Anmerkungen zu AG Frankfurt a.M., Urt. v. 06.03.1995, in: EWiR 1995, S. 645 f.
Balzer, Peter	Anmerkungen zu BGH, Urteil v. 18.09.2001, in: EWiR 2002, S. 117 f.
Balzer, Peter	Aufklärungs- und Beratungspflichten bei der Vermögensverwaltung, in: WM 2000, S. 441 ff.
Balzer, Peter	Vermögensverwaltung durch Kreditinstitute, München, 1999
Bamberg, Günter / **Spremann,** Klaus	Agency Theory, Information and Incentives, Berlin, 1989
Barocka, Egon	Investmentsparen und Investmentgesellschaften, Stuttgart, 1965
Baudenbacher-Tandler, Doris	Schutz vor neuen Anlegerrisiken, Diss., Bern, 1987 (1988)
Baum, Günter	Schutz und Sicherung des Investmentsparers bei Kapitalanlagegesellschaften und Investment-Trusts, Diss., Mainz, 1960 (1959)

Baums, Theodor — Universal Banks and Investment Companies in Germany, in: Saunders, Anthony / Walter, Ingo (Hrsg.) Universal Banking, Chicago / London / Singapore, 1996, S. 124 ff.

Baums, Theodor / **König**, Markus — Investmentfonds im Universalbankkonzern: Rechtstatsachen und aktuelle Reformfragen, in: Aktien- und Bilanzrecht, Festschrift für Bruno Korpff, hrsg. von Karl-Heinz Forster u.a., Düsseldorf, 1997

Baums, Theodor / **König**, Markus — Universalbanken und Investmentfonds, Aktuelle Reformfragen, Arbeitspapier 13/96, Universität Osnabrück, Institut für Handels- und Wirtschaftsrecht, *[zitiert: Baums / König, Arbeitspapier 13/96]*

Baums, Theodor / **Theissen**, Erik — Banken, bankeigene Kapitalanlagegesellschaften und Aktienemissionen, 1998, Arbeitspapier Nr. 66, Universität Osnabrück, Institut für Handels- und Wirtschaftsrecht

Baur, Jürgen — Investmentgesetze, Kommentar, 1. Teilband, §§ 1-25 j KAGG, 2. Teilband, §§ 26-55 KAGG, AuslInvestmG, 2. Auflage, Berlin / New York, 1997

Beckmann, Klaus / **Scholtz**, Rolf-Detlev — Investment, - Ergänzendes Handbuch für das gesamte Investmentwesen -, Berlin, 50. Erg.-Lfg. v. Sept. 2003, *[zitiert: Bearb. in: Investment-Handbuch]*

Behrens, Peter — Die ökonomischen Grundlagen des Rechts, Tübingen, 1986

Behrenwaldt, Udo — Depotführung bei Kapitalanlagegesellschaften im Aufwind, in: Die Bank 2000, S. 111 ff.

Berndt, Lothar — Strukturen und Funktionen des Marktes für Investmentzertifikate in der Bundesrepublik Deutschland, Diss., - Kölner wirtschafts- und sozialwissenschaftliche Abhandlungen 15, Aachen (Köln), 1975

Bezzenberger, Gerold — Investment-Gesetz verbesserungsfähig, in: Das Wertpapier 1968, S. 44 ff.

Bhattacharya, Sudipto / **Pfeiderer**, Paul — Delegated Portfolio Management, in: Journal of Economic Theory, Vol. 36 1985, S. 1 ff.

Böer, Björn Peter — Mehr Freiheit für die Altersvorsorge, in: F.A.Z. Nr. 211 v. 11.09.2001, S. 17

Boveri, Ursula — Über die rechtliche Natur der Investment Trusts und die Rechtsstellung des Zertifikatsinhabers, Diss., Zürich (Aarau), 1945

Brinkhaus, Josef / **Scherer**, Peter — Gesetz über Kapitalanlagegesellschaften, Auslandsinvestmentgesetz, Kommentar, München, 2003 *[zitiert: Bearb. In: Brinkhaus / Scherer]*

Bruske, Frank — Beweiswürdigung und Beweislast bei Aufklärungspflichtverletzungen im Bankrecht, Berlin, 1994

Bruchner, Helmut — Bankenhaftung bei fremdfinanziertem Immobilienerwerb, in: WM 1999, S. 825 ff.

Bundesverband Deutscher Investmentgesellschaften	Investment 2002 - Daten, Fakten, Entwicklungen, Frankfurt a.m., 2002
Bundesverband Deutscher Investmentgesellschaften	Investment 2001 - Daten, Fakten, Entwicklungen, Frankfurt a.m., 2001
Bundesverband Deutscher Investmentgesellschaften	Investment 2000 - Daten, Fakten, Entwicklungen, Frankfurt a.m., 2000
Büschgen, Hans E.	Bankbetriebslehre, 5. Auflage, Wiesbaden, 1998
Büschgen, Hans E.	Rentabilität und Risiko der Investmentanlage, Stuttgart, 1971
Caemmerer, Ernst von	Kapitalanlage- oder Investmentgesellschaften, in: JZ 1958, S. 41 ff.
Calabresi, Guido	The Costs of Accidents – A Legal and Economic Analysis, 3. Auflage, New Haven and London, Yale University Press, 1972
Canaris, Claus-Wilhelm	Bankvertragsrecht, 2. Auflage, Berlin, 1981
Canaris, Claus-Wilhelm	Schutzwirkungen zugunsten Dritter bei „Gegenläufigkeit" der Interessen, in: JZ 1995, S. 441 ff.
Carl, Dieter / **Machunsky**, Jürgen	Der Wertpapier-Verkaufsprospekt, Göttingen, 1992
Claussen, Carsten Peter	Bank- und Börsenrecht, 3. Auflage, München, 2003
Consbruch, Johannes	Investmentsparen gesetzlich geschützt, in: BB 1957, S. 337 ff.

Cramer, Jörg E. / **Rudolph**, Bernd	Handbuch für Anlageberatung und Vermögensverwaltung, Frankfurt a.M., 1995
Deutsche Bundesbank	Monatsbericht Oktober 1994, Entwicklung und Bedeutung der Geldanlage in Investmentzertifikaten, S. 49 ff.
Deutsche Bundesbank	Monatsbericht Juli 2001, Statistischer Teil, Absatz und Entwicklung von Investmentzertifikaten in Deutschland, S. 51
Deutsche Bundesbank	Monatsbericht Januar 2003, Statistischer Teil, Absatz und Entwicklung von Investmentzertifikaten in Deutschland, S. 51.
Dietel, Rainer von	Die Ausübung der Mitgliedschaftsrechte durch Kapitalanlagegesellschaften aus den Beteiligungen, die zu einem Sondervermögen (Fonds) gehören, Diss., Mainz, 1963
Dürr, Wolfram	Eigenen Investmentfonds einer Nicht-KAG ?, in: WM 1990, S. 621 ff.
Dürre, Günter	Investmentsparen und Investmentgesellschaften, in: Sparkasse 1956, S. 219 ff.
Dürre, Günter	Investmentsparen und Investmentgesellschaften, in: Sparkasse 1957, S. 132 ff.
Ebner von Eschenbach, Hans-Christoph Frhr.	Die Rechte des Anteilsinhabers nach dem Gesetz über Kapitalanlagegesellschaften, Diss., Erlangen, 1959

Einmahl, Matthias — Die Preispolitik großer deutscher Investmentgesellschaften im Lichte des AGB-Rechts, in: ZIP 2002, S. 381 ff.

Ekkenga, Jens — Anlegerschutz, Rechnungslegung und Kapitalmarkt, Tübingen, 1998

Ellenberger, Jürgen — Die neuere Rechtsprechung des Bundesgerichtshofs zu Aufklärungs- und Beratungspflichten bei der Anlageberatung, in: WM 2001, Sonderbeilage Nr. 1

Eller, Roland — Kapitalanlagen in Investmentfonds, 1. Auflage, Stuttgart, 1993

Engenhardt, Gerold F. — Die Macht der Banken, Wiesbaden, 1995

Esser, Josef / **Schmidt**, Eike — Schuldrecht, Bd. 1, Allgemeiner Teil, Teilband 1, 8. Auflage, Heidelberg, 1995

Fenchel, Udo — Das Vierte Finanzmarktförderungsgesetz – Ein Überblick, in: DStR 2002, S. 1355 ff.

Fischer, Reinfrid / **Klanten**, Thomas — Bankrecht, Grundlagen der Rechtspraxis, 3. Auflage, Köln, 2000

Fleischer, Holger — Grundfragen der ökonomischen Theorie im Gesellschafts- und Kapitalmarktrecht, in: ZGR 2001, S. 1 ff.

Förster, Heinrich H. — Die Prospekthaftung der organisierten und grauen Kapitalmärkte, Frankfurt a.M., 2002

Förster, Wolfgang / **Hertrampf**, Urte — Das Recht der Investmentfonds, 3. Auflage, Neuwied, Kriftel, 2001

Franke, Günter /   Finanzwirtschaft des Unternehmens und Kapi-
Hax, Herbert   talmarkt, 4. Auflage, Berlin u.a., 1999

Gelder, Alfons   Schutzpflichten zugunsten Dritter im bargeldlo-
sen Zahlungsverkehr ?, in: WM 1995, S. 1253
ff.

Gericke, Karlheinz   Rechtsfragen zum Investmentsparen, in: DB
1959, S. 1276 ff.

Gerke, Wolfgang /   Strukturelle Neugestaltung des deutschen In-
Rapp, Heinz-Werner   vestmentrechts, in: ZBB 1992, S. 85 ff.

Geßler, Ernst   Das Recht der Investmentgesellschaften und ihrer Zertifikatsinhaber, in: WM 1959, Sonderbei-
lage Nr. 4, S. 10 ff.

Gillenkich, Robert   Gestaltung optimaler Anreizverträge, Wiesbaden, 1997

Gläbe, Rüdiger   Der Schutz der Zertifikatsinhaber von Investmentgesellschaften, Meisenheim am Glan, 1975

Gode, Wolfgang   Die Investmentbranche wandelt sich, in: Die
Bank 1988, S. 430 ff.

Grinblatt, Mark /   Adverse risk identives and the design of per-
Titman, Sheridan   formance-based contracts, in: Management Science Vol. 35, 1989, S. 807 ff.

Groß, Wolfgang   Kapitalmarktrecht, 2. Auflage, München, 2002

Grotherr, Siegfried   Die Bedeutung der Prospektprüfung als Instrument des Anlegerschutzes, in: DB 1988, S. 741
ff.

Grundmann, Stefan	Der Treuhandvertrag - insbesondere die werbende Treuhand, München, 1997
Grundmann, Stefan	Europäisches und deutsches Investmentrecht, in: ZBB 1991, S. 242 ff.
Grunewald, Barbara	Die Beweislast bei der Verletzung von Aufklärungspflichten, in: ZIP 1994, S. 1162 ff.
Gschoßmann, Bernhard	Rechtliche Grundlagen des Investmentgeschäfts, München, 1996
Hadding, Walter	Drittschadensliquidation und "Schutzwirkung für Dritte" im bargeldlosen Zahlungsverkehr, in: Handelsrecht und Wirtschaftsrecht in der Bankpraxis, in: Festschrift für Winfried Werner, hrsg. von Walter Hadding u.a., Berlin / New York, 1984
Hagelüken, Alexander	Länder stoppen die private Altersvorsorge, in: Süddeutsche Zeitung Nr. 40 v.17./18.02.2001, S. 6
Hagemeister, Hans-Otto	Die neue Bundesanstalt für Finanzdienstleistungsaufsicht, in: WM 2002, S. 1773 ff.
Hartmann, Alexander	Ökonomie des Investmentsparens, 1. Auflage, Baden-Baden, 1990
Hartmann-Wendels, Thomas	Principal-Agent-Theorie und asymmetrische Informationsverteilung, in: ZfB 1989, S. 714 ff.
Hasselfeldt, Gerda	Finanzmarktförderung, Kapitalmarktstruktur und Investmentfonds, in: ZfK 2001, S. 1383 ff.

Heda, Klaudius /
Heine, Klaus /
Oltmanns, Erich

Indexfonds als Instrument der Kapitalanlage zur Altersvorsorge, in: Die AG 2001, S. 109 ff.

Heinze, Stephan

Europäisches Kapitalmarktrecht, München, 1999

Hellner, Thowald /
Steuer, Stephan

Bankrecht und Bankpraxis, Band 5, Köln, 59. Lfg., Stand Juli 2003,
[zitiert: Bearb. in: BuB]

Heymann, Ekkehardt von

Bankenhaftung bei Immobilienanlagen, 15. Auflage, Frankfurt a.M., 2001

Heymann, Ekkehardt von

Die neuere Rechtsprechung zur Bankenhaftung bei Immobilien-Kapitalanlagen, in: NJW 1999, S. 1577 ff.

Hopt, Klaus J.

Der Kapitalanlegerschutz im Recht der Banken, München, 1975

Hopt, Klaus J.

Inwieweit empfiehlt sich eine allgemeine Regelung des Anlegerschutzes ? - Gutachten, 1976
[zitiert: Hopt, Gutachten]

Hopt, Klaus J.

Risikokapital, Nebenbörsen und Anlegerschutz, in: WM 1985, S. 793 ff.

Hopt, Klaus J.

Vertrags- und Formularbuch zum Handels-, Gesellschafts-, Bank- und Transportrecht, 2. Auflage, München, 2000
[zitiert: Bearb. in: Vertrags- und Formularbuch]

Horn, Norbert	Die Aufklärungspflichten der Banken, in: ZBB 1997, S. 139 ff.
Horn, Norbert / **Schimansky**, Herbert	Bankrecht 1998, Köln, 1998
Hornschuh, Gerold	Auf dem Prüfstand – Der Informationsgehalt von Rechenschaftsberichten sollte geregelt werden, in: F.A.Z. Nr. 122 v. 27.05.2003, Sonderbeilage Investmentfonds, S. B 3.
Horst, Peter Michael	Kapitalanlegerschutz, Haftung bei Emissionen und Vertrieb von Kapitalanlagen, München, 1987
Hunke, Torsten	Anleger denken um, in: F.A.Z. Nr. 106 v. 08.05.2001, Sonderbeilage Investmentfonds, S. B 4
Jährig, Alfred / **Schuck**, Hans / **Rösler**, Peter / **Woite**, Manfred	Handbuch des Kreditgeschäfts, 5. Auflage, Wiesbaden, 1990
Jakob, Michael	Investmentfonds: Möglichkeiten ihrer Ausgestaltung unter besonderer Berücksichtigung einer neuen Anlegerschutzkonzeption, Diss., Saarbrücken, 1995 (Frankfurt a.M., 1996)
Jensen, Michael C.	Organization Theory and Methodology, in: The Accounting Review, vol. 58 (1983), S. 319 ff.

Jensen, Michael C. / Theory of the firm: Managerial Behavior,
Meckling, William H. agency costs and ownership structure, in: Journal of Financial Economics vol. 3 (1976), S. 305 ff.

Kandlbinder, Hans Karl Spezialfonds als Anlageinstrument, Frankfurt a.M., 1991

Kaperschmidt, Sabine Rechtsfragen des Vertriebs von Investmentfonds im Internet, in: WM 2002, S. 1747 ff.

Keßler, Jörg-Ronald / Das Wertpapiergeschäft in Recht und Praxis,
Appel, Klaus Frankfurt a.M., 1996

Kestler, Alexander Neues Investmentgesetz bringt den Finanzplatz Deutschland voran, in: Die Bank 2003, S. 675 ff.

Kiener, Stefan Die Principal-Agent-Theorie aus informationsökonomischer Sicht, Heidelberg, 1990

Kiethe, Kurt Prospekthaftung und grauer Kapitalmarkt, in: ZIP 2000, S. 216 ff.

Klenk, Friedrich Ernst Die rechtliche Behandlung des Investmentanteils, Diss., Köln, 1967

Koch, Hans-Dieter Konzeptionelle Grundlagen der Diskussion über Kapitalanlegerschutz unter besonderer Berücksichtigung des Nebenkapitalmarktes, Diss., Frankfurt a.M., 1981

Koch, Hans-Dieter / Ziele und Instrumente des Anlegerschutzes, in:
Schmidt, Reinhard H. BFuP 1981, S. 231 ff.

Köndgen, Johannes · Zur Theorie der Prospekthaftung, in: Die AG 1983, S. 85 ff. (Teil 1), S. 120 ff. (Teil 2)

Köndgen, Johannes · Anmerkungen zu BGH Urt. v. 18.09.2002, in: WuB I G 4 – 1.02, S. 321 ff.

Kohl, Helmut / **Kübler**, Johannes / **Walz**, Rainer / **Wüstrich**, Wolfgang · Abschreibungsgesellschaften, Kapitalmarkteffizienz und Publizitätszwang - Plädoyer für ein Vermögensanlagegesetz, in: ZHR 1974, S. 1ff.

Kohls, Rainer · Bankrecht, 2. Auflage, München 1997

König, Markus · Anlegerschutz im Investmentrecht, Wiesbaden, 1998

Köster, Heiner · Der Schutz der Kapitalanleger im deutschen und nordamerikanischen Wertpier- und Investmentrecht, Diss., München, 1974

Krimphove, Dieter · Anlageberatung - Das System der zivilrechtlichen Haftung von Kreditinstituten, Frankfurt a.M., 1992

Krimphove, Dieter · Das Zweite Finanzmarktförderungsgesetz, in: JZ 1994, S. 23 ff.

Kübler, Friedrich · Gesellschaftsrecht, 5. Auflage, Heidelberg, 1999

Kümpel, Siegfried · Bank- und Kapitalmarktrecht, 3. Auflage, Köln, 2004

Kümpel, Siegfried / **Peters**, Martin · Aktuelle Rechtsfragen der Wertpapierleihe, in: Die AG 1994, S. 525 ff.

Lang, Norbert — Das Investmentgesetz – Kein großer Wurf, aber ein Schritt in die richtige Richtung -, in: WM 2004, S. 53 ff.

Lang, Volker — Die Beweisverteilung im Falle der Verletzung von Aufklärungs- und Beratungspflichten bei Wertpapierdienstleistungen, in: WM 2000, S. 450 ff.

Larenz, Karl — Lehrbuch des Schuldrechts, Bd. I, Allgemeiner Teil, 14. Auflage, München, 1987

Laux, Helmut — Risiko, Anreiz und Kontrolle, Heidelberg, 1990

Laux, Manfred — Die AS-Investmentrente, in: F.A.Z. Nr. 72 v. 27.03.2001, Sonderveröffentlichung des Internationalen Bankers Forums, S. 3

Laux, Manfred — Investmentrechte der 90er Jahre: Tabus werden gebrochen, in: Die Bank 1993, S. 384 ff.

Laux, Manfred — Zur Umsetzung der Richtlinie zur Harmonisierung des europäischen Investmentrechts in das deutsche Investmentrecht, in: WM 1990, S. 1093 ff.

Laux, Manfred / **Päsler**, Rüdiger — Wertpapier-Investmentfonds, Frankfurt a.M., 1992

Lenenbach, Markus — Kapitalmarkt- und Börsenrecht, Köln, 2002

Liebich, Dieter / **Mathews**, Kurt — Treuhand und Treuhänder in Recht und Praxis, 2. Auflage, Berlin, 1983

Livonius, Hilger von — Investmentrechtliche Rahmenbedingungen für Hedgefonds in Deutschland, in: WM 2004, S. 60 ff.

Lüdicke, Jochen — Mobilienfonds, München, 1996

Lusser, Franz — Die Haftungsverhältnisse bei Anlagefonds, Zürich, 1964

Lütgerath, Henneke Friedrich — Die Erweiterung des Anlagekataloges von Investmentgesellschaften, 1. Auflage, Baden-Baden, 1984

Machunsky, Jürgen — Immobilienfonds und Erwerbermodelle, 3. Auflage, Neuwied / Kriftel / Berlin, 1997

Markowitz, Harry M. — Portfolio Selection, in: Journal of Finance, März 1952, S. 77 ff.

Martens, Knut — Managementüberwachung durch den Aufsichtsrat, Ein Beitrag zur Corporate-Governance Diskussion aus agencytheoretischer Sicht, Lohmar, 2000

Matthes, Jürgen — Das deutsche Corporate-Governance-System, Köln, 2000

Maurer, Raimond — Kontrolle und Entlohnung von Spezialfonds als Instrument der Vermögensanlage von Versicherungsunternehmen, Karlsruhe, 1996

Mauser, Johannes — Anlegerschutzlücken in den Investmentrichtlinien und den umsetzenden Inlandsgesetzen, Tübingen, 1999

Meier-Schatz, Christian J. Wirtschaftsrecht und Unternehmenspublizität, Zürich, 1989

Meilen, Wolfgang Banken, Börsen, Investmentfonds, in: ZfK 1978, S. 536 ff.

Meinhövel, Harald Defizite der Principal-Agent-Theorie, Diss., Bochum, 1998 (Lohmar, 1999)

Meixner, Rüdiger Das Dritte Finanzmarktförderungsgesetz, in: NJW 1998, S. 1896 ff.

Mink, Claudius Immobilienkapitalanlagen, München, 1988

Moll, Gerd Zur Entwicklung des deutschen Investmentwesens, Diss., Tübingen, 1974

Möllers, Thomas M.J. Anlegerschutz durch Aktien- und Kapitalmarktrecht, in: ZGR 1997, S. 334 ff.

Mössle, Klaus Weniger Staat – Pensionsfonds werden für Altersvorsorge wichtiger, in: F.A.Z. Nr. 122 v. 27.05.2003, Sonderbeilage Investmentfonds, S. B 8.

Mülbert, Peter O. Empfehlen sich gesetzliche Regelungen zur Einschränkung des Einflusses der Kreditinstitute auf Aktiengesellschaften?, Gutachten E für den 61. Deutschen Juristentag, München 1996
[zitiert: Mülbert, Gutachten E]

Müller, Gunter Die Rechtsstellung der Depotbank im Investmentgeschäft nach deutschen und schweizerischem Recht, Diss., Genf, 1969
[zitiert: Müller, G.]

Müller, Klaus
Die Überwachung der Geschäftstätigkeit der Kapitalanlagegesellschaft durch die Depotbank, in: DB 1975, S. 485 ff.
[zitiert: Müller, K.]

Narat, Ingo
Deutsche Hedge-Fonds werden nur zögerlich starten, in: Handelsblatt v. 26.02.2004, S. 21

Neuburger, August
Das Gesetz über Kapitalanlagegesellschaften, in: Die AG 1957, S. 97 ff.

Neus, Werner
Ökonomische Agency-Theorie und Kapitalmarktgleichgewicht, Wiesbaden, 1989

Noth, Michael
Regulierung bei asymmetrischer Informationsverteilung, Wiesbaden, 1994

o.V.
Anleger suchen verstärkt nach Rat, in: F.A.Z. Nr. 34 v. 27.02.2001 , S. 34

o.V.
Auch 2002 soll ein gutes Jahr für Immobilienfonds werden, Der Fondsbericht, in: F.A.Z. Nr. 30 v. 05.02.2002, S. 26

o.V.
Bankfilialen bei Fonds-Verkauf auf dem Rückzug, in: F.A.Z. Nr. 48 v. 26.02.2002, S. 27

o.V.
Die Fonds haben eine Verantwortung auch für den Vertrieb, in: F.A.Z. Nr. 159 v. 12.07.2001, S. 27

o.V.
Viele neue Fonds haben einen Themen- oder Branchenfokus, in: F.A.Z. Nr. 159 v. 12.07.2001, S. 26

o.V.

Fondsriesen zieht es nach Deutschland, in: Handelsblatt v. 06.01.2004

Öchsner, Thomas

Die Betriebsrente soll wieder aufleben, in: Süddeutsche Zeitung Nr. 142 v. 24.06.2001 , S. 32

Ohl, Karl

Die Rechtsbeziehungen innerhalb des Investment-Dreiecks, Berlin, 1989

Oldenburg, Alexander

Ein Marktprozeßansatz in der Analyse des Gesetzes über Kapitalanlagegesellschaften (KAGG) - insbesondere bei Publikums-Immobilienfonds, Diss., Berlin, 1998

Onderka, Günther

Die neue Investmentgesetzgebung, in: BB 1969, S. 1.018 ff.

Palandt, Otto

Bürgerliches Gesetzbuch, Kommentar, 63. Auflage, München, 2004

Päsler, Rüdiger H.

Handbuch des Investmentsparens, Wiesbaden, 1991

Paul, Thomas /
Päsler, Rüdiger H.

Das deutsche Investmentrecht, 2. Auflage, Frankfurt a.M., 2003

Petersen, Thomas

Optimale Anreizsysteme, Betriebswirtschaftliche Implikationen der Prinzipal-Agent-Theorie, Wiesbaden, 1989

Poschadel, Burkhard

Rentabilität und Risiko als Kriterien für die Bewertung der Managementleistung deutscher Investmentgesellschaften, Berlin, 1981

Posner, Richard A. Vertragliche Rechtspositionen und Rechtsbehelfe in: Assmann, Heinz-Dieter / Kirchner Christian / Schanze, Erich ,Ökonomische Analyse des Rechts, Tübingen, 1993

Poß, Joachim Investmentfonds und Viertes Finanzmarktförderungsgesetz – Anmerkungen der SPD-Bundestagsfraktion, in: ZfK 2001, S. 1378 ff.

Pötzsch, Thorsten Das Dritte Finanzmarktförderungsgesetz, in: WM 1998, S. 949 ff.

Preute, Thomas Interessengerechte Anlageberatung, Diss., Augsburg (Frankfurt a.M.), 2000

Pütz, Achim / **Schmies**, Christian Die Umsetzung der neuen rechtlichen Rahmenbedingungen für Hedgefonds in der Praxis, in: BKR 2004, S. 51 ff.

Quandt, Kathrin Hedge-Funds eignen sich als Beimischung, in: Handelsblatt v. 08.01.2004, S. 31

Rao, Pavan A. Die Verbesserung des Anlegerschutzes im Investmentrecht durch die Bildung von Risikoklassen, Diss., Frankfurt a.M., 1992

Raulin, Gitta Leistungsorientierte Entlohnung von Portfoliomanagern, Bad Soden, 1996

Rebmann, Kurt / **Säcker**, Franz Jürgen / **Rixecker**, Roland Münchener Kommentar zum Bürgerlichen Gesetzbuch, Bd. 1, Allgemeiner Teil, §§ 1-240, 4. Auflage, München, 2001

Rebmann, Kurt /
Säcker, Franz Jürgen /
Rixecker, Roland

Münchener Kommentar zum Bürgerlichen Gesetzbuch, Bd. 2a, Schuldrecht, Allgemeiner Teil, §§ 241-432, 4. Auflage, München, 2003

Rebmann, Kurt /
Säcker, Franz Jürgen /
Rixecker, Roland

Münchener Kommentar zum Bürgerlichen Gesetzbuch, Bd. 4, Schuldrecht, Besonderer Teil II, §§ 607-704, 3. Auflage, München, 1997

Rebmann, Kurt /
Säcker, Franz Jürgen /
Rixecker, Roland

Münchener Kommentar zum Bürgerlichen Gesetzbuch, Bd. 5, Schuldrecht, Besonderer Teil III, §§ 705-853, 4. Auflage, München, 2004

Reuter, Gerhard

Investmentfonds und die Rechtsstellung der Anteilsinhaber, Diss., Frankfurt a.M., 1964 (1965)

Richter, Rudolf /
Furubotn, Eirik G.

Neue Institutionenökonomik, 3. Auflage, Tübingen, 2003

Ricke, Markus

Stichwort: Hedge Fonds, in: BKR 2004, S. 60 ff.

Roll, Hans-Achim

Vermögensverwaltung durch Kreditinstitute, Berlin, 1983

Roth, Günther H.

Das Treuhandmodell des Investmentrechts, Frankfurt a.M., 1972

Roth, Herbert

Beweismaß und Beweislast bei der Verletzung von bankvertraglichen Aufklärungs- und Beratungspflichten, in: ZHR 1990, S. 513 ff.

Ruda, Walter

Ziele privater Kapitalanleger, Wiesbaden, 1988

Ruhkamp, Christoph

Erstmals mehr Fondsschließungen als Neuauflagen, in: Börsenzeitung v. 06.01.2004, S. 8

Sandbiller, Klaus

Dezentralität und Markt in Banken, Heidelberg, 1998

Sanio, Jochen

Plädoyer für eine Allfinanzaufsicht, in: Süddeutsche Zeitung Nr. 51 v. 02.03.2001 , S. 26

Schäcker, Hanns-Erhard

Entwicklung und System des Investmentsparens, Frankfurt a.M., 1961

Schäfer, Frank A.

Literaturbesprechung zu: Ohl, Die Rechtsbeziehungen innerhalb des Investment-Dreiecks, in: ZBB 1990, S. 175 f.

Schäfer, Frank A.

Anlegerschutz und die Sorgfalt eines ordentlichen Kaufmanns bei der Anlage der Sondervermögen durch die Kapitalanlagegesellschaften, Baden-Baden, 1987
[zitiert: Schäfer, Anlegerschutz]

Schäfer, Frank A.

Haftung für fehlerhafte Anlageberatung und Vermögensverwaltung, Köln, 1993

Schäfer, Frank A.

Wertpapierhandelsgesetz, Börsengesetz, Verkaufsprospektegesetz, Kommentar, Stuttgart, 1999
[zitiert: Schäfer, WpHG]

Schäfer, Frank A. /
Müller, Jörg

Haftung für fehlerhafte Wertpapierdienstleistungen, Köln, 1999

Schäfer, Hans-Berndt /
Ott, Claus

Lehrbuch der ökonomischen Analyse des Zivilrechts, 3. Auflage, Berlin / Heidelberg / New York, 2000

XXXVIII

Scheuerle, Florian — Investmentfonds: Änderungen durch das Dritte Finanzmarktförderungsgesetz, in: DB 1998, S. 1099 ff.

Schimansky, Herbert / **Bunte**, Hermann-Josef / **Lwowski**, Hans-Jürgen — Bankrechts-Handbuch, Band I, 2. Auflage, München, 2001

Schimansky, Herbert / **Bunte**, Hermann-Josef / **Lwowski**, Hans-Jürgen — Bankrechts-Handbuch, Band III, 2. Auflage, München, 2001

Schmidt, Christa Maria — Die Vertriebspublizität der Investmentgesellschaften und weitere gesetzlich vorgesehene Informationspflichten gegenüber Kapitalanlegern, München, 1988

Schmidt, Reinhard H. / **Terberger**, Eva — Grundzüge der Investitions- und Finanzierungstheorie, 4. Auflage, Wiesbaden, 1999

Schneider, Jürgen — Erfolgsfaktoren der Unternehmensüberwachung, Berlin, 2000

Schönauer, Felix — Finanzindustrie bereitet sich auf Boom bei Hedge-Funds vor, in: Handelsblatt v. 05.01.2004; S. 18

Schönle, Herbert — Bank- und Börsenrecht, 2. Auflage, München, 1976

Schuler — Kapitalanlagegesellschaften, ihre Sondervermögen und Anteilsscheine, in: NJW 1957, S. 1049 ff.

Schüller, Stephan

Fremdgehen, Immer häufiger bieten Banken Fonds der Konkurrenz an, in: F.A.Z. Nr. 106 v. 08.05.2001, Sonderbeilage Investmentfonds, S. B 14

Schwark, Eberhard

Anlegerschutz durch Wirtschaftsrecht, München, 1979

Schwennicke, Andreas

Anmerkungen zu OLG Frankfurt a.M., Urt. v. 19.12.1996, in: WiB 1997, S. 608 ff.

Schwintowski, Hans Peter / **Schäfer**, Frank A.

Bankrecht Commercial Banking - Investment Banking, 2. Auflage, Köln, 2004

Sharpe, William F.

Capital Asset Prices: A Theory of Market Equilibrium under Conditions of Risk, in: Journal of Finance, September 1964, S. 425 ff.

Siara, Georg / **Tormann**, Wolfgang

Gesetz über Kapitalanlagegesellschaften vom 16. April 1957, Frankfurt a.M., 1957

Soergel, Hs. Th. / **Siebert**, W.

Bürgerliches Gesetzbuch, Kommentar, Bd. 2, Allgemeiner Teil 2, (§§ 104-240), 13. Auflage, Stuttgart, 1999

Soergel, Hs. Th. / **Siebert**, W.

Bürgerliches Gesetzbuch, Kommentar, Bd. 2, Schuldrecht I, (§§ 241-432), 12. Auflage, Stuttgart, 1990

Soergel, Hs. Th. / **Siebert**, W.

Bürgerliches Gesetzbuch, Kommentar, Bd. 4/2, Schuldrecht III/2, (§§ 651 a-704), 12. Auflage, Stuttgart, 1999

Starks, Laura T.

Performance incentive fee: An agency theoretic approach, in: Journal of Financial and Quantitative Analysis, Vol. 22 1987, S. 17 ff.

Staudinger, Julius von
Beitzke, Günther

/ Kommentar zum Bürgerlichen Gesetzbuch, Buch 1, Allgemeiner Teil, §§ 134-163, Neubearbeitung 2003, Berlin 2003

Staudinger, Julius von
Beitzke, Günther

/ Kommentar zum Bürgerlichen Gesetzbuch, Zweites Buch, Recht der Schuldverhältnisse, §§ 249-254; 13. Auflage, Berlin 1998

Staudinger, Julius von
Beitzke, Günther

/ Kommentar zum Bürgerlichen Gesetzbuch, Zweites Buch, Recht der Schuldverhältnisse, §§ 328-361 b, Neubearbeitung 2001, Berlin 2001

Staudinger, Julius von
Beitzke, Günther

/ Kommentar zum Bürgerlichen Gesetzbuch, Zweites Buch, Recht der Schuldverhältnisse, §§ 652-704, 13. Auflage, Berlin 1995

Staudinger, Julius von
Beitzke, Günther

/ Kommentar zum Bürgerlichen Gesetzbuch, Zweites Buch, Rechts der Schuldverhältnisse, §§ 823-825, 13. Auflage, Berlin 1999

Stebut, Dietrich von

Anmerkungen zu OLG Frankfurt a.M., Urt. v. 19.12.1996, in: EWiR 1997, S. 311 f.

Stebut, Dietrich von

Aufklärungspflichten und Haftungsrisiken von Finanzdienstleistern, in: ZIP 1992, S. 1698 ff.

Steder, K.H.

Die neue Investmentgesetzgebung, in: WM 1969, Sonderbeilage Nr.2

Stodolkowitz, Heinz-Dieter   Beweislast und Beweiserleichterungen bei der Schadensursächlichkeit von Aufklärungspflichtverletzungen, in: VersR 1994, S. 11 ff.

Stolzenburg, Heinz-Dietrich   Anlegerschutz, in: ZfK 1978, S. 826 ff.

Strauch, Dieter   Verträge mit Drittschutzwirkung, in: JuS 1982, S. 823 ff.

Thiel, Jürgen   Der Schutz der Anleger von Wertpapierfonds im deutschen und amerikanischen Recht, Frankfurt a.M. / Bern, 1982

Tormann, Wolfgang   Die Investmentgesellschaften, 5. Auflage, Frankfurt a.M., 1978

Tormann, Wolfgang   Zum Anlegerschutz im Investmentbereich, in: ZfK 1979, S. 137 f.

Tübke, Axel B.   Anlegerrisiko und Anlegerschutz bei Investmentgesellschaften, Diss., Berlin, 1974

Vogelsang, Martin   Die Macht der Banken, München, 1995

Vom Berge und Herrendorff, Hans-Siegmund   Der Schutz des Investmentsparers, Darstellung unter Berücksichtigung des KAGG vom 16.04.1957, Diss., Köln, 1962

Weber, Martin   Deutsches Kapitalmarktrecht im Umbruch, in: NJW 1994, S. 2849 ff.

Weigel, Hansjörg   Die Rechte der Inhaber von Anteilen an Immobilienanlagegesellschaften, Diss., Erlangen-Nürnberg, 1966

Wendt, Peter	Treuhandverhältnisse nach dem Gesetz über Kapitalanlagegesellschaften, Diss., Münster, 1968
Werner, Horst S. / **Machunsky**, Jürgen	Rechte und Ansprüche geschädigter Kapitalanleger, 3. Auflage, Göttingen, 1991
Westermann, Harm Peter	Erman Bürgerliches Gesetzbuch, Handkommentar, Bd. I, §§ 1-853, 10. Auflage, Köln, 2000
Wiedemann, Herbert	Der Kapitalanlegerschutz im deutschen Gesellschaftsrecht, in: BB 1975, S. 1591 ff.
Wiedemann, Herbert	Gesellschaftsrecht, Bd. I, München, 1980
Wolf, Michael	Unter die Lupe genommen, in: F.A.Z. Nr. 106 v. 08.05.2001, Sonderbeilage Investmentfonds , S. B 7
Wolff, Ulrik	Beteiligungsbesitz und Corporate Governance, Wiesbaden, 2000
Zeller, Sven	Anmerkungen zu OLG Frankfurt a.M., Urt. v. 19.12.1996, in: WuB I G 8.-3.97 , S. 418 ff.
Zeppenfeld, Rüdiger	Passive Performance, in: F.A.Z. Nr. 106 . 08.05.2001, Sonderbeilage Investmentfonds , S. B 15
Zeyer, Fred	Deka Investment setzt verstärkt auf Altersvorsorge-Produkte, in: F.A.Z. Nr. 35 v. 11.02.2002, S. 29
Zirener, Horst / **Laux**, Manfred	Vorwort in: Investment 2001 , S. 5

EINLEITUNG

Diese Arbeit beinhaltet einen in der juristischen Literatur und Praxis bisher wenig beachteten Teil des Investmentrechts: Die Stellung und Haftung der Depotbank innerhalb des Investment-Dreiecks. Das Investment-Dreieck beschreibt die rechtlichen Beziehungen zwischen den Beteiligten des Investmentgeschäftes i.S.d. Gesetzes über Kapitalanlagegesellschaften (KAGG) bzw. des seit dem 01.01.2004 geltenden Investmentgesetzes (InvG)[1]. Dies sind die Kapitalanlagegesellschaft (KAG), die Depotbank und die Anteilsinhaber. Ziel der Arbeit ist die Beantwortung der Frage, inwieweit der Anlegerschutz gerade durch die Funktion der Depotbank Berücksichtigung im KAGG gefunden hat und wie er in der Praxis umgesetzt wird. Ansatzpunkt dafür ist der Interessenkonflikt zwischen den Anlegerschutzinteressen und den Interessen der Banken.

Das KAGG trennt strikt zwischen der Verwaltung und der Verwahrung der Sondervermögen und beinhaltet zudem eine Reihe von wichtigen Kontrollfunktionen, die den Depotbanken gegenüber den Investmentgesellschaften zustehen. Auf der anderen Seite sind diese Institutionen häufig gesellschaftsrechtlich miteinander verbunden, was einen effektiven Anlegerschutz in Frage stellen kann. Eine wichtige Rolle für den Anlegerschutz könnte dabei der Depotbank zustehen. Daher soll untersucht werden, welche Position die Depotbank innerhalb des Investment-Dreiecks einnimmt und inwieweit sie in ihrer Rolle dem Anlegerschutzgedanken gerecht wird. Einen Teil des Anlegerschutzes bilden hierbei die Haftungsansprüche, die den Anteilsinhabern gegenüber der Depotbank zustehen können.

Das Investmentrecht als rechtliche Gestaltung der Anlage in Investmentfonds stellt einen Teil des Kapitalmarktrechts dar. Innerhalb des Investment-Dreiecks bestehen zwischen den Investmentgesellschaften, Depotbanken und Anteilsinhabern unterschiedliche Rechtsverhältnisse. Eine Untersuchung und rechtliche Einordnung der Besonderheiten dieser rechtlichen Beziehungen soll im ersten Teil der Arbeit vorgenommen werden.

Im zweiten Teil werden die Risiken und Pflichten innerhalb des Investment-Dreiecks untersucht. Hierbei soll herausgestellt werden, welche Risiken mit der Anlage in Investmentfonds verbunden sind und inwieweit diese durch die Verteilung der Aufgaben und Pflichten von Depotbank und KAG berücksichtigt werden. In einer Analyse des Schutzsystems des Investment-Dreiecks wird die genaue Bedeutung der Depotbank für den Schutz der Anteilsinhaber sowie die gesetzliche Wirkung und die Effektivität der Schutzfunktion der Depotbank in

---

[1] Die Bearbeitung bezieht sich im Folgenden auf die Regelungen des KAGG und enthält bei den jeweiligen Gesetzesänderungen einen Hinweis zur Regelung im InvG.

der Praxis untersucht. Die Erarbeitung erfolgt dabei unter Berücksichtigung der ökonomischen Analyse des Rechts. Im Rahmen der Untersuchung des Schutzsystems des Investment-Dreiecks wird vor allem auf das Problem der Stellung der Depotbank zu den Anteilsinhabern auf der einen Seite und die Zusammenarbeit und gesellschaftliche Verflechtung zwischen Depotbank und KAG auf der anderen Seite eingegangen.

Der dritte Teil der Arbeit befasst sich mit der Untersuchung der Haftungsansprüche, die den Anteilsinhabern gegenüber der Depotbank zustehen. Dabei werden auch die Probleme der Geltendmachung solcher Ansprüche in der Praxis, wie beispielsweise die Beweisproblematik berücksichtigt.
In einem vierten Teil werden schließlich die Ansätze zur Veränderung des Schutzsystems des Investment-Dreiecks dargestellt. Hierzu sollen mehrere Ansätze zur Verbesserung und Neustrukturierung des Anlegerschutzes im Investmentsparen vorgestellt werden. Die durch die Gesetzesänderungen zum 01.01.2004 herbeigeführten Neuerungen werden im fünften Teil der Arbeit vorgestellt und in die abschließende Würdigung mit einbezogen.

Es existiert wenig neuere Literatur zu den Besonderheiten des Investmentgeschäfts nach der Konzeption des KAGG. So herrscht ein Widerspruch zwischen der wirtschaftlichen Bedeutung des Investmentgeschäfts einerseits[2] und seinem Stellenwert in der juristischen Fachliteratur andererseits[3]. Wenig berücksichtigt werden dabei auch die dogmatischen Grundlagen der durch das KAGG vorgegebenen Rechtsbeziehungen[4]. Diese Arbeit will deshalb auch dazu beitragen, das Defizit zwischen der wirtschaftlichen Bedeutung des Investmentgeschäfts und dem Stellenwert in der Literatur zu verringern und Lücken in der rechtlichen Ausgestaltung zu schließen.
Zudem ist festzustellen, dass die Gerichte mit den zwischen Anlegern und Investmentgesellschaften bzw. Depotbanken bestehenden Problemen sehr wenig befasst werden. Die Rechtsprechung hat sich zwar umfassend mit der Anlageberatung und Vermögensverwaltung von Banken beschäftigt. Diesbezüglich hat es bereits zahlreiche Haftungsfälle gegeben[5]. Die Anlageberatung und Vermögensverwaltung sowie die daraus resultierende Haftung soll aber nicht Thema dieser Arbeit sein. Im Rahmen dieser Arbeit soll ausschließlich die Haftung innerhalb des Investment-Dreiecks, speziell die der Depotbank gegenüber den Anteilsinhabern untersucht werden.

---

[2] Zur wirtschaftlichen Bedeutung siehe S. 7 ff.
[3] *Gschoßmann*, S. 1.
[4] *Gschoßmann*, S. 2.
[5] BGHZ 117, 135; 123, 126; BGH WM 1999, 137; 2000, 1441; 2001, 134; Übersicht über die neuere Rechtsprechung bei *Ellenberger*, WM Sonderbeilage Nr. 1 / 2001.

3

Bisher gibt es erst wenige Gerichtsentscheidungen, die sich mit dem Rechtsverhältnis zwischen Depotbank und Anteilsinhabern und einer möglichen Haftung befasst haben: Zu nennen sind hier ist das Urteil des BGH vom 18.09.2001 (AZ: XI ZR 337/00)[6], sowie die Urteile des OLG Frankfurt a.M. vom 26.10.2000 (AZ: 16 U 90/99)[7] als Vorinstanz sowie vom 19.12.1996 (AZ: 16 U 109/96)[8]. Die Revision des letztgenannten Urteils des OLG Frankfurt a.M. war unter dem Aktenzeichen XI ZR 36/97 beim BGH anhängig, ist aber inzwischen zurückgenommen worden[9]. Auf die genannten Entscheidungen wird im Rahmen der Arbeit noch an mehreren Stellen eingegangen, so dass eine nähere Darstellung an dieser Stelle nicht erforderlich erscheint. Der Stand der Literatur sowie der Rechtsprechung sind bis einschließlich Februar 2004 berücksichtigt.

---

[6] BGH WM 2001, 2053 ff.
[7] Unveröffentlicht.
[8] OLG Frankfurt a.M. WM 1997, 364 ff.
[9] Dies ergab eine telefonische Auskunft in der Abteilung Entscheidungsversand beim BGH in Karlsruhe.

-ERSTER TEIL-

Grundlagen und Grundstrukturen des Investmentfonds-Geschäfts

Im ersten Teil der Arbeit sollen zunächst die Grundlagen des Investmentfonds-Geschäfts dargestellt werden, bevor dann auf die besonderen Strukturen der rechtlichen Beziehungen innerhalb des Investment-Dreiecks eingegangen wird.

A.) Grundlagen des Investmentfonds-Geschäfts

Zu den Grundlagen des Investmentfonds-Geschäfts gehört zunächst eine Darstellung der Entwicklung, der Bedeutung und des Vertriebsweges der Investmentfonds. Daneben ist darzustellen, welches Recht auf die Investmentfonds anzuwenden ist. Zudem erfolgt am Ende der Grundlagendarstellung ein Abgrenzung zu mit der Anlage in Investmentfonds ähnlichen Geschäften, die nicht im Rahmen dieser Arbeit behandelt werden.

I.) Entwicklung, Bedeutung und Vertrieb der Investmentfonds

1.) Idee und Entwicklung des Investmentsparens

Die Idee des Investmentsparens basiert auf einem Anlagemodell, das von den Grundprinzipien der Risikodiversifizierung, der Fremdverwaltung und der kollektiven Kapitalanlage geprägt wird[10]. Risikodiversifizierung ist dabei der Versuch, durch Investition des anlagebereiten Vermögens in mehrere Vermögenstitel das Anlagerisiko insgesamt zu minimieren[11]. Da aber nur hochprofessionelle und über eine „kritische Masse" von anlagebereiten Mitteln verfügende Investoren sich in der Lage befinden, selbst ein effizientes Portefeuille zusammenzustellen und zu unterhalten, wird das Investmentgeschäft vom Prinzip der Fremdverwaltung beherrscht. Für Anleger, die die Größenordnung der für die Bildung eines optimalen Portefeuilles erforderlichen Masse nicht erreichen oder denen die individuelle Vermögensverwaltung zu teuer und eine laufende „Pflege" ihrer Geldanlage zu aufwendig ist, bietet das Investmentgeschäft die Möglichkeit, gemeinsam mit anderen in einen Fonds zu investieren[12]. Das Invest-

---

[10] *Gläbe*, S. 144; *Köndgen* in: Schimansky / Bunte / Lwowski, § 113 Rn. 1.
[11] *Köndgen* in: Schimansky / Bunte / Lwowski, § 113 Rn. 2.
[12] *Eller*, S. 8 f.; *Lenenbach*, Rn 11.2.

mentsparen wurde bei der Begründung des KAGG daher auch als ein Instrument für Kleinanleger angesehen[13]. Die Vorteile des Investmentsparens liegen auf der Hand: Durch sorgfältige Auswahl und vorsichtige Mischung des zum Investmentfonds gehörenden Bestands wird das besondere Risiko des Effektenbesitzes gemindert, die Teilhaberschaft an dem so gebildeten Sondervermögen wird durch die Ausgabe kleingestückelter Zertifikate auch dem Kleinsparer ermöglicht, und der Teilhaber ist der Notwendigkeit eigener Sachkunde für die Anschaffung und Verwaltung der Investmentanteile enthoben[14].

Die theoretische Fundierung des Risikogedankens der Fonds basiert auf der Entwicklung der Portfoliotheorie durch Harry M. Markowitz sowie auf deren Weiterentwicklung durch William F. Sharpe. Markowitz führte neben der erwarteten Rendite von Wertpapieren eine zweite Dimension, das Risiko, in seine Betrachtung ein. Er lehnte es außerdem ab, das Risiko eines Wertpapiers isoliert zu betrachten, sondern sah dessen Rolle nur noch im Portfoliozusammenhang. Markowitz wies nach, dass sich das Risiko einer einzelnen Aktie durch Verknüpfung mit anderen Aktien zu einem Portfolio wesentlich reduzieren lässt[15]. Sharpe spaltete in der Weiterentwicklung dieser Überlegungen das gesamte, einer Aktie anhaftende Risiko in ein nicht eliminierbares, sogenanntes systematisches (Markt-)Risiko und in ein durch Anlagestreuung eliminierbares, sogenanntes unsystematisches oder aktienspezifisches Risiko[16]. Mit zunehmender Anzahl von verschiedenen Aktien in einem Portfolio sinkt dann das Risiko der Anlage zwar nicht bis auf Null, aber zumindest bis auf das allgemeine Marktrisiko. Effekt der Diversifikation ist also, dass das vorher aus Marktrisiko und unsystematischem Risiko zusammengesetzte Gesamtrisiko auf das verbleibende Marktrisiko reduziert werden kann. Von diesen Grundgedanken wird die Investmentidee noch heute getragen. Im Rahmen des modernen Portfoliomanagements sind diese Ideen vor allem durch die Asset Allocation weiterentwickelt worden. Unter Asset Allocation ist dabei die Strukturierung eines Portfolios in Asset-Klassen (Aktien, Renten, Geldmarktpapiere), Märkte, Währungen sowie Branchen, Sektoren und Laufzeiten zu verstehen. Gegenstand der Asset Alloca-

---

[13] *Jährig / Schuck / Rösler / Woite*, S. 36; *Schuler*, NJW 1957,1049, 1051; *Hartmann*, S. 11; *Eller*, S. 15; *Köndgen* in: Schimansky / Bunte / Lwowski, § 113 Rn. 9.
[14] *Consbruch*, BB 1957, 337; *Lenenbach*, Rn 11.2; *Zeller* in: Brinkhaus / Scherer KAGG Einl. Rn. 2; zu den Vorteilen siehe auch *Jacob*, S. 18; *Geßler*, WM 1957, Sonderbeilage Nr. 4, S. 10; *Berndt*, S. 17.
Allgemein zu den Vor- und Nachteilen des Investmentsparens aus Banken- und Anlegersicht siehe *Sieper*, ZfK 1994, 367 f.
[15] *Markowitz*, "Portfolio Selection", Journal of Finance, März 1952, S. 77-91.
[16] *Sharpe*, Capital Asset Prices: A Theory of Market Equilibrium under Conditions of Risk, Journal of Finance, September 1964, S. 425-442.

tion ist die strategische Entscheidung über die relativen Anlagevolumina in den verschiedenen Asset-Klassen[17].

Bezüglich der geschichtliche Entwicklung des Investmentsparens soll an dieser Stelle ein Verweis auf andere Arbeiten genügen[18].

2.) Zunehmendes Gewicht und Bedeutung der Investmentfonds

Die Anlageform in Investmentfonds hat wegen ihrer Vorteile inzwischen nicht mehr nur bei den Kleinanlegern, sondern auch längst bei den Anlegern Eingang gefunden, die von ihrem Vermögen her ohne weiteres ein individuelles Wertpapierdepot unterhalten oder aufbauen können[19]. Eine erhebliche Verbreiterung des Angebots und die damit einhergehende stärkere Spezialisierung und Individualisierung der Produktpalette ermöglicht es den Investmentgesellschaften heute, nicht nurmehr risikoscheue Kleinanleger, sondern auch erfahrene und risikofreudigere Anlegerschichten und sogar institutionelle Investoren für ihre Produktpalette zu gewinnen. Die Entwicklung von Aktien- und Rentenfonds unterstreicht, dass Investmentsparer mittlerweile andere Schwerpunkte im Vergleich zur herkömmlichen Kapitalanlage setzen. Die Investmentfonds werden inzwischen auch gezielt für die Alterssicherung eingesetzt[20]. Insbesondere die im Rahmen des Dritten Finanzmarktförderungsgesetzes (FMFG) zugelassenen Altersvorsorge-Sondervermögen (AS-Fonds) eignen sich nicht nur für die private, sondern auch für die betriebliche Altersvorsorge. Die Investmentgesellschaften haben ihre zunächst gegenüber speziellen Altersvorsorgeprodukten geübte Zurückhaltung aufgegeben und „sitzen nun bei der Riester-Rente voll mit im Boot"[21].

Die AS-Fonds werden daher nicht nur für Privatanleger, sondern auch für Mitarbeiterfonds, z.B. im Bereich der betrieblich veranlassten Altersvorsorge sowie in Verbindung mit einer Berufsunfähigkeits- bzw. Pflegeversicherung angebo-

---

[17] *Cramer / Rudolph*, S. 134.

[18] Investment-Handbuch 062, S. 1 ff; *Baur*, Investmentgesetze, vor § 1 Rn. 1-15; *Eller* S. 10 ff.; *Baur* in: Assmann / Schütze, § 18 Rn. 1 a ff.; *Tormann*, S. 12 ff.; *Hockmann* in: Cramer / Rudolph, S. 127 f; *Zeller* in: Brinkhaus / Scherer KAGG Einl. Rn. 3 ff. Zur Investmentidee und der Entwicklung des Investmentsparens siehe auch auf der homepage des Bundesverbandes Investment und Asset Management, www.bvi.de unter „Basiswissen / Investment-Geschichte".

[19] *Jährig / Schuck / Rösler / Woite*, S. 36.

[20] *Hartmann*, S. 12 f, 88; *Böer*, F.A.Z. Nr. 211 v. 11.09.2000, S. 17; *Mössle*, F.A.Z. Nr. 122 v. 27.05.2003, Sonderbeilage Investmentfonds, S. B 8.

[21] *Zeyer*, F.A.Z. Nr. 35 v. 11.02.2002, S. 29.

ten[22]. Es wird diesbezüglich von einem Aufbrechen traditioneller Denkstrukturen im Bereich der betrieblichen Alterssicherung gesprochen[23]. Insbesondere die neu geschaffenen Indexfonds werden in Deutschland zunehmend populärer und verstärkt in der Altersvorsorge eingesetzt[24]. Es handelt sich hierbei um Fonds, deren Wertpapiervermögen sich aus einer Vielzahl von Aktien zusammensetzt, die – gesamtheitlich betrachtet – in Struktur und Gewichtung einem Aktienindex wie z.b. dem DAX (Deutscher Aktienindex) oder Standard & Poor's 500 (USA) entsprechen[25]. Die Indexfonds tragen durch ihre breitere Risikostreuung zu einem besseren Anlegerschutz bei und eigenen sich gut zum Langzeitsparen und somit zur privaten Altersvorsorge[26].

Die Verbreitung der Anlage in Investmentfonds wird zudem auch dadurch vorangetrieben, dass die Banken immer häufiger Fonds der Konkurrenz anbieten[27]. Nicht zuletzt durch den Aktienboom im Jahre 2000, zu dem der Börsengang der Deutschen Telekom AG wie auch die lang anhaltende Hausse-Phase und der Erfolg des Neuen Marktes beigetragen haben, konnten die Investmentfonds profitieren[28]. Dies wird auch in der zunehmenden Bedeutung von Aktien und Investmentfonds in Deutschland deutlich[29]. So expandierte der Zertifikatserwerb seit Mitte der achtziger Jahre weitaus stärker als die gesamte inländische Geldvermögensbildung[30]. Lediglich die turbulente Entwicklung an den Aktienmärkten Ende 2000 / Anfang 2001 verhinderten das Überschreiten der Billionen-Euro-Marke bei den angelegten Fondsvermögen[31].
Die wirtschaftliche Bedeutung der Investmentbranche zeigt sich auch beim Mittelaufkommen, der steigenden Zahl der Beschäftigten[32] und beim verwalteten Fondsvermögen: So flossen 1999 mit 111 Milliarden Euro an neuem Anlagekapital mehr Mittel als je zuvor in Investmentfonds[33], im Jahr 2000 waren es 102

---

[22] *Öchsner*, Süddeutsche Zeitung Nr. 142 v. 23./24.06.2001, S. 32; *Laux*, F.A.Z., Nr. 73 v. 27.03.2001, Sonderveröffentlichung des Internationalen Bankers Forum, S. 3; *Mössle*, F.A.Z. Nr. 122 v. 27.05.2003, Sonderbeilage Investmentfonds, S. B 8.

[23] BVI, Investment 2000, S. 16.

[24] *Heda / Heine / Oltmanns*, Die AG 2001, S. 109; *Zeppenfeld*, F.A.Z. Nr. 106 v. 08.05.2001, Sonderbeilage Investmentfonds, S. B 15.

[25] *Baur* in: Investmentgesetze, Einl. I, Rn. 19.

[26] *Heda / Heine / Oltmanns*, Die AG 2001, S. 109, 112, 117.

[27] *Schüller*, F.A.Z. Nr. 106 v. 08.05.2001, Sonderbeilage Investmentfonds, Seite B 14.

[28] *Behrenwaldt*, Die Bank 2000, 111, 112; *Matthes*, S. 33.

[29] *Cramer* in: Cramer / Rudolph, S. 21 f; *Matthes*, Tabelle 4, S. 33.

[30] Monatsbericht der Deutschen Bundesbank Oktober 1994, S. 49, 50.

[31] *Zirener / Laux*, in: BVI, Investment 2001, Vorwort, S. 5.

[32] Zahl der Beschäftigten der BVI Mitglieder 1999: 7440, 2000 bereits 9270; Quelle: BVI, Investment 2001, S. 3.

[33] BVI, Investment 2000, S. 9.

Milliarden Euro[34], 2001 80,6 Milliarden Euro[35]. Insgesamt verwaltete die Investmentbranche 2002 damit ein Vermögen von rund 862 Milliarden Euro[36], 2001 waren es 919 Milliarden Euro[37], im Jahr 2000 932 Milliarden Euro[38]! Die Anzahl der Fonds stieg von 5551 (1998) auf insgesamt 7752 (2002) an[39]. Im Vergleich dazu verwaltete die gesamte Investmentbranche (Publikums- und Spezialfonds sowie Luxemburger und sonstige ausländische Fonds) 1990 rund 250 Milliarden DM bei einer Anzahl von 1970 Fonds[40]. Das Mittelaufkommen der Investmentfonds lag 1995 noch bei 55 Milliarden DM[41], legte aber schon im Jahre 1998 mehr als 50 % gegenüber 1997 zu und erhöhte sich 1999 nochmals um über 100 %[42]. Im Jahr 2000 wurden in Deutschland mehr als 117 Milliarden Euro in Investmentzertifikate investiert[43]. Diese Entwicklung ist zwar aufgrund der negativen Schlagzeilen des Neuen Marktes in Deutschland sowie der Folgen der Terroranschläge vom 11. September 2001 etwas gebremst worden. So war 2001 ein Rückgang des Mittelaufkommens von ca. einem Viertel auf rund 96 Milliarden Euro zu verzeichnen[44]. 2002 belief sich das Mittelaufkommen noch auf rund 65 Milliarden Euro[45].

Aber gerade aufgrund der Verluste, die Anleger bei hohem Risiko und der Anlage in Aktien hinnehmen mussten, dürfte der Zulauf in Fonds, vor allem in solche mit geringeren Risiken weiter zunehmen. Es war daher festzustellen, dass die Anleger nach den Kurseinbrüchen an den Börsen Ende 2000 / Anfang 2001 die Investmentfonds als vergleichsweise sicheren Hafen suchten[46]. Große Nachfrage und hohe Mittelzuflüsse hat es besonders bei Renten-, Geldmarkt und offenen Immobilienfonds gegeben[47]. Gerade bei Geldmarktfonds und Offenen Immobilienfonds waren im Jahr 2002 wieder große Zuwächse bei einem Mittelaufkommen von 8,5 Milliarden Euro bzw. 14,9 Milliarden Euro zu verzeichnen[48].

[34] BVI, Investment 2001, S. 3.
[35] BVI, Investment 2002, S. 10.
[36] BVI, Investment 2003, S. 14, 80.
[37] BVI, Investment 2002, S. 10.
[38] BVI, Investment 2001, S. 3.
[39] BVI, Investment 2000, S. 9; BVI Investment 2003, S. 4.
[40] BVI, Investment 2000, S. 10.
[41] Deutsche Bundesbank, Monatsbericht Januar 2003, Statistischer Teil, S. 51.
[42] BVI, Investment 2000, S. 13.
[43] Deutsche Bundesbank, Monatsbericht Juli 2001, Statistischer Teil, S. 51.
[44] BVI, Investment 2002, S. 10; Deutsche Bundesbank, Monatsbericht Januar 2003, Statistischer Teil, S. 51.
[45] BVI Investment 2003, S. 15, 82.
[46] F.A.Z. Nr. 49 v. 27.02.2001, S. 34.
[47] BVI, Investment 2002, S. 5, 11 ff; BVI Investment 2003, S. 3, 85-87.
[48] F.A.Z. Nr. 30 v. 05.02.2002, S. 26; BVI Investment 2003, S. 4, 85-87.

Trotz des inzwischen beachtlichen Fondsvolumens kann Deutschland aber noch als „Entwicklungsland" angesehen werden, da das Fondsvolumen pro Kopf in den meisten westlichen Industrieländern deutlich höher ist[49]. Das Investmentvermögen pro Kopf ist in vielen anderen westlichen Industrieländern 3-6 mal so hoch[50]. Daher kann auch in Zukunft mit weiteren Steigerungsraten bei der Anlage in Investmentfonds gerechnet werden, was die wirtschaftliche Bedeutung dieser Vermögensanlageart weiter ausbauen wird.

Hingewiesen sei an dieser Stelle auch kurz auf die kapitalmarkt- und sozialpolitische Bedeutung der Investmentfonds. Sozialpolitische Bedeutung erhalten die Investmentfonds durch ihre Relevanz bei der Vermögensbildung breiter Bevölkerungsschichten und der privaten Altersvorsorge[51]. Dadurch kann die volkswirtschaftliche Sparquote erhöht werden, weil die Gelder dann vermehrt der Kapitalbildung zufließen[52]. Mit der Möglichkeit, sich schon mit einem geringen Kapitaleinsatz weltweit zu beteiligen, verwirklicht sich in der Investmentidee zugleich eine „Chancengleichheit aller in allen Anlagemärkten"[53].
Aber auch aus kapitalmarktpolitischer Sicht haben Investmentfonds einen hohen Stellenwert: Durch die Investmentfonds wird viel Risikokapital bereitgestellt, was der Wirtschaft Investitionskapital bringt[54]. Investmentfonds sind daher grundsätzlich aus sozialen, politischen und wirtschaftlichen Gründen als positiv zu bewerten.

3.) Vertrieb von Investmentfonds

Das in § 1 Abs. 1 Nr. 6 KWG als Bankgeschäft genannte Investmentgeschäft wird nicht von den Universalbanken, sondern durch Spezialinstitute, den Investmentgesellschaften bzw. Kapitalanlagegesellschaften betrieben. Diese unterliegen, soweit die Investmentunternehmen ihren Sitz in Deutschland haben, dem KAGG, oder müssen, soweit die Investmentanteile von einem ausländischen Unternehmen vertrieben werden, die Anforderungen des Auslandsinvestment-Gesetzes (AuslInvestmG) erfüllen.

---

[49] *Behrenwaldt*, Die Bank 2000, 111, 112; BVI, Investment 2002, Tabelle S. 18; Grafik S. 19; BVI, Investment 2003, Tabelle S. 22; Grafik S. 23.
[50] BVI, Investment 2003, S. 22 f.
[51] Siehe dazu auch *Tormann*, S. 69; *Neuburger* Einleitung in: Siara / Tormann, S. 11 ff.; *v. Caemmerer*, JZ 1958, 41, 44; *vom Berge und Herrendorff*, S. 8 ff.; *Laux / Päsler*, S. 13 ff.
[52] *Schmidt*, S. 1; *vom Berge und Herrendorff*, S. 7.
[53] *Laux / Päsler*, S. 9; *Laux*, Die Bank 1993, S. 384.
[54] *Hartmann*, S. 12; *Schmidt*, S. 1.

11

Anders als im Ausland gibt es derzeit in Deutschland kein Kreditinstitut, das sich ausschließlich der Depotbanktätigkeit für Investmentfonds oder Investmentaktiengesellschaften widmet[55]. Reine Investmentbanken gibt es nur als Tochtergesellschaften von US-amerikanischen Investmentbanken[56]. Deutsche Kreditinstitute bieten Investmentbanking als Teil ihres universellen Angebots an. Nur wenige Investmentgesellschaften verfügen aber über eine eigene Vertriebsorganisation aus angestellten Mitarbeitern. Häufiger ist die Zusammenarbeit mit freiberuflich tätigen Anlageberatern und -vermittlern oder auch mit größeren Vertriebsgesellschaften[57]. In den Absatz von Investmentanteilen werden mitunter auch Versicherungsgesellschaften, Bausparkassen und Fondsboutiquen eingeschaltet[58]. Neuartig ist der Vertrieb der Investmentfonds über das Internet[59].

Die Regelform des Investmentvertriebs ist jedoch - nicht zuletzt wegen der starken gesellschaftlichen Verflechtung zahlreicher Investmentgesellschaften mit Universalbanken bzw. -bankengruppen[60] - der Absatz der Fondsanteile über die Gesellschafterbanken(-gruppen) und deren Filialnetze[61]. So werden nach den Erfahrungen der deutschen Investmentgesellschaften ca. 75 - 90 % der Investmentanteile über die Banken und Sparkassen verkauft[62]. Beim Absatz von Publikumsfonds gehen Prognosen bezüglich der Vertriebsanteile allerdings von einem leicht rückläufigen Fonds-Verkauf durch die Bankfilialen aus: So lag der Vertriebsanteil beim Absatz von Publikumsfonds nach Angaben des Bundesverbandes Deutscher Investment-Gesellschaften im Jahr 2000 zu 64, 1 % bei den Banken / Sparkassen, zu 17,7 % bei Versicherungen und zu 13,6 % bei unabhängigen Vermittlern[63]. Die Prognose für 2010 besagt, dass die Banken / Sparkassen noch einen Anteil von 51,7 %, die Versicherungen einen Anteil von 16,1 % erreichen, die unabhängigen Vermittler hingegen steigern ihren Vertriebsanteil auf 18,8 %[64]. Weitere Vertriebswege haben sich inzwischen durch

[55] *Baur* in: BuB, Rn. 9/4.
[56] *Claussen*, § 2 Rn. 39.
[57] *Päsler*, S. 50 ff.; *Köndgen* in: Schimansky / Bunte / Lwowski, § 113 Rn. 26; *Baur* in: Assmann / Schütze, § 18 Rn. 154; *Laux / Päsler*, S. 149.
[58] *Laux / Päsler*, S. 148; *Päsler*, S. 49; *Baur* in: BuB, Rn. 9/620.
[59] Zu den Rechtsfragen des Vertriebs von Investmentfonds im Internet siehe *Kaperschmidt*, WM 2002, 1747 ff.
[60] Die gesellschaftliche Verflechtung wird im zweiten Teil der Arbeit dargestellt, S. 124 f.
[61] *Laux / Päsler*, S. 148; *Köndgen* in: Schimansky / Bunte / Lwowski, § 113 Rn. 26; *Tormann*, ZfK 1979, 137.
[62] *Baur* in: BuB, Rn. 9/617.
[63] F.A.Z. Nr. 48 v. 26.02.2002, S. 27.
[64] F.A.Z: Nr. 48 v. 26.02.2002, S. 27.

Fondssupermärkte, Fondsshops, den Internetvertrieb und freie Vermittler eröffnet[65]

Auch wenn der Vertriebsanteil der Banken / Sparkassen beim Absatz von Publikumsfonds in den nächsten Jahren eventuell etwas rückläufig sein wird, ändert sich nichts an der zur Zeit bestehenden Situation: Die Filialen von Banken und Sparkassen bleiben die mit Abstand wichtigsten Vertriebskanäle für Investmentfonds.

II.) Geltendes Recht

Das KAGG[66] stellt die rechtliche Grundlage für die deutschen Investmentfondsgesellschaften und deren Handeln dar[67]. Seit 1957, kurz nachdem die ersten Investmentfonds in Deutschland aufgelegt wurden, gibt es den rechtlichen Rahmen vor. Das KAGG ist Organisations-, Aufsichts- und Vertriebsgesetz[68]. Für ausländische Investmentgesellschaften, die ihre Investmentanteilsscheine in Deutschland auf den Markt bringen wollen, gilt das AuslInvestmG. Dessen Regelungsbereich ist in dieser Arbeit nicht berücksichtigt; die Regelungen entsprechen aber im wesentlichen denen des KAGG.

Das KAGG gibt die rechtlichen Rahmenbedingungen für die Anlage in Investmentfonds vor. So enthält das Gesetz in den §§ 1-7 KAGG (§§ 6-19 InvG) zunächst allgemeine Vorschriften zu den Investmentgesellschaften. Die danach folgenden Abschnitte sind entsprechend der unterschiedlichen Fondstypen eingeteilt. So enthält das KAGG in den §§ 8-25 KAGG[69] die Regelung der Aufgabenbereiche für die Wertpapier-Sondervermögen, die für die anderen Abschnitte entsprechend gelten, soweit die besonderen Spezialnormen für den jeweiligen Fondstyp keine abweichende Regelung enthält[70]. Des Weiteren sind die jeweils besonderen Aufgaben für die Geldmarkt[71]-, Beteiligungs[72]-, Investmentfondsan-

---

[65] *Paul / Päsler*, S. 120.

[66] Das Gesetzes ist in seiner ursprünglichen Fassung am 16.04.1957 in Kraft getreten (BGBl. I. S. 378); inzwischen gilt es nach mehreren Änderungen in der Fassung der Bekanntmachung vom 09.09.1998 (BGBl. I S. 2726), zuletzt geändert durch Art. 3 des Vierten Finanzmarktförderungsgesetzes vom 21.06.02 (BGBl. I S. 2010).

[67] Zum InvG siehe Ausführungen im fünften Teil bzw. jeweilige Hinweise bei den zitierten §§ des KAGG.

[68] *Beckmann* in: Investment-Handbuch 424, Rn. 3; *Baur* in: BuB, Rn. 9/9.

[69] Im InvG in den §§ 46 ff. in den richtlinienkonformen Sondervermögen abgefasst.

[70] Vgl. §§ 7 a, 25 a, 25 k, 26, 37 a, 37 h (§§ 66, 83, 87 InvG)

[71] §§ 7 a-7 d KAGG (§§ 46 ff., 48 InvG)

[72] §§ 25 a-25 j KAGG.

teils[73]-, Grundstücks[74]-, gemischten Wertpapier- und Grundstücks-[75] sowie Altersvorsorge-Sondervermögen[76] geregelt. Daran anschließend sind noch steuerrechtliche Vorschriften[77] sowie ein Abschnitt zu den Investmentaktiengesellschaften[78] im KAGG berücksichtigt.

Die Struktur des Investment-Dreiecks wird durch die unterschiedlichen Rechtsverhältnisse zwischen den Beteiligten vorgegeben. Die Beziehungen zwischen den Parteien des Investmentgeschäfts und die sich daraus für jede Partei ergebenden Rechte und Pflichten bestimmen sich vorwiegend aus dem KAGG. Daneben sind noch speziell zwischen den Parteien abgeschlossene Verträge sowie für das Investmentwesen entwickelte Allgemeine und Besondere Vertragsbedingungen[79] heranzuziehen. Rechtsverhältnisse der Anteilsinhaber bestehen zur KAG sowie zur Depotbank. Die Dreiecksstruktur wird durch die Rechtsbeziehung zwischen KAG und Depotbank selbst vervollständigt. Auf diese wird später im Rahmen der Untersuchung der besonderen Struktur des Investment-Dreiecks im zweiten Teil und der Haftung im dritten Teil der Arbeit noch weiter eingegangen.

III.) Abgrenzung von ähnlichen Geschäften

Im Rahmen dieser Arbeit sollen die Rechtsverhältnisse innerhalb des durch das KAGG vorgegebenen Investment-Dreiecks untersucht werden. Der Umfang der Untersuchung ist dabei auf das im KAGG geregelte Investmentgeschäft zu begrenzen. Dieses Investmentgeschäft ist von verwandten Geschäften oder Anlageformen zu unterscheiden, die hier nicht behandelt werden sollen.
Maßgeblich für eine Abgrenzung des Geltungsbereichs der Geschäftsarten i.S.d. KAGG sind die Kriterien der Legaldefinition der KAG nach § 1 Abs. 1 KAGG (§ 2 Abs. VI, § 6 Abs. 1 InvG). Nach § 1 Abs. 1 KAGG sind Investmentgesellschaften Unternehmen, deren Geschäftsbereich darauf gerichtet ist, bei ihnen eingelegtes Geld im eigenen Namen für gemeinschaftliche Rechnung der Einleger nach dem Grundsatz der Risikomischung in den nach dem KAGG zugelassenen Vermögensgegenständen gesondert vom eigenen Vermögen anzulegen

---

[73] §§ 25 k-25 m. KAGG (§§ 46 ff., 61 InvG).
[74] §§ 26-37 KAGG (§§ 66-82 InvG).
[75] §§ 37 a-37 g KAGG (§§ 83-86 InvG).
[76] §§ 37 h-37 m KAGG (§§ 87-90 InvG).
[77] §§ 37 n ff. KAGG (neu zusammengefasst im InvStG).
[78] §§ 51 ff. KAGG (§§ 96-111 InvG).
[79] Nachweise sind in den Fußnoten Nr. 268 ff. angegeben.

und über die hieraus sich ergebenden Rechte der Anteilsinhaber Urkunden auszustellen. Basierend auf den dort erwähnten Merkmalen lassen sich folgende
ähnliche Geschäftsarten davon unterscheiden:

1.) Investmentclubs

In der Praxis sind zum Teil sogenannte Investmentclubs vorzufinden[80]. Diese
sind regelmäßig als Gesellschaften des bürgerlichen Rechts oder als nichtrechts-
fähiger Verein organisiert und setzen sich aus einem begrenzten Kreis von Spa-
rern zusammen, die Sparbeiträge gemeinsam in Wertpapiere investieren[81]. Das
KAGG verlangt in § 1 Abs. 1 KAGG (§ 6 Abs. 1 InvG), dass es sich bei den
Investmentgesellschaften um Unternehmen handeln muss, die einen in kauf-
männischer Weise eingerichteten Geschäftsbetrieb erfordern. Daran fehlt es a-
ber bei den Investmentclubs, da diese in der Form der Gesellschaft bürgerlichen
Rechts oder des nichtrechtsfähigen Vereins gerade nicht als ein in kaufmänni-
scher Weise eingerichteter Geschäftsbetrieb organisiert sind[82]. Sie genügen
auch nicht der weiteren Anforderung des KAGG, dass ein Sondervermögen gebildet und gemäß § 10 Abs. 1 KAGG (§ 6 Abs. 1 InvG) verwaltet wird und über
die Rechte der Clubmitglieder Anteilsscheine gemäß §§ 12 Abs. 1 S. 1, 12 b Nr.
1 KAGG (§ 23 InvG) ausgegeben werden[83]. Die Investmentclubs sind daher
nicht zu dem Investmentgeschäft i.S.d. KAGG zu rechnen.

2.) Geschlossene Fonds

Das KAGG gilt nur für offene Fonds und somit nur für Investmentgesellschaften, die einen wechselnden Bestand von Wertpapieren, stillen Beteiligungen
und /oder Grundstücken unterhalten und das Prinzip der Risikomischung beachten[84]. Sogenannte geschlossene Fonds, bei denen Anteilsscheine, Beteiligungs-
zertifikate o.ä. für ein festes, einmal angeschafftes Immobilien- oder Sachver-
mögen ausgegeben werden, werden von den Regelungen nicht erfasst, da sie
keinen wechselnden Bestand unterhalten und das Prinzip der Risikomischung

---

[80] *Schönle*, § 23 III 1; *Kümpel*, Rn 12.9 ff.

[81] *Baur*, Investmentgesetze, § 1 Rn 30; *Kümpel*, Rn 12.9; *Lenenbach*, Rn 11.34.

[82] *Schönle*, § 23 III 1; *Kümpel*, Rn. 12.9; *Baur*, Investmentgesetze, § 1 Rn. 30; *Canaris*,
Rn 2343; *Lenenbach*, Rn 11.34.

[83] *Baur*, Investmentgesetze, § 1 Rn. 30.

[84] *Fischer / Klanten*, Rn. 1.84; *Kümpel*, Rn. 12.14.

nicht beachtet wird[85]. Geschlossene Fonds konzentrieren sich immer nur auf ein bestimmtes Projekt[86]. Solche Sachwertgesellschaften werden meist in Form von Handelsgesellschaften oder Gesellschaften mit beschränkter Haftung errichtet. Anstelle von Investmentzertifikaten werden Gesellschaftsanteile - häufig Kommanditbeteiligungen - ausgegeben[87]. Da das KAGG für diese Anlageform nicht gilt und außer bei von Kreditinstituten aufgelegten Fonds keine sonstigen Kontrollen oder Sicherungsbestimmungen verfügt sind, ist es nicht selten bei solchen - häufig für Steuersparzwecke errichteten - geschlossenen Fonds zu Insolvenzen gekommen[88].

Zum Anwendungsbereich des KAGG gehören dagegen die geschlossenen Fonds in Form von Aktiengesellschaften[89]. Bei diesen Investmentaktiengesellschaften muss die Anlage und Verwaltung ihrer Mittel nach dem Grundsatz der Risikomischung in Wertpapieren oder in Wertpapieren und stillen Beteiligungen erfolgen[90].

3.) Vermögensverwaltung

Des Weiteren ist die Anlage in Investmentfonds von der Vermögensverwaltung, auf die sich diese Arbeit ebenfalls nicht bezieht, abzugrenzen. Bei der Vermögensverwaltung[91] ist die individuelle Vermögensverwaltung von der Vermögensverwaltung für ein Gemeinschaftsdepot zu unterscheiden.

a) Individuelle Vermögensverwaltung

Die individuelle Vermögensverwaltung betrifft die Verwaltung fremden Vermögens, wobei der Verwalter hierbei mit einer eigenen rechtlichen Dispositionsbefugnis ausgestattet ist und im Rahmen festgelegter Verwaltungspflichten und Verwaltungsziele selbständig Dispositionen über das Vermögen trifft[92]. Der

---

[85] *Fischer / Klanten*, Rn. 1.84; *Kümpel*, Rn. 12.14.
[86] Zu den geschlossenen Immobilienfonds und den unterschiedlichen Modellen siehe *Mink*, S. 25 ff.; *v. Heymann*, S. 1 f.; *Machunsky*, S. 1 f. ; Zu speziellen Mobilienfonds siehe *Lüdicke*.
[87] *Fischer / Klanten*, Rn. 1.84.
[88] *Fischer / Klanten*, Rn. 1.84.
[89] Siehe dazu *Kümpel*, Rn. 12.14.
[90] § 51 Abs. 3 KAGG (§ 96 Abs. 2 InvG).
[91] Zu den verschiedenen Modellen der Vermögensverwaltung siehe *Schäfer* in: Schwintowski / Schäfer, § 12 Rn. 13 ff.; *Schäfer* in: Assmann / Schütze, § 28 Rn. 7 ff.
[92] *Schäfer* in: Assmann / Schütze, § 28 Rn. 3; *Schäfer / Müller*, Rn. 12; *Roll*, S. 24 f; *Horn / Schimansky*, S. 266.

Vermögensverwalter kann dabei als fremdnütziger Treuhänder im eigenen Namen über rechtlich eigenes, aber wirtschaftlich fremdes Vermögen verfügen oder im Rahmen der offenen Stellvertretung, wobei er die Verfügungen im fremden Namen über fremdes Eigentum trifft[93].

Im Vergleich zur Anlage in Investmentfonds, bei denen der Anleger selbst entscheidet, in welche Fonds er investieren möchte, trifft also der Vermögensverwalter nach eigenem Ermessen die Entscheidung der Anlage von Geldern bzw. über die Verwendung des Vermögens im Interesse der Anleger[94]. Anders als bei der Investmentanlage existieren zur Vermögensverwaltung keine speziellen gesetzlichen Regelungen. Im Unterschied zu Investmentfonds, bei denen die Anlagepolitik des Managements für den Kunden genormt und seiner Einflussnahme entzogen ist, ist die Vermögensverwaltung typischerweise auf die individuellen Belange des Anlegers zugeschnitten und daher auch viel flexibler[95]. Bei den Investmentfonds kann sich der Anleger zwar für einen bestimmten Fonds entscheiden, er hat aber keinen Einfluss auf die Zusammensetzung dieses Fonds. Er kann somit nur ein vorher vom Management der Investmentgesellschaft vorbestimmtes Produkt wählen. Bei der individuellen Vermögensverwaltung ist der Anleger zudem im Gegensatz zur Anlage in Publikumsinvestmentfonds berechtigt, jederzeit Weisungen zu erteilen[96].

Ein weiterer Unterschied zu den Investmentfonds besteht in der Höhe des erforderlichen Kapitaleinsatzes: Im Gegensatz zur Vermögensverwaltung, die aus wirtschaftlichen Gründen wegen des Verwaltungsaufwandes sowie aus Gründen des Gebühreninteresses der Vermögensverwalter auf Seiten des Anlegers regelmäßig einen hohen Mindestkapitaleinsatz voraussetzt[97], genügen bei der Investmentanlage bereits geringere Beträge, um Anteile zu erwerben.

b) Vermögensverwaltung für ein Gemeinschaftsdepot

Auch bei der Vermögensverwaltung für ein Gemeinschaftsdepot erfolgt die Verwaltung wirtschaftlich fremden Vermögens nach dem Ermessen der Bank ohne vorherige Einholung von Weisungen des Kunden. Im Unterschied zur individuellen Vermögensverwaltung ist hierbei jedoch keine Einzelpersonen Inhaber des verwalteten Vermögens, sondern eine Personengruppe[98]. Derartige

---

[93] *Schäfer* in: BuB, Rn. 11/12; *Schäfer* in: Schwintowski / Schäfer, § 19 Rn. 13 ff.
[94] *Schäfer* in: Assmann / Schütze, § 28 Rn. 1; siehe zum Entscheidungsspielraum auch Definition in § 1 Abs. 1 a Nr. 3 KWG.
[95] *Balzer*, S. 21.
[96] *Schäfer* in: Assmann / Schütze, § 28 Rn. 27 f.
[97] Zwischen DM 100.000,- und DM 1 Mio., *Balzer*, S. 25 m.w.N.
[98] *Schäfer* in: BuB, Rn. 11/5.

Depots können insbesondere bei Erbengemeinschaften einer Vielzahl von Effektenkunden gehören[99]. Bei einer solchen Vermögensverwaltung erteilen die Effektenkunden ihrer Bank einen formularisierten Verwaltungsauftrag, wobei sie allerdings im Unterschied zum Anteilsinhaber eines Investmentfonds[100] keine Urkunden für ihre Miteigentumsrechte an dem Depot erhalten[101]. Die Miteigentumsrechte des Effektenkunden bei der Vermögensverwaltung sind also unverbrieft; wertpapiermäßig verbrieft sind nur die in den Wertpapierurkunden verkörperten (Forderungs- oder Aktien-) Rechte[102]. Diese Art der Vermögensverwaltung soll ebenfalls nicht Teil der Arbeit sein.

Allerdings sind auch Überschneidungen von Vermögensverwaltung und Anlage in Investmentfonds möglich. Zum einen können auch im Rahmen der Vermögensverwaltung Investmentanteilsscheine erworben werden[103]. Zum anderen ergeben sich Überschneidungen bei der für kleinere Vermögen von den Banken angebotenen sogenannten standardisierten Vermögensverwaltung[104]. Bei dieser Vermögensverwaltung wird ausschließlich in Publikumsfonds investiert und dadurch die erforderliche Risikostreuung und Rationalisierung erreicht[105].

4.) Spezialfonds

Eine Abgrenzung soll auch zu den Spezialfonds vorgenommen werden. Die Spezialfonds haben sich erst spät entwickelt. Mitte der sechziger Jahre wuchs das Interesse von Unternehmen, Kapital in Investmentfonds zu investieren[106]. Die vorhandenen Publikumsfonds entsprachen jedoch wegen der Vielzahl ihrer Anteilsinhaber nicht den Vorstellungen der Unternehmen nach Einflussnahme[107]. Als Reaktion auf ein entsprechendes Marktverlangen wurde in Übereinstimmung mit dem damaligen Bundesaufsichtsamt für das Kreditwesen (BAKred) [heute Bundesanstalt für Finanzdienstleistungsaufsicht (BaFin)] die Bildung sogenannter Spezialfonds mit einem oder einer geringen Anzahl von

---

[99] *Kümpel*, Rn. 12.20.

[100] Siehe § 1 Abs. 1 KAGG (§ 33 Abs. 1 InvG).

[101] *Balzer*, S. 20; Kümpel, Rn. 12.20 f.

[102] *Balzer*, S. 20; *Kümpel*, Rn. 12.21.

[103] *Schäfer* in: BuB, Rn. 11/27 b mit Darstellung des Streitstandes, ob ein solcher Erwerb von Investmentanteilen gegen die Verpflichtung des Vermögensverwalters verstößt, seine Dienste in Person zu leisten; *Balzer*, S. 21.

[104] *Balzer*, S. 21.

[105] *Schäfer* in: Schwintowski / Schäfer, § 19 Rn. 11.

[106] Zu den Entwicklungsphasen im einzelnen siehe *Kandlbinder*, S. 29-31.

[107] *Kandlbinder*, S. 19; *Beckmann* in: Investment-Handbuch 425, § 1 Rn. 26; *König*, S. 24.

18

Anlegern zugelassen und im Rahmen des Ersten FMFG in das KAGG aufgenommen[108].

Nach § 1 Abs. 2 KAGG (§ 91 Abs. 1 InvG) sind Spezialfonds Sondervermögen,
deren Anteilsscheine aufgrund schriftlicher Vereinbarung mit der KAG jeweils
von nicht mehr als zehn (dreißig nach InvG) Anteilsinhabern gehalten werden,
die nicht natürliche Personen sind[109]. Die Spezialfonds stellen heute i.d.r. aus-
gelagerte Vermögen von Versicherungen und Pensionskassen mit klar definier-
ten Aufgaben dar. Sie erfreuen sich besonders bei solchen Institutionen großer
Beliebtheit, die Vermögen zu verwalten haben, ohne die Möglichkeit eines eigenen professionellen Portefolio-Managements zu besitzen (neben den Versicherungen sowie Pensions- und Sterbekassen sind dies vor allem Sozialversicherungsträger, Stiftungen, Versorgungseinrichtungen berufständischer Organi-
sationen, kirchliche Verbände oder Unternehmen)[110]. Dagegen sind Publikumsfonds ein Angebot an überwiegend private Anleger.
Die auf die Bedürfnisse der Anteilsinhaber von Publikumsfonds zugeschnittenen Regelungen des KAGG sind bei Spezialfonds wegen des geringen Schutz-
bedürfnisses von Großanlegern zum Teil entbehrlich[111]. Spezialfondsanleger
stehen der KAG und der Depotbank als gleichberechtigte Vertragspartner gegenüber, so dass sie nicht eines den Privatanlegern vergleichbaren Schutzes bedürfen. Zwischen den Parteien wird im Unterschied zu den Publikumsfonds
auch eine sogenannte Dreier-Vereinbarung abgeschlossen[112]. Die Anteilsinhaber der Spezialfonds haben im Gegensatz zu denen bei Publikumsfonds zudem
die Möglichkeit, die Grundsätze der Anlagepolitik mitzugestalten, was über Anlageausschüsse geschieht[113]. Hieraus ergeben sich Unterschiede zwischen den
beiden Fondsarten in der Ausgestaltung der rechtlichen Beziehungen der jeweils beteiligten Parteien, da eine derartige Einflussnahme bei den Publikumsfonds nicht möglich ist. Daher ist auch das Rechtsverhältnis der Depotbank zu
den Anteilsinhabern, welches noch behandelt werden soll, jeweils ein anderes.
Bei den Spezialfonds ergeben sich im Vergleich zu den Publikumsfonds andere
Probleme. Insbesondere stellt sich bei den Spezialfonds nicht das im Rahmen
dieser Arbeit zu behandelnde Anlegerschutzproblem der Publikumsfondsanle-

---

[108] BGBl. I 1990, 266; *Laux*, WM 1990, 1093, 1096.

[109] Hinsichtlich der Tatbestandsvoraussetzung der juristischen Person sind allerdings Umge-
hungsmöglichkeiten denkbar; siehe dazu *Zeller* in: Brinkhaus / Scherer, § 1 Rn 39.

[110] *Förster / Hertrampf*, Rn. 65; *Hartmann*, S. 88; *Baur*, Investmentgesetze, § 1 Rn. 31;
Köndgen in: Schimansky / Bunte / Lwowski, § 113 Rn. 98; *Kandlbinder*, S. 13 f.; *Gode*,
Die Bank 1988, S. 430.

[111] *Beckmann* in: Investment-Handbuch 425, § 1 Rn. 27 b.

[112] Hierzu und zum Regelungsinhalt sowie Muster einer Dreier-Vereinbarung siehe *Baur* in:
BuB, Rn. 9/416 ff.; *Kandlbinder*, S. 11.

[113] *Baur*, Investmentgesetze, § 1 Rn. 31.

ger. Auf Unterschiede zwischen diesen unterschiedlichen Fondsarten wird deshalb zwar an einigen Stellen der Arbeit hingewiesen, die Spezialfonds werden aber ansonsten nicht berücksichtigt.

B.) Die besonderen Strukturen des Investment-Dreiecks

Im Rahmen dieses Teils der Arbeit sollen nun die besonderen Strukturen des Investment-Dreiecks dargestellt werden. Hierzu sind die im Investment-Dreieck bestehenden Rechtsverhältnisse zu betrachten. Es werden dabei die jeweiligen zwischen den einzelnen Beteiligten bestehenden rechtlichen Beziehungen untersucht und rechtlich eingeordnet, wobei insbesondere das Rechtsverhältnis zwischen der Depotbank und den Anteilsinhabern betrachtet werden soll.

I.) Das Investment-Dreieck

Bei der Anlage in Investmentfonds werden die gebildeten Sondervermögen von Investmentgesellschaften verwaltet. Deren Aufgabe besteht nach § 1 Abs. 1 KAGG (§ 6 Abs. 1 InvG) darin, das ihnen anvertraute Kapital nach dem Grundsatz der Risikominimierung durch Diversifikation anzulegen und die Geldgeber an der Gesamtheit aller Vermögenswerte und deren Ertrag zu beteiligen. Die Anleger können an den verwalteten Sondervermögen Anteile erwerben. Gemäß § 1 Abs. 1 KAGG (§ 33 Abs. 1 InvG) sind die Investmentgesellschaften verpflichtet, den Anteilsinhabern Urkunden über die sich daraus ergebenden Rechte, sogenannte Anteilsscheine, auszustellen. Die Investmentgesellschaften sind zudem gesetzlich verpflichtet, ein weiteres Institut, die Depotbank, mit der Wahrnehmung bestimmter im Gesetz geregelter Aufgaben zu beauftragen[114]. Die wesentlichen Aufgaben der Depotbank sind die von den Investmentgesellschaften getrennte Verwahrung des Sondervermögens gemäß § 12 Abs. 1 S. 1 KAGG (§ 24 InvG) und die Ausübung von unterschiedlichen Kontrollaufgaben, insbesondere gemäß §§ 12 a-c KAGG (§ 27 InvG) die Überwachung der Investmentgesellschaft selbst[115].
Infolge der gesetzlich vorgeschriebenen Aufgabenteilung zwischen der KAG und der Depotbank liegen dem Investmentgeschäft somit Rechtsbeziehungen zwischen drei Parteien zugrunde, die bewirken, dass jede Partei in Rechten und

---

[114] § 12 Abs. 1 S. 1 KAGG (§ 20 Abs. 1 S. 1 InvG)
[115] Die einzelnen Aufgaben werden im zweiten Teil der Arbeit dargestellt (S. 45 ff.).

Pflichten gegenüber jeweils beiden anderen Parteien steht: Die KAG steht durch den Investmentvertrag in einem Vertragsverhältnis zu den Anteilsinhabern. KAG und Depotbank sind miteinander durch den infolge der Beauftragung der Depotbank abzuschließenden Depotbankvertrag verbunden. Eine weitere Rechtsbeziehung besteht schließlich zwischen Depotbank und Anteilsinhabern. Die genauere Einordnung dieser Rechtsbeziehungen soll im nächsten Abschnitt vorgenommen werden.

Aufgrund dieser Dreiecks-Konstellation zwischen KAG, Depotbank und Anteilsinhabern und deren Verknüpfung einerseits durch vertragliche Beziehungen und andererseits durch gesetzliche Vorschriften, spricht man von einem Dreiecksverhältnis oder dem Investment-Dreieck[116]. Hierzu ist festgestellt worden, dass fast alle Versuche, das Dreieck in bilaterale Austauschverträge aufzulösen und in tradierte vertragsdogmatische Figuren zu zwängen, zum Scheitern verurteilt sind[117]. Begründet wird dies mit dem dreiseitigen Charakter des Investment-Rechtsverhältnisses und der damit einhergehenden Eigenart des KAGG[118]. Diese Eigenart besteht darin, dass die Funktion der Anschaffung und Bewirtschaftung des Sondervermögens und jene der Verwahrung der Vermögensgegenstände mit der KAG bzw. der Depotbank zwei rechtssubjektiv und personell getrennten Instanzen zugewiesen und darüber hinaus die Depotbank mit Kontrollaufgaben gegenüber der KAG betraut wird. Gerade bezüglich dieser Kontrollaufgaben gilt es im weiteren Verlauf der Arbeit zu untersuchen, inwiefern diese einen effektiven Anlegerschutz gewähren können.

Hinzu kommt, dass das Investment-Dreieck von „unlösbaren Paradoxien" bestimmt wird[119]: Die Depotbank ist von der KAG mit der Verwahrung des Sondervermögens betraut, aber die KAG hat keinen Herausgabeanspruch an den verwahrten Gegenständen[120]. Zudem ist die Depotbank der KAG vertraglich zur Erbringung gewisser Dienstleistungen verpflichtet, hat jedoch bei ihrem Handeln ausschließlich das Interesse der Anteilsinhaber zu beachten[121]. Der Anteilsinhaber ist zwar Destinatär und Nutznießer der Pflichten der Depotbank, er hat aber keinerlei Einfluss auf deren Bestellung oder Entlassung, nicht einmal dann, wenn sie sich Pflichtwidrigkeiten zuschulden kommen lässt[122]. Bezüglich der Einordnung der Rechtsbeziehung zwischen der Depotbank und den Anteilsin-

---

[116] *Kümpel*, Rn. 12.138; *Baur* in: BuB, Rn. 9/120; *Baur* in: Assmann / Schütze, § 18 Rn. 87; *Schödermeier / Baltzer* in: Brinkhaus / Scherer KAGG § 12 Rn. 1, 10; *Ohl*, S. 11, 58; *Schäcker*, S. 40; *Roth*, S. 124; *Mauser*, S. 67; *Oldenburg*, S. 77; *Päsler*, S. 133.

[117] *Köndgen* in: Schimansky / Bunte / Lwowski, § 113 Rn. 118.

[118] *Köndgen* in: Schimansky / Bunte / Lwowski, § 113 Rn. 118.

[119] So *Köndgen* in: Schimansky / Bunte / Lwowski, § 113 Rn. 118.

[120] § 12 a Abs. 1 KAGG (§ 24 Abs. 1 InvG).

[121] Siehe § 12 Abs. 2 S. 1 KAGG (§ 22 Abs. 1 S. 1 InvG).

[122] § 12 Abs. 1 S. 1; § 12 Abs. 4 KAGG (§ 21 Abs. 2 InvG).

habern finden sich im Schrifttum daher auch Stimmen, die von einer „höchst eigentümlichen Drittwirkung"[123] sprechen. Im folgenden sollen nun die einzelnen im Investment-Dreieck bestehenden Rechtsbeziehungen betrachtet werden. Für den Anlegerschutz von besonderer Bedeutung ist dabei das Rechtsverhältnis zwischen den Anteilsinhabern und der Depotbank. Aber auch die weiteren sich aus dem Investment-Dreieck ergebenden rechtlichen Beziehungen sollen vorab skizziert werden.

II.) Die Rechtsbeziehung der Anteilsinhaber zur KAG

1.) Grundstruktur

Zunächst ist auf die zwischen den Anteilsinhabern und der KAG bestehende Rechtsbeziehung einzugehen. Ein Kontakt zwischen diesen beiden Parteien kommt zustande, indem sich die interessierten Anleger an eine Investmentgesellschaft oder ein Bankinstitut, welches Fondsanteile einer Investmentgesellschaft vertreibt, wenden. Zwischen der Investmentgesellschaft und den zukünftigen Anteilsinhabern wird dann der sogenannte Investmentvertrag geschlossen. Der Abschluss dieses Vertrags richtet sich nach den allgemeinen Vorschriften der §§ 145 ff. BGB[124]. Regelmäßig wird beim Abschluss des Investmentvertrags zwischen KAG und Investmentsparer eine Geschäftsbank - meist die Hausbank - eingeschaltet. Dies geschieht i.d.R. im Rahmen der offenen Stellvertretung i.S.d. §§ 164 ff. BGB oder die zwischengeschaltete Bank tritt gegenüber der KAG im eigenen Namen für Rechnung des Kunden auf[125]. Der Schwerpunkt des Investmentvertrags liegt in der Verpflichtung der KAG, das Fondsvermögen mit der Sorgfalt eines ordentlichen Kaufmanns für die gemeinschaftliche Rechnung der Anteilsinhaber anzulegen und zu verwalten[126]. Das sich daraus ergebende Rechtsverhältnis ist durch das KAGG ausgeformt worden. Inhalt dieses Rechtsverhältnisses ist gemäß §§ 9 Abs. 1, 10 Abs. 1 KAGG (§§ 9 Abs. 1, 31 Abs. 1 InvG) die Pflicht der KAG, die Anlageentscheidungen zu treffen und dafür allein die Verantwortung zu tragen. Sie hat ferner nach § 1 Abs. 1 KAGG (§ 1 S. 2 InvG) den Grundsatz der Risikomischung zu wahren und eine angemessene Liquidität zu unterhalten, die ihr eine jederzeitige Auszahlung von Anteilen nach § 11 Abs. 2 S. 1 KAGG (§ 37 Abs. 1 InvG) auch

[123] *Köndgen* in: Schimansky / Bunte / Lwowski, § 113 Rn. 134.
[124] *Canaris*, Rn. 2358; zum Zustandekommen des Vertrags siehe eingehend *Canaris*, Rn. 2358-2361.
[125] Siehe dazu *Canaris*, Rn. 2362 ff. bzw. *Schäcker*, S. 54 ff.
[126] § 10 Abs. 1 S. 1 KAGG (§§ 6 Abs. 1 S. 1, 9 Abs. 1 S. 1 InvG).

bei einer größeren Zahl von Anteilsscheinrückgaben ermöglicht[127]. Darüber hinaus hat die KAG den Anteilsinhabern nach § 19 KAGG (§ 121 Abs. 1 InvG) Verkaufsunterlagen auszuhändigen und die Anteilsscheine gemäß §§ 1 Abs. 1, 21 Abs. 1 KAGG auszustellen. Eine weitere Aufgabe ist die Stimmrechtsausübung gemäß § 10 Abs. 1 S. 2-4 KAGG (§ 9 Abs. 1 S. 2, Abs. 2 S. 1 InvG) unabhängig von der Depotbank und ausschließlich im Interesse der Anteilsinhaber.

Im übrigen wird das Rechtsverhältnis zwischen KAG und Anteilsinhabern durch das allgemeine Vertragsrecht und AGB-mäßige Vertragsbedingungen geregelt[128]. Die Vertragsbedingungen sind nach § 15 Abs. 1 KAGG (§ 43 Abs. 1 InvG) vor Ausgabe der Anteilsscheine schriftlich festzulegen. Sie müssen des Weiteren einen gesetzlich vorgeschriebenen Mindestinhalt aufweisen und bedürfen der Genehmigung der BaFin[129].

Die Investmentsparer schulden der KAG für deren Anlage- und Verwaltungstätigkeit entsprechend den näheren Bestimmungen der Vertragsbedingungen Vergütungen (§§ 611, 612 BGB) und Aufwendungsersatz (§§ 675, 670 BGB) aus dem Sondervermögen (§ 15 Abs. 3 lit. e KAGG). Das Depotgesetz ist nach § 9 Abs. 7 KAGG (§ 30 Abs. 4 InvG) auf das Rechtsverhältnis zwischen KAG und Anteilsinhabern nicht anwendbar.

2.) Rechtliche Einordnung

Rechtlich eingeordnet wird der Investmentvertrag als Geschäftsbesorgungsvertrag i.S.d. § 675 BGB, der auf eine Dienstleistung i.S.d. §§ 611 ff. BGB gerichtet ist[130]. Diese Dienstleistung wird in § 10 KAGG (§§ 6, 9 InvG) konkretisiert und hat im wesentlichen die Verwaltung des Sondervermögens im Interesse der Anteilsinhaber zum Inhalt. Bei der Verwaltung des Fondsvermögens wird die KAG verpflichtet, die allgemeinen Grundsätze der Wirtschaftlichkeit zu beachten[131]. Hierzu gehört insbesondere die Pflicht, die ihr zufließenden Einlagen entsprechend den Vertragsbedingungen und unter Beachtung der gesetzlichen Anlagervorschriften anzulegen, wobei vor allem das Prinzip der Risikostreuung

---

[127] *Beckmann* in: Investment-Handbuch 425, § 10 Rn. 11; *Kümpel*, Rn. 12.145.

[128] *Mauser*, S. 69; *Baur* in: Assmann / Schütze, § 18 Rn. 75.

[129] § 15 Abs. 2 und 3 KAGG.

[130] *Köndgen* in: Schimansky / Bunte / Lwowski, § 113 Rn. 119; *Kümpel*, Rn. 12.140; *Baur* in: Assmann / Schütze, § 18 Rn. 78; *Lenenbach*, Rn 11.22; *Schönle*, § 24 I 1; *Ebner v. Eschenbach*, S. 92; vom *Berge und Herrendorff*, S. 83; *Mauser*, S. 69; *Reuter*, S. 109; *Schäcker*, S. 56 f.; *Canaris*, Rn. 2352; *Klenk*, S. 12; *Gläbe*, S. 136; *Gericke*, DB 1959, 1276, 1277.

[131] *Beckmann* in: Investment-Handbuch 425, § 10 Rn. 13.

und das Verbot des Erwerbs beherrschender Beteiligungen an anderen Unternehmen zu beachten sind[132].

Der Investmentvertrag trägt entgegen einer früher vereinzelt vertretenen Auffassung[133] keine kaufrechtlichen Züge, so dass §§ 433 ff. BGB nicht anwendbar sind. Der kaufrechtliche Charakter wurde aus der Einzahlung des Ausgabepreises durch den Anleger nach § 18 Abs. 1 S. 1 KAGG a.F. bzw. § 21 Abs. 1 KAGG n.F. (§ 23 Abs. 1 S. 2 InvG) abgeleitet[134]. Rechtlich stellt dieser Ausgabepreis jedoch einen Vorschuss i.S.v. §§ 675, 669 BGB bzw. einen Aufwendungsersatz i.S.v. §§ 675, 670 BGB für die Werte dar, die mit Hilfe der Einlage anzuschaffen sind; zugleich handelt es sich um den Betrag des Anlegers zu dem Sondervermögen, da das von ihm gezahlte Geld gemäß § 6 Abs. 1 KAGG (§ 30 Abs. 1 InvG) ipso iure Bestandteil des Sondervermögens wird[135]. Rechtlich anders zu beurteilen ist lediglich der Zweiterwerb eines bereits im Verkehr befindlichen Anteils; diesem liegt ein Kaufvertrag zugrunde[136]. Der Unterschied zum Ersterwerb besteht darin, dass sich die Zahl der Anteile nicht mehr vermehrt, sondern lediglich schon bestehende Anteile den Inhaber wechseln. Es handelt sich dann nicht mehr um einen Geschäftsbesorgungsvertrag wie beim Ersterwerb, da der Veräußerer dem Erwerber nicht verspricht, dessen Einlage in bestimmter Weise zu verwalten[137]. Der Veräußerer will hier dem Erwerber vielmehr ein Wertpapier und das darin verbriefte Recht verschaffen. Daher liegt beim Zweiterwerb ein Rechtskauf i.S.d. § 453 BGB vor[138]. Beim Ersterwerb ist dieser kaufrechtlichen Charakter jedoch gerade nicht gegeben, da der Schwerpunkt der Leistungspflicht dort durch den Dienst- bzw. Geschäftsbesorgungsvertrag beschrieben wird.

Im Rahmen der rechtlichen Einordnung wird allerdings bemängelt, dass dem Investmentvertrag ein durchaus typenbildendes Element, nämlich die Pflicht des Geschäftsbesorgers, sich jederzeit und unbedingt den Weisungen des Auftraggebers zu unterwerfen, fehlt[139]. Anstelle einer ganz auf die individuellen Bedürfnisse des Auftraggebers zugeschnittenen Dienstleistung biete die KAG ein von ihr selbst entworfenes und allen Anlageinteressenten in identischer Weise angebotenes Konfektionsprodukt an[140], nämlich eine kollektive Vermögensver-

---

[132] *Kümpel*, Rn. 12.145.
[133] *Gericke*, DB 1959, 1276, 1277.
[134] *Gericke*, DB 1959, 1276, 1277.
[135] *Canaris*, Rn. 2354.
[136] *Canaris*, Rn. 2354.
[137] *Canaris*, Rn. 2380.
[138] *Canaris*, Rn. 2380.
[139] *Köndgen* in: Schimansky / Bunte / Lwowski, § 113 Rn. 119.
[140] Vgl. *v. Caemmerer*, JZ 1958, 44, mit dem Hinweis, die Anleger wollten „die Sachkunde des Management kaufen".

waltung nach Maßgabe der Vertragsbedingungen. Nach dieser Ansicht fehlt es somit an der für individuelle Geschäftsbesorgungen typischen „Anvertrauenssituation"[141]. Allerdings wird klargestellt, dass der Vertrag ein starkes geschäftsbesorgungsrechtliches Element innehat und der KAG bei der operativen Konkretisierung der vordefinierten Anlagepolitik immer noch ein erhebliches Ermessen verbleibt, in dem sich die geschäftsbesorgungsrechtliche Interessenwahrungspflicht entfalten kann. Im Ergebnis ist daher auch nach dieser Ansicht trotzdem § 675 BGB heranzuziehen[142].

Zu überlegen ist aber, ob die Geschäftsbesorgung aufgrund eines Werkvertrags und nicht eines Dienstvertrags erfolgt. Die möglichst risikogeringe Verwaltung und die Erzielung von Erträgen im einzelnen Fonds könnte für eine erfolgsverbundene Tätigkeit und somit für einen Werkvertrag sprechen. Es ist aber der allgemeinen Ansicht zuzustimmen, die die Geschäftsbesorgung der KAG aufgrund eines Dienstvertrags erfolgen lässt[143]. Grund hierfür ist die Tatsache, dass die KAG sich in dem Kapitalanlagevertrag nur zur Anlage und Verwaltung der Einlage schlechthin verpflichtet, nicht dagegen zu einem bestimmten Erfolg[144]. Zwar ist ihre Tätigkeit auf einen bestimmten Erfolg ausgerichtet, nämlich einen möglichst großen Ertrag bei einem möglichst geringen Risiko zu erzielen, die KAG verpflichtet sich aber gerade nicht zur Erzielung eines bestimmten Ertrags zu einem bestimmten Risiko[145]. Die Geschäftsbesorgung der KAG erfolgt daher nicht im Rahmen eines Werkvertrags i.S.d. §§ 631 ff. BGB, aus dem sich eine derartige Verpflichtung der KAG ergeben würde.

Der Investmentvertrag ist zusätzlich geprägt durch das Treuhandverhältnis[146]. Es handelt sich dabei um eine Verwaltungstreuhand, da die KAG die Sondervermögen ausschließlich zum Zwecke der Verwaltung fremden Kapitals auferlegt. Das Sondervermögen wird nach § 10 Abs. 1 S. 1 KAGG (§ 9 Abs. 1 S. 1 InvG) für gemeinschaftliche Rechnung der Anteilsinhaber verwaltet. Da der Treuhandvertrag ohnehin § 675 BGB zugeordnet wird[147], ändert sich dadurch nichts an der rechtlichen Qualifikation des Investmentvertrags[148].

---

[141] *Köndgen* in: Schimansky / Bunte / Lwowski, § 113 Rn. 119.

[142] *Köndgen* in: Schimansky / Bunte / Lwowski, § 113 Rn. 119.

[143] *Köndgen* in: Schimansky / Bunte / Lwowski, § 113 Rn. 119; *Gläbe*, S. 136; *Kümpel*, Rn. 12.140; *Baur* in: Assmann / Schütze, § 18 Rn. 78; *vom Berge und Herrendorff*, S. 83; *Mauser*, S. 69; *Schäcker*, S. 56 f.; *Reuter*, S. 109; *Canaris*, Rn. 2352; *Klenk*, S. 12; *Schönle*, § 24 I 1; *Ebner v. Eschenbach*, S. 92.

[144] *Ebner v. Eschenbach*, S. 92 f.

[145] *Ebner v. Eschenbach*, S. 93.

[146] *Baur* in: Assmann / Schütze, § 18 Rn. 78; *Lenenbach*, Rn 11.22; *Gericke*, DB 1959, 1276, 1277; *Grundmann*, S. 40 m.w.N., 71 f.

[147] Soergel-Häuser / Welter, § 675 Rn. 10; Palandt-Sprau, § 675 Rn. 21.

[148] *Canaris*, Rn. 2352.

3.) Ergebnis

Somit bleibt festzustellen, dass der zwischen der KAG und den jeweiligen Anteilsinhabern abzuschließende Investmentvertrag rechtlich als ein auf eine
Dienstleistung gerichteter Geschäftsbesorgungsvertrag zu typisieren ist.

III.) Die Rechtsbeziehung der KAG zur Depotbank

1.) Grundstruktur

Die KAG und die Depotbank sind ebenfalls vertraglich miteinander verbunden.
Die KAG hat nach § 12 Abs. 1 S. 1 KAGG (§§ 20 Abs. 1 S. 1, 23 Abs. 1 S. 1)
mit der Verwahrung des Sondervermögens sowie der Ausgabe und Rücknahme
von Anteilsscheinen ein hierzu speziell qualifiziertes Kreditinstitut, die Depotbank, zu beauftragen. Zwischen den beiden Instituten wird der sogenannte Depotbankvertrag geschlossen. Die Depotbank erhält für ihre Leistungen das in
den Vertragsbedingungen fixierte[149] Entgelt, jedoch mit der besonderen Erfül-
lungsmodalität, dass der Anspruch nach § 12 c Abs. 1 S. 2 KAGG (§ 29 Abs. 1
InvG) unter Mitwirkung der KAG unmittelbar aus dem Sondervermögen zu be-
richtigen ist.

2.) Rechtliche Einordnung

Hinsichtlich die rechtliche Qualifikation dieses Vertragsverhältnisses besteht
weitgehend Einigkeit: Der Depotbankvertrag ist ein gemischttypischer Vertrag,
der insbesondere Elemente eines auf eine Dienstleistung gerichteten Geschäftsbesorgungsvertrags i.S.d. §§ 675, 611 ff. BGB enthält[150]. Die typologische Einordnung als Geschäftsbesorgungsvertrag ergibt sich aus den Aufgaben der Depotbank wie der Ausgabe und Rücknahme der Anteilsscheine gemäß § 12 Abs.
1 S. 1 KAGG (§ 23 Abs. 1 S. 1 InvG), der Berechnung des Wertes des Anteile

---

[149] § 15 Abs. 3 lit. e KAGG (§ 41 Abs. 1 S. 1).
[150] *Mauser*, S. 69; *Schönle*, § 24 II 1; *Canaris*, Rn. 2355; *Baur* in: BuB, Rn. 9/120; *Baur* in:
Assmann / Schütze, § 18 Rn. 87; *Schödermeier / Baltzer* in: Brinkhaus / Scherer
KAGG § 12 Rn. 13; *Kümpel*, Rn. 12.152; *Müller, G.*, S. 56; *Claussen*, § 2 Rn. 45; *Schäcker*, S. 68; *Gläbe*, S. 154; *Baum*, S. 143; *Geßler*, WM 1957, Sonderbeilage Nr. 4, S. 20;
Schäfer, ZBB 1990, 175; *Lenenbach*, Rn 11.28; abweichend *Ohl*, S. 71, der die Rechtsgrundlagen der Verwaltungbefugnis der Depotbank nur im Gesetz sieht.

gemäß § 21 Abs. 2 S. 3 KAGG (§ 36 Abs. 1 S. 2 InvG), der Bewertung und Überwachung der stillen Beteiligungen oder des Grundstückbestands nach § 25 g Abs. 1 S. 1 KAGG i.V.m. § 25 d Abs. 1 S. 1 KAGG bzw. nach § 31 KAGG (§§ 24 Abs. 2, 27 Abs. 2, 70 InvG)[151]. All diese Tätigkeiten sind als Geschäftsbesorgungen i.S.d. § 675 BGB einzuordnen, da sie selbständige Tätigkeiten wirtschaftlicher Art darstellen, die in fremdem Interesse[152], hier im Interesse der KAG, ausgeübt werden.

Da die Depotbank außerdem gemäß § 12 a Abs. 1 S. 3 KAGG (§ 23 Abs. 2 S. 2 InvG) ein besonderes Konto zu führen hat, enthält der Vertrag auch Elemente eines Girovertrags[153], der allerdings seinerseits einen Geschäftsbesorgungsvertrag i.S.v. § 675 BGB darstellt[154]. Geschäftsbesorgungen in Form des Girovertrags sind hier beispielsweise die der Depotbank übertragene Verbuchung der Ausgabepreise und sonstigen Entgelte auf Sperrkonten nach § 12 a Abs. 1 S. 3 KAGG (§ 23 Abs. 2 S. 2 InvG), die Auszahlung der zur Anlage des Sondervermögens erforderlichen Mittel nach § 12 a Abs. 2 KAGG (§ 25 InvG) sowie die Auszahlung des von der KAG zu beanspruchenden Aufwendungsersatzes und der verdienten Vergütungen gemäß § 12 c Abs. 1 S. 1 KAGG (§ 29 Abs. 1 InvG) [155]. Zudem enthält der Vertrag auch Elemente eines Verwahrungs- bzw. eines Depotvertrags[156], denn eine zentrale Aufgabe der Depotbank liegt in der Verwahrung des Sondervermögens. Aufgrund der genannten Tätigkeiten wird der Depotbankvertrag nach einer Ansicht in der Literatur auch als ein besonderer Bankvertrag bezeichnet[157].

Eine die Einordnung als gemischttypischen Vertrag ablehnende Ansicht in der Literatur will das Vertragsverhältnis zwischen KAG und Depotbank als BGB-Innengesellschaft konzeptualisieren[158]. Der Depotbankvertrag wird danach nicht als Geschäftsbesorgungsvertrag mit Dienstleistungscharakter, sondern als Ge-

---

[151] *Baur* in: BuB, Rn. 9/120.

[152] Palandt-Sprau, § 675 Rn 3,4.

[153] *Mauser*, S. 69; *Köndgen* in: Schimansky / Bunte / Lwowski, § 113 Rn. 132; *Baur* in: BuB, Rn. 9/120; *Schödermeier / Baltzer* in: Brinkhaus / Scherer KAGG § 12 Rn. 13; *Canaris*, Rn. 2355.

[154] Staudinger-Martinek, § 675 Rn. B 17; Soergel-Häuser / Welter, § 675 Rn. 39; MüKo-Seiler, § 675 Rn. 65.

[155] *Köndgen* in: Schimansky / Bunte / Lwowski, § 113 Rn. 132.

[156] *Mauser*, S. 69; *Canaris*, Rn. 2355; *Schönle*, § 24 II 1; *Baur* in: BuB, Rn. 9/120; *Gläbe*, S. 154; *Köndgen* in: Schimansky / Bunte / Lwowski, § 113 Rn. 132; *Baum*, S. 143; *Kümpel*, Rn. 12.152; *Müller*, *G.*, S. 56.

[157] *Müller*, *G.*, S. 64.

[158] *Ohl*, S. 88 ff.

sellschaftsvertrag angesehen. Depotbank und KAG werden dabei als gegenüber den Anteilsinhabern gleichgewichtige Leistungsträger dargestellt.

Dies wird jedoch in der Literatur überwiegend abgelehnt[159]. Dabei wird darauf verwiesen, das ein entsprechender gemeinsamer Zweck zwischen den beiden Instituten nicht vorliegt[160]. Der Unterschied zwischen Gesellschaftsvertrag und Dienstvertrag bestehe gerade darin, dass beim Gesellschaftsvertrag ein gemeinsamer Zweck angestrebt wird, während sich beim Dienstvertrag der Dienende in die Zweck- und Zielsetzung des anderen einfügt; beim Gesellschaftsvertrag besteht grundsätzlich Gleichordnung, beim Dienstvertrag Unterordnung. Ohl will eine Gleichordnung zwischen KAG und Depotbank herstellen: Aus einer Gesamtschau aus dem Fehlen eines Gegenseitigkeitsverhältnisses und den Schutzpflichten der Depotbank ergäbe sich, dass nicht die KAG zentrale Institution des Investmentgeschäfts sei, sondern Depotbank und KAG gegenüber den Anteilsinhabern „gleichgewichtige Leistungsträger der Dienstleistung Investmentsparen" seien[161].

Die Depotbank widmet sich aber nicht gemeinsam auf einer Ebene mit der KAG dem Investmentgeschäft, sondern hat gegenüber dieser dienende und unterstützende Funktionen[162]. Auch wenn die Depotbank, wie später noch zu zeigen sein wird, wichtige Kontrollfunktionen gegenüber der KAG vorzunehmen hat, so spricht gegen eine Gleichordnung, dass sie nach § 12 Abs. 1 S. 1 KAGG (§ 20 Abs. 1 S. 1 InvG) mit Aufgaben von der KAG beauftragt wird und zudem nach § 12 Abs. 2 S. 2 KAGG (§ 22 Abs. 1 S. 2 InvG) den Weisungen der KAG unterworfen ist. Zudem ist zentrales Regelungsziel des KAGG in seiner heutigen Fassung, die durch gesellschaftsrechtliche Verflechtungen und andere Kooperationen eingetretene Interessenkonvergenz zwischen den beiden Instituten wieder zu entflechten[163]. Dies schließt jeden Gedanken an eine gemeinsame Zweckverfolgung in Form einer BGB-Gesellschaft a limine aus[164]. Des Weiteren spricht die fehlende Gewinn- und Verlustbeteiligung der Depotbank gegen die Annahme eines Gesellschaftsvertrags[165]. Die Ansicht von Ohl ist daher abzulehnen.

---

[159] *Köndgen* in: Schimansky / Bunte / Lwowski, § 113 Rn. 133; *König*, S. 150; *Schäfer*, ZBB 1990, 175 f.
[160] *Schäfer*, ZBB 1990, 175, 176.
[161] *Ohl*, S. 88 ff.
[162] *Klenk*, S. 16.
[163] *Köndgen* in: Schimansky / Bunte / Lwowski, § 113 Rn. 133.
[164] *Schäfer*, ZBB 1990, 175, 176; *Köndgen* in: Schimansky / Bunte / Lwowski, § 113 Rn. 133.
[165] *König*, S. 150.

3.) Ergebnis

Insgesamt ist der Vertrag zwischen der KAG und der Depotbank somit als ein gemischttypischer Vertrag anzusehen, der vorwiegend Elemente eines auf eine Dienstleistung gerichteten Geschäftsbesorgungsvertrags enthält.

IV.) Die Rechtsbeziehung der Anteilsinhaber zur Depotbank

1.) Bedeutung für den Anlegerschutz

Eine weitere Rechtsbeziehung innerhalb des Investment-Dreiecks besteht zwischen den Anteilsinhabern und der Depotbank. Diese Rechtsbeziehung ist im Vergleich zu den bisher dargestellten Beziehungen des Investment-Dreiecks in Bezug auf den Anlegerschutz und in Bezug auf eine Haftung der Depotbank gegenüber den Anteilsinhabern die wichtigste. Die Depotbank ist für die Anteilsinhaber insbesondere durch die von ihr wahrzunehmenden Kontroll- und Überwachungsaufgaben und die Verwahrungsfunktion bedeutend. Eine Haftung wäre insbesondere bei der Verletzung derartiger Pflichten denkbar[166].

Viele der im Gesetz geregelten Pflichten der Depotbank stellen Schutzgesetze i.S.d. § 823 Abs. 2 BGB dar. Eine deliktische Haftung der Depotbank ist daher bei Verletzung derartiger Pflichten unabhängig von der Einordnung des Rechtsverhältnisses zwischen den Parteien möglich. Der Anlegerschutz wäre jedoch sehr begrenzt, wenn die Haftung der Depotbank auf das Deliktsrecht beschränkt wäre. Grund dafür sind vor allem die im Deliktsrecht unzulängliche Regelung der fahrlässigen Vermögensschädigungen und die Exkulpationsmöglichkeit des § 831 Abs. 1 S. 2 BGB. Die Depotbank würde danach nicht für ein Verschulden ihrer Mitarbeiter, die sie mit der gebotenen Sorgfalt ausgewählt und in ihrer dienstlichen Tätigkeit geleitet hat, haften. Dies wäre mit den Anlegerschutzzielen des KAGG unvereinbar[167].

Eine Haftung der Depotbank könnte sich aber auch aus Vertragsverletzungen oder Verletzungen eines gesetzlichen Schuldverhältnisses ergeben. Die sich daraus für die Anteilsinhaber möglicherweise ergebenden weiteren Ansprüche sind nun abhängig von der Einordnung der rechtlichen Beziehung gegenüber der Depotbank.

---

[166] Die Haftung der Depotbank ist im dritten Teil der Arbeit, S. 123 ff., dargestellt.
[167] *Kümpel*, Rn. 12.173; *Ohl*, S. 97.

2.) Grundstruktur

Die Pflichten der Depotbank im Verhältnis zu den Anteilsinhabern bestimmen sich weitgehend nach den §§ 9 b, 12 bis 12 c, 21 KAGG (§§ 20 ff. InvG). Von besonderer Bedeutung sind dabei die Kontrollpflichten der Depotbank gegenüber der KAG, die dem Schutz der Anteilsinhaber dienen[168]. Die Depotbank hat insbesondere die Einhaltung der Anlagegrundsätze und Anlagegrenzen sowie nach § 12 b Nr. 1 KAGG (§ 27 Abs. 1 Nr. 1 InvG) die Bewertung des Sondervermögens und die Berechnung der Ausgabe- und Rücknahmepreise zu überwachen. Daneben obliegt ihr vor allem die Kontrolle über die Verwendung der Erträge des Sondervermögens gemäß § 12 b Nr. 3 KAGG (§ 27 Abs. 1 Nr. 3 InvG) sowie die Rechtsverfolgung von Ansprüchen der Anteilsinhaber nach § 12 c Abs. 2 S. 1 KAGG (§ 28 Abs. 1 S: 1 Nr. 1 und 3 InvG). Ergänzend bestehen Spezialpflichten bei den einzelnen Fondstypen. Zusätzliche Pflichten können sich auch aus dem Depotbankvertrag ergeben. Auf die einzelnen Aufgaben und Pflichten der Depotbank wird ausführlicher im zweiten Teil der Arbeit eingegangen.

Die Besonderheit bei der Rechtsbeziehung zwischen der Depotbank und den Anteilsinhabern besteht darin, dass diese weder in Person noch über die KAG als Vertreterin in unmittelbare Vertragsbeziehungen zur Depotbank treten; die Depotbank ihrerseits ist bei der Ausstellung der Anteilsscheine[169] nur Vertreterin der KAG[170]. Es besteht also im Regelfall kein unmittelbarer Kontakt zwischen diesen Parteien. Nur wenn die Anteilsinhaber die Zertifikate bei der Depotbank in Verwahrung geben, schließen sie damit einen selbständigen Depotvertrag, der dann allerdings keinen spezifisch investmentrechtlichen Charakter hat[171]. Jedoch bestimmt § 12 Abs. 2 S. 1 KAGG (§ 22 Abs. 1 S. 1 InvG), dass die Depotbank bei der Wahrnehmung ihrer gegenüber der KAG übernommenen Aufgaben „ausschließlich im Interesse der Anteilsinhaber" tätig wird.

Die Einordnung der Rechtsbeziehung zwischen Anteilsinhabern und Depotbank soll Aufschluss über die Stellung der Depotbank innerhalb des Investment-Dreiecks geben und zudem bei der Untersuchung möglicher Haftungsansprüchen der Anteilsinhaber gegenüber der Depotbank helfen. Im folgenden soll daher die Rechtsbeziehung zwischen Anteilsinhaber und Depotbank untersucht werden. Die genaue Einordnung dieses Rechtsverhältnisses ist umstritten:

---

[168] *Kümpel*, Rn. 12.157; *Baur* in: BuB, Rn. 9/654.
[169] § 12 Abs. 1 S. 1 KAGG (§ 23 Abs. 1 S. 1 InvG).
[170] *Köndgen* in: Schimansky / Bunte / Lwowski, § 113 Rn. 134; *Raulin*, S. 62.
[171] Siehe dazu *Baur* in: BuB, Rn. 9 / 151 und 9 / 436 ff.

30

3.) Rechtliche Einordnung

a) Selbständiger Vertrag

Nach einer Ansicht ist die Rechtsbeziehung zwischen den Anteilsinhabern und der Depotbank als selbständiger Vertrag zu beurteilen, der neben deren Vertragsverhältnis zur Investmentgesellschaft bestehen soll[172]. Dieser zwischen Anteilsinhaber und Depotbank geschlossene Vertrag wird danach als Dienstvertrag, der eine Geschäftsbesorgung zum Gegenstand hat, charakterisiert. Inhalt des Vertrags soll die Verpflichtung der Depotbank gegenüber den Anteilsinhabern zur ordentlichen Verwaltung des Sondervermögens und zur Überwachung der Depotbank sein[173]. Begründet wird die Annahme eines selbständigen Vertrags damit, dass die Depotbank bei der Verschaffung der Anteile durch die Verbuchung der Einlagen und die Ausgabe der Anteilsscheine notwendig mitwirkt und dass sie die Anteilsscheine gemäß § 18 Abs. 1 S. 3 KAGG (§ 33 Abs. 1 S. 5 InvG) mit zu unterzeichnen hat[174]. Insbesondere in der Unterzeichnung der Anteilsscheine soll nach dieser Ansicht der Rechtsgeschäftsführungswille zum Abschluss des Vertrags gegeben sein[175].
Die Mehrheit in der Literatur wendet sich jedoch gegen die Annahme eines selbständigen Vertrags zwischen Anteilsinhabern und Depotbank[176]. Erforderlich für das Zustandekommen des Vertrags sind übereinstimmende Willenserklärungen von der Depotbank und dem jeweiligen Anteilsinhaber.

Es ist bereits fraglich, ob die Depotbank, wie von der angeführten Ansicht unterstellt, mit ihrer vorgeschriebenen Unterschrift auf den Anteilsscheinen bei objektiver Interpretation nach §§ 133, 157 BGB stets eine Verpflichtungserklärung gegenüber den Anteilsinhabern zur ordentlichen Verwaltung des Sondervermögens und zur Überwachung der KAG abgeben will. Dies wird in der Literatur abgelehnt[177]. Gegen die Abgabe einer derartigen Willenserklärung spricht, dass die Depotbank bereits gesetzlich durch die Ausgestaltung des KAGG in den §§ 12 ff. KAGG (§§ 27 f. InvG) zur Überwachung der KAG verpflichtet ist und derartige Pflichten auch bereits im Depotbankvertrag verankert sind. Dieser Vertrag ist bereits vor der Ausgabe der Anteilsscheine abgeschlossen, da die

[172] *Klenk*, S. 15; ebenso *Boveri*, S. 17 für das schweizerische Recht.
[173] *Klenk*, S. 15.
[174] *Klenk*, S. 15; *Boveri*, S. 17; *Wendt*, S. 108.
[175] *Klenk*, S. 15; *Boveri*, S. 17.
[176] *Gläbe*, S. 153; *Wendt*, S. 108 f.; *Schäcker*, S. 49; *vom Berge und Herrendorff*, S. 112; *Thiel*, S. 161; *Schönle*, § 24 III 1; *Canaris*, Rn. 2463; *Kümpel*, Rn. 12.164; *Ohl*, S. 95; *Lenenbach*, Rn 11.32; *Gschoßmann*, S. 174 f.; *König*, S. 148; *Müller, K.*, DB 1975, 485, 487.
[177] *Canaris*, Rn. 2463; *Kümpel*, Rn. 12.162; *Ohl*, S. 95; *König*, S. 148.

KAG erst nach der Beauftragung einer Depotbank gemäß § 12 Abs. 1 S. 1 KAGG (§ 20 Abs. 1 S. 1 InvG) ihre Tätigkeit aufnehmen kann.

Gegen das Anknüpfen an die Unterzeichnung und Ausgabe der Anteilsscheine spricht zudem, dass die Ausgabe der Anteilsscheine zeitlich nach dem Abschluss des Investmentvertrags erfolgt. In dem Investmentvertrag muss nach § 15 Abs. 3 lit. e KAGG (§ 41 Abs. 1 S. 1 InvG) eine Angabe darüber enthalten sein, wie die Vergütung bemessen und berechnet wird, die der Depotbank zusteht. Da diese aus dem Sondervermögen zu zahlende Vergütung ein Entgelt für die Tätigkeiten der Depotbank darstellt, ist der finanzielle Teil der Depotbanktätigkeit bereits geregelt, wenn die Anteilsscheine ausgegeben werden. Das spricht gegen die Annahme, dass die Depotbank bei der Ausgabe der Anteilsscheine mit dem Willen tätig wird, gegenüber dem Anteilsscheinerwerber eine Offerte zum Abschluss eines Vertrags abzugeben, der ihr eigenes Tätigwerden regelt[178]. Es kann aber nicht von den Umständen des Einzelfalls abhängen, ob ein Vertragsverhältnis zwischen der Depotbank und den Anteilsinhabern zustande kommt oder nicht; denn der Schutz der Anteilsinhaber ist vom Gesetz ohne Zweifel generell für alle Anteilsinhaber in gleicher Weise gewollt. Demnach kann in der Ausgabe und der Unterzeichnung der Anteilsscheine durch die Depotbank keine Abgabe einer Willenserklärung dahingehend gesehen werden, einen Vertrag mit jedem Anteilsinhaber abzuschließen. Andere Anhaltspunkte für eine derartige Willenserklärung der Depotbank sind nicht ersichtlich.

Erforderlich für übereinstimmende Willenserklärungen und damit das Zustandekommen eines Vertrags zwischen Depotbank und Anteilsinhabern wäre zudem noch der rechtsgeschäftliche Wille der Anteilsinhaber, außer mit der KAG einen zweiten Vertrag mit der Depotbank abzuschließen[179]. Die Anteilsinhaber wissen aber eventuell bei Abschluss des Investmentvertrags gar nichts von der Existenz einer Depotbank, so dass sich ihr Wille nicht auf einen Vertragsschluss mit dieser richten kann. Ihr Vertragspartner ist die Investmentgesellschaft, mit der sie den Investmentvertrag abschließen. Anhaltspunkte für den Abschluss eines weiteren Vertrags mit der Depotbank sind bei dem gewöhnlichen Abschluss eines Investmentfondsgeschäfts nicht ersichtlich.

Die Abgabe der Willenserklärungen zum Abschluss des selbständigen Vertrags wären daher mit einer Willensfiktion verbunden[180]. Eine derartige Willensfikti-

---

[178] *Ohl*, S. 95; *König*, S. 148.

[179] *Canaris*, Rn. 2463; *Kümpel*, Rn. 12.162; *Ohl*, S. 95 f.; *König*, S. 148.

[180] Zur Willensfiktion grundsätzlich siehe MüKo-Kramer, vor § 116 Rn. 20 ff; Palandt-Heinrichs, Einf. vor § 116 Rn. 6.

on im Rahmen des Rechtsverhältnisses zwischen den Anteilsinhabern und der Depotbank ist abzulehnen[181].

Hinzu kommt, dass in diesem Fall Nachteile für die Anteilsinhaber zu befürchten wären, da die Kontrollpflichten der Depotbank als Inhalt des Vertrags dann unter dem Vorbehalt von dessen Wirksamkeit stünden[182]. Das KAGG sieht in § 12 Abs. 1 (§ 20 Abs. 1 InvG) vor, dass zugunsten der Anleger neben der KAG stets ein weiterer Beteiligter, die Depotbank, im Investmentgeschäft vorhanden sein soll. Es ist daher davon auszugehen, dass die Einbeziehung der Depotbank nicht von der Wirksamkeit eines Einzelvertrags abhängen kann und ihre Kontrollrechte und -pflichten von dem Zeitpunkt an begründet sind, ab dem sie als Depotbank nach außen auftritt und bis sie ihre Tätigkeit erkennbar aufgibt[183]. Zudem ließe sich bei einer unmittelbaren vertraglichen Beziehung zwischen Anteilsinhabern und Depotbank die Verpflichtung der KAG zur Bezahlung der Depotbank kaum erklären[184]. Der Depotbank steht für die Verwahrung des Sondervermögens nach § 12 c Abs. 1 S. 2 KAGG (§ 29 Abs. 2 InvG) eine Vergütung zu, die sie mit Zustimmung der KAG dem Sondervermögen entnehmen darf. Diese Regelung gilt auch sinngemäß für einen der Depotbank durch die Verwahrung entstehenden Aufwendungsersatz[185]. Daneben kann die Depotbank, wenn sie nach § 12 c Abs. 2 S. 1 KAGG (§ 28 Abs,. 1 InvG) tätig geworden ist, nach § 12 c Abs. 2 S. 2 KAGG (§ 29 Abs. 2 InvG) von der KAG eine angemessene Vergütung sowie Ersatz ihrer Aufwendungen (z.B. Prozesskosten) verlangen. Der Vertragsschluss zwischen Anteilsinhabern und Depotbank müsste demnach eine Leistungspflicht der KAG, gerichtet auf Zahlung der Vergütungen oder des Aufwendungsersatzes, begründen. Der Vertrag ginge demnach zu Lasten der KAG. Die Begründung eines Vertrags zu Lasten Dritter ist jedoch mit der Privatautonomie unvereinbar und unzulässig[186].

Insgesamt ist daher festzustellen, dass es an den für einen selbständigen Vertrag mit dem Inhalt der ordentlichen Verwaltung des Sondervermögens und der Überwachung der KAG erforderlichen Willenserklärungen von Depotbank und Anteilsinhaber fehlt. Ein rechtsgeschäftlicher Wille der Depotbank zum Abschluss eines derartigen Vertrags ist zumindest nicht aus der Unterzeichnung

---

[181] *Kümpel*, Rn. 12.164; *Canaris*, Rn. 2463; *Ohl*, S. 95; auch die Rspr. vertritt in OLG Frankfurt a.M. WM 1997, 364 ff. eine andere Ansicht, dazu unten.

[182] *Müller, K.*, DB 1975, 485, 487; *Thiel*, S. 161.

[183] *Schäcker*, S. 68; *Müller, K.*, DB 1975, 485, 487; *Müller, G.*, S. 138 f.; *Thiel*, S. 161.

[184] *Thiel*, S. 161; *Wendt*, S. 108.

[185] *Baur*, Investmentgesetze, § 12 c Rn. 5.

[186] BGH NJW 1995, 3183, 3184; BGHZ 54, 145, 147; Palandt-Heinrichs, Einf. vor § 328 Rn. 10; Staudinger-Jagmann, § 328 Rn. 25; MüKo-Gottwald, § 328 Rn. 172 ff.; Soergel-Hadding, § 328 Rn. 27.

der Anteilsscheine zu entnehmen. Auch für einen entsprechenden Willen der Anteilsinhaber, neben dem Investmentvertrag noch einen weiteren Vertrag abzuschließen, sind keine Anhaltspunkte ersichtlich. Diese Ansicht ist daher abzulehnen.

b) Echter Vertrag zugunsten Dritter

Nach einer in der Literatur stark vertretenen Ansicht sollen die Anteilsinhaber in das zwischen der KAG und der Depotbank bestehende Vertragsverhältnis im Wege eines echten Vertrags zugunsten Dritter gemäß § 328 BGB einbezogen werden[187]. In dem Vertrag zwischen KAG und Depotbank sind dann die Interessen der Anteilsinhaber an der Kontrolltätigkeit der Depotbank gegenüber der KAG sowie die von der KAG getrennte Verwahrung des Sondervermögens und somit der Anlegerschutz berücksichtigt und durch entsprechende Ansprüche gesichert. Begünstigt aus dem Vertrag zugunsten Dritter und damit anspruchsberechtigt sind dann also die jeweils am Sondervermögen berechtigten Anteilsinhaber.

Die Depotbank wird im Rahmen ihrer Zuständigkeit den Zertifikatsinhabern gegenüber schuldrechtlich zur Wahrnehmung ihrer Kontrolltätigkeit verpflichtet[188]. Die KAG behält daneben ein eigenes Forderungsrecht[189] gegenüber der Depotbank zugunsten der Anteilsinhaber die gegenüber diesen von der Depotbank zu erbringenden Leistungen zu verlangen[190]. Der ständige Wechsel im Kreis der Anteilsinhaber ist dabei unschädlich. Für einen Vertrag zugunsten Dritter ist ausreichend, dass die begünstigten Dritten nach persönlichen oder sachlichen Kriterien bestimmbar sind[191].

Allerdings erfährt auch diese Ansicht Kritik in der Literatur. So ist unbefriedigend an der Lösung über die §§ 328 ff. BGB, dass sie die Einbeziehung der Anteilsinhaber in die oben skizzierten Schutzfunktionen und deren Rechte gegenüber der Depotbank insoweit zu einer Frage der Privatautonomie macht und grundsätzlich in das Belieben von KAG und Depotbank stellt; denn ob diese

---

[187] *Geßler*, WM 1957, Sonderbeilage Nr. 4, S. 22; *Baum*, S. 143; *Reuter*, S. 152; *Schönle* § 24 II 1 und § 24 III 1; *vom Berge und Herrendorff*, S. 113; *Schäcker*, S. 69; *Müller, G.*, S. 187; *Gläbe*, S. 154; *Wendt*, S. 110 ff.; *König*, S. 152.

[188] *Gläbe*, S. 154; *Reuter*, S. 152.

[189] § 335 BGB.

[190] *Reuter*, S. 152; *Baur* in: Assmann / Schütze, § 18, Rn. 88; *Baur* in: BuB, Rn. 9/121.

[191] Palandt-Heinrichs, § 328 Rn. 2; Staudinger-Jagmann, § 328 Rn. 14; MüKo–Gottwald, § 328 Rn. 24.

den zwischen ihnen geschlossenen Vertrag als Vertrag zugunsten der Anteilsinhaber ausgestalten oder nicht, hängt von ihnen selbst ab[192].

Weiter wird der Ansicht entgegengehalten, dass die KAG die Depotbank nicht beauftragt, das Sondervermögen zugunsten der Anteilsinhaber i.S.d. §§ 328 ff. BGB zu verwahren[193]. Eine derartige Rechtsgestaltung ist mit dem Aufbau des Kapitalanlagekomplexes nicht vereinbar[194]. Das Gesetz sieht eine strikte Trennung von Verwaltungs- und Verwahrungsfunktion vor. Die KAG hat das Sondervermögen nach § 10 Abs. 1 KAGG (§§ 6 Abs. 1 S. 1, 9 Abs. 1 S. 1 InvG) ordnungsgemäß zu verwalten. Mit der Verwahrung des Sondervermögens in Sperrdepots und Sperrkonten hat sie jedoch nach § 12 Abs. 1 S. 1 KAGG (§ 20 Abs. 1 S. 1 InvG) die Depotbank zu beauftragen. Das Wesen eines Vertrags zugunsten eines Dritten liegt darin, dass der Schuldner sich zu einer Leistung an einen Dritten verpflichtet, damit durch die unmittelbare Leistung des Schuldners an den Dritten vermieden wird, dass der Schuldner zunächst an den Gläubiger und dieser dann an den Dritten leisten muss. Im Kapitalanlagekomplex erbringt die Depotbank als Schuldnerin der Verwahrung des Sondervermögens aber nicht die Leistung an die Anleger und somit den Dritten, sondern an die sie mit der Verwahrung beauftragende KAG[195]. Somit wird hierbei nicht der Gedanke der §§ 328 ff. BGB verfolgt.

Hinzu kommt, dass ein Vertrag zugunsten Dritter nur angenommen werden kann, wenn die KAG durch die Auswahl und Bestellung der Depotbank den Anteilsinhabern unmittelbar Rechte gegenüber dieser verschaffen wollte[196], um sie so in den Schutzbereich einzubeziehen. Das ist jedoch gerade nicht der Fall: Die KAG bestellt die Depotbank, um ihre Arbeit aufnehmen zu können, da sie vor der Bestellung das Sondervermögen nicht auflegen und die Anteilsscheine nicht ausgeben darf[197].

Untypisch ist auch, dass der jeweilige Anteilsinhaber im Gegensatz zu § 333 BGB die Drittberechtigung nicht zurückweisen kann - etwa weil ihm das Vertrauen zur von der KAG bestimmten Depotbank fehlt[198]. Auch dies stellt eine Abweichung zu der durch das BGB in den §§ 328 ff. BGB vorgegebenen Rechtsfigur dar. Zudem dürfen die Pflichten der Depotbank gegenüber dem ein-

---

[192] *Canaris*, Rn. 2462; *Köndgen* in: Schimansky / Bunte / Lwowski, § 113 Rn. 134; *Kümpel*, Rn. 12.142; *Lenenbach*, Rn 11.32.
[193] *Ebner v. Eschenbach*, S. 132.
[194] *Ebner v. Eschenbach*, S. 132.
[195] *Ebner v. Eschenbach*, S. 132.
[196] *Klenk*, S. 14.
[197] § 12 Abs. 1 S. 1 KAGG (§ 20 Abs. 1 S. 1 InvG).
[198] *Köndgen* in: Schimansky / Bunte / Lwowski, § 113 Rn. 134.

zelnen Anteilsinhaber entgegen § 334 BGB nicht dadurch verkürzt werden, dass jene gegenüber der KAG Einwendungen erheben kann[199]. Mögliche Einwendungen aus dem Verhältnis zwischen der KAG und der Depotbank stellen die Nichtigkeit dieses Vertrags oder das Bestehen eines Zurückbehaltungsrechts dar. Es wäre unbillig, wenn die Anteilsinhaber sich Einwendungen aus dem Rechtsverhältnis zwischen der KAG und der Depotbank entgegenhalten lassen müssten, weil sie weder Einfluss auf dieses Rechtsverhältnis und seine Mängel noch auch nur die Möglichkeit zur rechtzeitigen Erkenntnis etwaiger Einwendungen haben[200]. Das bedeutet, dass Mängel des Vertragsschlusses zwischen der KAG und der Depotbank die Rechtsposition der Anteilsinhaber unmittelbar beeinträchtigen würden[201]. Der vom Gesetz durch die Regelungen des Aufgabenbereichs der Depotbank in den §§ 12 ff. KAGG (§§ 20 ff. InvG) zugunsten der Anteilsinhaber gewollter Schutz stünde daher auf einer brüchigen Grundlage[202].

Schwierigkeiten ergeben sich bei der Lösung über die §§ 328 ff. BGB des Weiteren dann, wenn die KAG aus dem Investment-Dreieck ausscheidet. Für diesen Fall würden KAG und Depotbank für die Vergütungs- und Ersatzansprüche der Depotbank einen Vertrag schließen, der sich zu Lasten der Anteilsinhaber auswirken würde[203]: Die Vergütungs- und Ersatzansprüche, die die Depotbank eigentlich gegenüber der KAG geltend macht, stehen ihr im Falle des Ausscheidens der KAG dann gegenüber den Anteilsinhabern zu. Die Anteilsinhaber würden diesen Vertrag mit dem Erwerb eines Anteilsscheins genehmigen[204]. Verträge zu Lasten Dritter sind jedoch mit dem Grundsatz der Privatautonomie nicht vereinbar und unzulässig[205].

Insgesamt ergibt sich aus diesen Überlegungen, dass den Interessen der Anleger nicht Genüge getan und somit deren Schutz nicht ausreichend gewährleistet wäre, wenn er nur auf der Rechtsgrundlage eines Vertrags zugunsten Dritter zu stützen wäre. Die besonderen Schutzpflichten in Form der Überwachung der KAG und der Verwahrung des Sondervermögens wären dann von dem Ver-

---

[199] *Köndgen* in: Schimansky / Bunte / Lwowski, § 113 Rn. 134; *Kümpel*, Rn. 12.166; *Lenenbach*, Rn. 11.32.

[200] *Canaris*, Rn. 2462.

[201] *Müller, K.*, DB 1975; 485, 487; *Kümpel*, Rn. 12.166.

[202] *Canaris*, Rn. 2462; *Kümpel*, Rn. 12.166.

[203] *Wendt*, S. 111.

[204] *Wendt*, S. 112.

[205] BGH NJW 1995, 3183, 3184; BGHZ 54, 145, 147; Palandt-Heinrichs, Einf. vor § 328 Rn. 10; Staudinger-Jagmann, § 328 Rn. 25; MüKo-Gottwald, § 328 Rn. 172 ff.; Soergel-Hadding, § 328 Rn. 27.

tragswillen von KAG und Depotbank abhängig[206]. Der einen Vertrag zugunsten Dritter befürwortenden Ansicht ist deshalb entgegenzuhalten, dass mit einem solchen Vertrag der gesetzgeberisch gewollte Schutz der Anteilsinhaber nur sehr unvollkommen erreicht werden kann und er die wichtige Frage des Schutzes der Anteilsinhaber zu einer Frage der Privatautonomie zwischen KAG und Depotbank macht. Die Ausführungen haben gezeigt, dass ein solcher Vertrag zugunsten der Anteilsinhaber zudem vom Rechtsgedanken der Regelungen der §§ 328 ff. BGB abweicht.

Die Einbeziehung der Anteilsinhaber in das Rechtsverhältnis zwischen KAG und Depotbank durch einen Vertrag zugunsten Dritter ist daher abzulehnen.

c) Vertrag mit Schutzwirkung zugunsten Dritter

Weiterhin wäre denkbar, die durch die Depotbank wahrzunehmenden Anleger-schutzfunktionen, insbesondere die Überwachung der KAG und die Verwah-rung des Sondervermögens, über einen Vertrag mit Schutzwirkung zugunsten Dritter zu berücksichtigen. Nach einer Ansicht in der Literatur ist das der Ver-wahrung des Sondervermögens durch die Depotbank zugrunde liegende Ver-tragsverhältnis zwischen KAG und Depotbank mit Schutzwirkung für die Anle-ger ausgestattet, auf das dann die Grundsätze des Vertrags zugunsten Dritter entsprechend angewendet werden können[207]. Die Depotbank soll dadurch dem Anleger nicht zu Leistungen in bezug auf die Verwahrung des Sondervermö-gens, sondern nur zur Beachtung der dabei erforderlichen Sorgfalt verpflichtet werden[208]. Eine andere Ansicht wendet die §§ 328 ff. BGB ebenfalls analog an, um die Rechte der Anteilsinhaber zu begründen. Diese Ansicht bezieht den Ver-trag mit Schutzwirkung zugunsten Dritter speziell auf das Verhältnis zwischen Depotbank und Immobilienanlagegesellschaften[209].

Gegen die Anwendung der Rechtsfigur des Vertrags mit Schutzwirkung zu-gunsten Dritter wird von einer älteren Ansicht in der Literatur vorgebracht, dass diese bislang nur für die Verletzung vertraglicher Nebenpflichten, die zu Perso-nenschäden geführt haben, anerkannt sei[210]. Diesem Argument ist entgegenzu-halten, dass die Anwendung dieser Rechtsfigur inzwischen nicht nur auf Perso-

---

[206] *Thiel*, S. 161; *Müller, K.*, DB 1975, 485, 487.

[207] *Ebner v. Eschenbach*, S. 133; *Weigel*, S. 123 f., speziell für Immobilienanlagegesell-schaften.

[208] *Ebner v. Eschenbach*, S. 133.

[209] *Weigel*, S. 124.

[210] *Wendt*, S. 66.

37

nenschäden, sondern auch auf die Verletzung bestimmter Leistungspflichten und dem Dritten entstandene Vermögensschäden erweitert worden ist[211].

Ein Vertrag mit Schutzwirkung zugunsten Dritter ist gesetzlich nicht geregelt, aber von der Rechtsprechung neben dem berechtigten Vertrag zugunsten Dritter als eine besondere Art der Drittberechtigung herausgebildet worden[212]. Die Rechtsgrundlage der Schutzwirkungen zugunsten Dritter wird unterschiedlich beurteilt. Nach der Rechtsprechung und Teilen der Literatur ist der Schutz des Dritten aus einer ergänzenden Vertragsauslegung nach §§ 133, 157 BGB herzuleiten und zu bestimmen[213]. In Teilen der Literatur wird dagegen auch die Ansicht vertreten, dass es sich um eine auf § 242 BGB beruhende richterliche Rechtsfortbildung des dispositiven Rechts, partiell um Gewohnheitsrecht, handelt[214].

Auf eine Entscheidung hinsichtlich der dogmatischen Herleitung des Drittschutzes kommt es hier aber nicht an. Unabhängig davon, ob die Rechtsgrundlage für den Schutz Dritter aus einer ergänzenden Vertragsauslegung oder direkt aus § 242 BGB hergeleitet wird, bedarf es in jedem Einzelfall einer sorgfältigen Abwägung der schutzwürdigen Interessen beider Vertragsparteien und derjenigen des Dritten, um eine Schutzwirkung zu begründen[215]. Der Kreis der durch den Vertrag mit Schutzwirkung zugunsten Dritter Begünstigten ist eng zu ziehen[216]. Es gilt, eine übertriebene Haftung zu vermeiden[217]. Daher sind besondere Voraussetzungen für die Einbeziehung in den vertraglichen Schutzkreis aufgestellt worden, die vorliegend auch für die Einbeziehung der Anteilsinhaber in den Schutzkreis des zwischen Depotbank und KAG geschlossenen Vertrags erfüllt sein müssten.

---

[211] BGH NJW 1996, 2927, 2928; 1968, 885, 887; 1965, 1955, 1957; Staudinger–Jagmann, § 328 Rn. 107; Palandt-Heinrichs, § 328 Rn. 15.
[212] BGH NJW 1953, 977; NJW 1959, 1676; NJW 1987, 2510; Palandt-Heinrichs, § 328 Rn. 13; Staudinger-Jagmann, § 328 Rn. 83 ff.
[213] So BGHZ 138, 257, 261; 133, 168, 170; 126, 297; Palandt-Heinrichs, § 328 Rn. 14; Staudinger-Jagmann, § 328, Rn. 90 ff.; *Zugehör* in: NJW 2000, 1601, 1603 m.w.N.
[214] *Assmann*, JuS 1986, 885, 887; Erman-Westermann, § 328 Rn. 12; Müko-Gottwald, § 328 Rn. 101 m.w.N.
[215] Staudinger-Jagmann, § 328, Rn. 96.
[216] Müko-Gottwald, § 328 Rn. 109; Staudinger-Jagmann, 328, Rn. 96.
[217] *Canaris*, JZ 1995, 441, 443; MüKo-Gottwald, § 328 Rn. 109.

aa) Leistungsnähe

Die erste Voraussetzung ist die Leistungsnähe des Dritten. Danach muss der Dritte typischerweise mit der geschuldeten Hauptleistung in Berührung kommen[218]. Das Leistungsverhalten muss daher inhaltlich auch drittbezogen sein[219]. In dem zwischen KAG und Depotbank abzuschließenden Depotbankvertrag wird vor allem die Verwahrung des Sondervermögens in Sperrkonten und Sperrdepots durch die Depotbank sowie die Ausgabe und Rücknahme der Anteilsscheine geregelt[220]. Mit diesen Leistungen kommen die Anteilsinhaber in Berührung, da sie darauf angewiesen sind, dass das durch ihre Anteile nach § 6 Abs. 1 KAGG (§ 30 InvG) gebildete Sondervermögen von jemandem verwahrt wird. Für die Drittbezogenheit der Verwahrungsfunktion der Depotbank spricht auch, dass diese vor allem dem Schutz des Sondervermögens vor Veruntreuung oder Unterschlagung und somit dem Schutz der Anteilsinhaberinteressen dient[221]. Der Kauf neuer oder die Rückgabe bereits vorhandener Anteile hat ebenfalls jeweils über die Depotbank zu erfolgen, so dass die Anleger auch mit dieser Leistung der Depotbank typischer Weise in Berührung kommen.

bb) Interesse am Schutz des Dritten

Weitere Voraussetzung ist die sogenannte Gläubigernähe. Der Vertragsgläubiger muss an der sorgfältigen Ausführung der Leistung nicht nur ein eigenes, sondern auch ein berechtigtes Interesse zugunsten des Dritten haben[222]. Dabei ist eine früher geforderte persönliche Fürsorgepflicht[223] nicht mehr notwendige Voraussetzung für die Erstreckung des vertraglichen Schutzbereichs auf den Dritten[224]. Der Fürsorgepflicht vergleichbare Schutzpflichten können sich z.B. auch bei Geschäftsbeziehungen im Bankrecht ergeben und führen zur Einbeziehung des Bankkunden in den Schutzbereich der zwischen den Banken bestehenden Vereinbarungen[225]. Der Drittschutz kann sich dabei aus dem Sinn des

---

[218] BGHZ 133, 168, 173; 129, 136, 168; 49, 350, 354; Staudinger-Jagmann, § 328, Rn. 98; MüKo-Gottwald, § 328, Rn. 110.

[219] Palandt-Heinrichs, § 328 Rn. 16.

[220] Siehe hierzu bereits S. 25 f.

[221] *Barocka*, S. 102; *Ebner v. Eschenbach*, S. 122; *Wendt*, S. 67; *Mauser*, S. 75; *Gläbe*, S.153, 155; *vom Berge und Herrendorff*, S. 82, 84; *Kümpel*, Rn. 12.169; *Canaris*, Rn. 2462.

[222] BGHZ 133, 168, 173; Staudinger-Jagmann, § 328, Rn. 100; MüKo-Gottwald, § 328, Rn. 111.

[223] BGH NJW 1977, 2208, 2209; 1971, 1931; 1970, 38, 40; 1969, 269, 271 f.

[224] BGH NJW 2001, 3115, 3116; 1984, 355; MüKo-Gottwald, § 328 Rn. 111 f.; Staudinger-Jagmann, § 328, Rn. 100.

[225] BGHZ 96, 9; 69, 82, 86 f.; BGH WM 1982, 575; OLG Düsseldorf WM 1987, 1008;

konkreten Vertrags ergeben und ist dann im Einzelfall aus dem Parteiwillen zu entnehmen[226]. Stellt man mangels konkreter Abreden auf die objektive Interessenlage, d.h. auf Treu und Glauben ab, so ist entscheidend, dass die Vertragsleistung auch zugunsten des Dritten erbracht wird[227]. Genau das ist, wie schon bei der Leistungsnähe festgestellt, der Fall: Die Verwahrung des Sondervermögens sowie die Ausgabe und Rücknahme der Anteilsscheine durch die Depotbank erfolgen zum Schutz des Sondervermögens und somit zum Schutz der Interessen der Anteilsinhaber.

cc) Erkennbarkeit des geschützten Personenkreises

Zudem muss der Kreis der geschützten Dritten für den Schuldner subjektiv erkennbar und vorhersehbar sein[228]. Dies wird damit begründet, dass das Vertrags- und Haftungsrisiko dem Schuldner nur dann zugemutet werden kann, wenn es für ihn überseh- und kalkulierbar ist[229]. In der Regel wirkt der Drittschutz nur zugunsten derjenigen Dritten, deren Interessen für den Schuldner erkennbar von der Vertragsleistung betroffen sind[230]. Das Interesse der Anteilsinhaber am Schutz des Sondervermögens ist für die Depotbank erkennbar von ihren eigenen Vertragsleistungen betroffen, da sie sich ihrer wichtigen Rolle für den Anlegerschutz bewusst ist.

Daneben wird gefordert, dass der geschützte Personenkreis objektiv abgrenzbar ist[231]. Eine objektive Abgrenzung kann beim Investmentgeschäft anhand der jeweilige Fonds bzw. Sondervermögen erfolgen. Der Drittschutz gilt nur für die Personen, die Anteile am jeweiligen Sondervermögen erworben haben. Hiergegen lässt sich einwenden, dass es sich bei den Publikumsfonds um offene Fonds handelt, deren Anteilsinhaber ständig wechseln und nicht alle beim Abschluss des Depotbankvertrags bekannt sind. Zahl und Namen der geschützten Personen müssen dem Schuldner aber auch nicht bekannt sein[232]. Daher ist der Kreis der geschützten Personen mit den Anteilsinhabern des jeweiligen Sondervermögens für die Depotbank als Schuldnerin der Leistung erkennbar und vorhersehbar.

MüKo-Gottwald, § 328 Rn. 112.
[226] BGH NJW-RR 1990, 1173.
[227] BGHZ 96, 9, 17; 69, 82, 86 ff.; vgl. auch BGHZ 75, 231 ff.; 61, 227, 233.
[228] BGH NJW 1996, 2927, 2928 f.; 1985, 489 f.; 1969, 269.
[229] BGH NJW 1996, 2927, 2928 f.; 1985, 489 f.; 1969, 269.
[230] Staudinger-Jagmann, § 328, Rn. 105.
[231] BGH NJW 1987, 1758, 1760; NJW 1984, 355.
[232] BGH NJW 1995, 51, 53; NJW 1989, 355; NJW 1987, 1758, 1760.

dd) Schutzbedürfnis des Dritten

Weiteres Erfordernis einer Schutzwirkung ist die Schutzbedürftigkeit des Dritten[233]. An der Ausdehnung des Vertragsschutzes muss daher nach Treu und Glauben ein Bedürfnis bestehen, weil der Dritte anderenfalls nicht ausreichend geschützt wäre[234]. Dieses Bedürfnis besteht allerdings nur bei einigen Pflichten der Depotbank aus dem Geschäftsbesorgungsverhältnis zur KAG. Dies gilt wie bereits dargestellt für die Pflicht zur Verwahrung des Fondsvermögens und zur Ausgabe und Rücknahme von Anteilsscheinen. Problematisch ist dagegen, ob ein solcher Vertrag mit Schutzwirkung zugunsten der Anteilsinhaber auch insoweit unterstellt werden kann, als sich die Pflichten der Depotbank schon aus den Bestimmungen des KAGG ergeben und daher mit Hilfe des zwischen KAG und Depotbank geschlossenen Geschäftsbesorgungsvertrags nicht begründet zu werden brauchen. Dies gilt vor allem für die vielfältigen Pflichten zur Überwachung der KAG[235] vor allem gemäß §§ 12 ff. KAGG (§ 27 InvG)[236].

Die Schutzbedürftigkeit des Dritten setzt voraus, dass die Schuldnerpflichten, deren nicht ordnungsgemäße Erfüllung den Schadensersatzanspruch auslöst, durch den Vertrag mit Schutzwirkungen zugunsten Dritter erst begründet worden sind. Soweit also die Depotbank die ihr schon gesetzlich auferlegten Kontrollpflichten verletzt, kann der zwischen KAG und Depotbank geschlossene Geschäftsbesorgungsvertrag den Anteilsinhabern keine vertraglichen Schadensersatzansprüche verschaffen[237]. Für eine Ausdehnung des Vertragsschutzes auf diese Pflichten besteht dann kein Bedürfnis. Eine Einbeziehung der Anteilsinhaber in den Schutzbereich des Depotbankvertrags ist daher bezüglich dieser Pflichten nicht möglich. Somit ergibt sich ein Schutzbedürfnis der Anteilsinhaber lediglich für die nicht vom Gesetz geforderten Pflichten der Depotbank. Da dann aber die für den Anlegerschutz sehr bedeutenden Kontroll- und Überwachungspflichten der Depotbank gegenüber der KAG nicht berücksichtigt wären, bietet die Einordnung der Beziehung zwischen Depotbank und KAG als Vertrag mit Schutzwirkung zugunsten Dritter keinen ausreichenden Anlegerschutz.

Insgesamt ist somit auch die Einordnung als Vertrag mit Schutzwirkung zugunsten Dritter abzulehnen.

---

[233] MüKo-Gottwald, § 328 Rn. 117.
[234] Palandt-Heinrichs, § 328 Rn. 18.
[235] Zur Darstellung der einzelnen Pflichten siehe S. 54 ff.
[236] *Kümpel*, Rn. 12.170.
[237] *Kümpel*, Rn. 12.171.

d) Gesetzliches Schuldverhältnis

Nach neuerer Auffassung handelt es sich bei dem zwischen Depotbank und Anteilsinhaber bestehenden Rechtsverhältnis um ein gesetzliches Schuldverhältnis[238]. Eine Haftung lediglich aus dem Gesichtspunkt der schuldhaften Verletzung eines Schutzgesetzes gemäß § 823 Abs. 2 BGB ist dieser Ansicht zufolge wegen der Exkulpationsmöglichkeit des § 831 Abs. 1 S. 2 BGB nicht mit den Anlegerschutzzielen des KAGG zu vereinbaren. Es soll daher zwischen der Depotbank und den Anteilsinhabern ein gesetzliches Schuldverhältnis angenommen werden, aufgrund dessen die Depotbank für die Erfüllung ihrer gesetzlichen Pflichten aus der übernommenen Depotbankfunktion entsprechend vertraglicher Haftung einzustehen hat[239]. Die Rechtsgrundlage für die im dritten Teil der Arbeit noch genauer zu untersuchende Haftung der Depotbank ergibt sich dann aus § 280 BGB. Die Rechtsprechung hatte sich bislang wenig mit der Einordnung des Rechtsverhältnisses zwischen Depotbank und Anteilsinhabern auseinander zu setzen. Die Rechtsbeziehung zwischen den genannten Parteien wurde dabei ebenfalls als gesetzliches Schuldverhältnis eingeordnet[240].

Bei der Begründung des gesetzlichen Schuldverhältnisses wird Unterschiedliches vertreten. Einer Auffassung zufolge ergibt sich das gesetzliche Schuldverhältnis aus einer Auslegung des § 19 KAGG (§§ 42, 121 InvG)[241]: Nach § 19 Abs. 2 S. 2 KAGG (§ 42 Abs. 1 InvG) muss der den Anteilsinhabern auszuhändigende Verkaufsprospekt alle Angaben enthalten, die im Zeitpunkt des Erwerbs für die Beurteilung der Anteilsscheine von wesentlicher Bedeutung sind. Hierzu gehören gemäß § 19 Abs. 2 S. 3 Nr. 2 KAGG (§ 42 Abs. 1 S. 3 Nr. 22, 23 InvG) insbesondere auch Angaben über die Depotbank. Durch die Angaben zur Depotbank und diejenigen, die der Prospekt gemäß § 19 Abs. 2 S. 3 Nr. 1 KAGG (§ 42 Abs. 1 S. 3 Nr. 18-21 InvG) über die KAG zu enthalten hat, bringe der Gesetzgeber den Grundsatz gleicher Haftungsmaßstäbe für beide Institute, also auch für die Depotbank, zum Ausdruck[242]. Insbesondere soll dieser Grundsatz aus der Regelung des § 19 KAGG (§ 42 InvG) durch die Angabe des jewei-

---

[238] OLG Frankfurt a.M. WM 1997, 364, 367; *Canaris*, Rn. 2464; *Ohl*, S. 97 ff.; *Baur*, Investmentgesetze, § 12 Rn. 15; *Baur* in: Assmann / Schütze, § 18 Rn. 88; *Lenenbach*, Rn 11.32; *Schödermeier / Baltzer* in: Brinkhaus / Scherer KAGG § 12 Rn. 17; *Zeller*, WuB I G 8. - 3.97, S. 418, 419; *Köndgen*, WuB I G 4 - 1.02, S. 231, 323; ähnlich *Müller, K.*, DB 1975, 485, 487; offengelassen in BGH WM 2001, 2053.
[239] *Canaris*, Rn. 2464; *Ohl*, S. 97; *Kümpel*, Rn. 12.173; *Lenenbach*, Rn 11.32.
[240] OLG Frankfurt a.M. WM 1997, 364, 367; OLG Frankfurt a.M., Urteil v. 26.10.2000 – 16 U 90/99, S. 13 (unveröffentlicht); vom BGH offengelassen in BGH WM 2001, 2053.
[241] *Ohl*, S. 98 f.
[242] *Ohl*, S. 98 f.

ligen Haftungskapitals abgeleitet werden[243]. Dieser Ansicht ist zumindest bezüglich der Angabe des jeweiligen Haftungskapitals zu widersprechen, da das Gesetz in § 19 Abs. 2 S. 3 Nr. 1 KAGG (§ 42 Abs. 1 S. 3 Nr. 21) lediglich für die KAG die Angabe des gezeichneten und eingezahlten Kapitals fordert. Eine entsprechende Regelung für die Depotbank enthält § 19 KAGG (§ 42 InvG) hingegen nicht.

Nach überwiegender Ansicht spricht für ein gesetzliches Schuldverhältnis zwischen Depotbank und Anteilsinhabern hingegen schon die Fülle der Leistungs- und Kontrollpflichten, die das Gesetz der Depotbank im Interesse der Anteilsinhaber auferlegt[244]. Es liegt daher nahe, nicht nur eine Vielzahl einzelner durch das Gesetz gegebener deliktischer Schutzpflichten, sondern ein echtes Rechtsverhältnis anzunehmen. Begründet wird dies zudem auch damit, dass sich Depotbank und Anteilsinhaber nicht als „unverbundene Rechtsgenossen" gegenüberstehen, wie es für eine rein deliktische Beziehung i.S.d. unerlaubten Handlung charakteristisch ist, sondern aufgrund der Pflichten, die das KAGG der Depotbank im Interesse der Anteilsinhaber auferlegt, ein „rechtsgeschäftlicher Kontakt" besteht[245].

Dieser Begründung wird entgegen gehalten, dass die Schuldrechtsdogmatik ein gesetzliches Schuldverhältnis - jenseits von Bereicherung und Delikt - bisher nur anerkennt als Schutzpflichtverhältnis ohne primäre Leistungspflicht, welches gerade erst durch einen geschäftlichen Kontakt der Parteien begründet wird[246]. Demgegenüber setze die Inpflichtnahme der Depotbank weder einen geschäftlichen Kontakt voraus, noch fehlen dem Anteilsinhaber jegliche primären Leistungsansprüche[247]. Trotzdem ist aber auch nach dieser Ansicht letztlich einem gesetzlichen Schuldverhältnis der Vorzug zu geben[248].
Hierfür spricht Folgendes: Bei der Einordnung der Beziehung zwischen Depotbank und Anteilsinhaber als gesetzliches Schuldverhältnis liegt eine Parallele zu vorvertraglichen Schuldverhältnissen vor. Dort ist gemäß § 311 Abs. 2 BGB anerkannt, dass durch die Aufnahme eines geschäftlichen Kontakts zwischen den Parteien ein gesetzliches Schuldverhältnis begründet wird. Werden aus diesem Schuldverhältnis gesetzlich begründete Pflichten schuldhaft verletzt, so haftet die Partei der anderen aus § 280 Abs. 1 i.V.m. §§ 241 Abs. 2, 311 Abs. 2, 3 BGB. Im Investmentgeschäft wird ein „geschäftlicher Kontakt" zwischen De-

[243] *Ohl*, S. 99.

[244] *Canaris*, Rn. 2464; *Kümpel*, Rn. 12.173; *Lenenbach*, Rn 11.32.

[245] *Canaris*, Rn. 2464; *Kümpel*, Rn. 12.173.

[246] *Esser / Schmidt*, § 5 II; *Köndgen* in: Schimansky / Bunte / Lwowski, § 113 Rn. 134.

[247] Letztere gewährt ihm das Gesetz z.B. in § 12 c Abs. 3; § 14 Abs. 2.

[248] *Köndgen* in: Schimansky / Bunte / Lwowski, § 113 Rn. 134.

potbank und Anteilsinhaber durch die Ausgabe und Mitunterzeichnung der Anteilsscheine, die Entgegennahme des Ausgabepreises der Anteilsscheine und die laufende Ausschüttung der Erträgnisse durch die Depotbank erreicht. Ein solcher rechtsgeschäftlicher Kontakt und die durch ihn begründete gesteigerte Einwirkungsmöglichkeit auf die zum Fondsvermögen gehörenden Vermögenswerte der Anteilsinhaber ist nach der überwiegenden Ansicht für die Anerkennung eines gesetzlichen Schuldverhältnisses mit einer sich nach Vertragsgrundsätzen bestimmenden Vertrauenshaftung ausreichend[249].

Eine weitere Ansicht erkennt zwar das Vorliegen eines gesetzlichen Schuldverhältnisses zwischen Anteilsinhaber und Depotbank grundsätzlich an, sieht dieses jedoch noch von einem Vertrag zugunsten Dritter überlagert[250]. In den Bereichen, in denen das Gesetz Schutzregeln zugunsten der Anteilsinhaber enthält, soll wie bei der anderen Ansicht das gesetzliche Schuldverhältnis herangezogen werden. In den Bereichen, in denen keine gesetzlichen Pflichten der Depotbank gegenüber den Anteilsinhabern betroffen sind, wird das gesetzliche Schuldverhältnis dann jedoch von einem Vertrag zugunsten Dritter überlagert mit der Folge, dass die Depotbank den Anteilsinhabern Mängel der Beauftragung nach § 334 BGB entgegenhalten könne[251]. Begründet wird dies damit, dass die Wirkung eines gesetzlichen Schuldverhältnisses nur so weit gehen kann, wie durch das KAGG Schutzregeln zugunsten der Anteilsinhaber aufgestellt sind[252].

Problematisch an dieser Ansicht ist zum einen die Verwendung zweier Rechtsfiguren. Für die durch das KAGG aufgestellten Schutzregeln wird das gesetzliche Schuldverhältnis herangezogen, für die nicht im Gesetz geregelten Pflichten der Depotbank gegenüber den Anteilsinhabern hingegen der Vertrag zugunsten Dritter. Dieser Wechsel zwischen gesetzlichem und vertraglichen Schuldverhältnis in ein und demselben Schutzverhältnis lässt sich schwer begründen, zumal der Haftungsumfang jeweils ein anderer ist. Beim echten Vertrag zugunsten Dritter geht der Pflichtenkreis weiter als beim gesetzlichen Schuldverhältnis mit Haftung nach vertraglichen Grundsätzen. Zum anderen spricht gegen die Überlagerung durch einen Vertrag zugunsten Dritter die bereits bei dessen Erörterung gebrachte Kritik. So stellt es vor allem eine Verkürzung der Pflichten der Depotbank gegenüber den Anteilsinhabern dar, wenn diese sich gemäß § 334 BGB Einwendungen aus dem Verhältnis zwischen der KAG und der Depotbank wie z.B. die Nichtigkeit dieses Vertrags oder das Bestehen eines Zurückbehaltungsrechts entgegenhalten lassen müssten.

---

[249] *Kümpel*, Rn. 12.173; *Canaris*, Rn. 2464.
[250] *Baur* in: Assmann / Schütze, § 18, Rn. 88; *Baur* in: BuB, Rn. 9/121.
[251] *Baur* in: Assmann / Schütze, § 18, Rn. 88; *Baur* in: BuB, Rn. 9/121.
[252] *Baur* in: Assmann / Schütze, § 18, Rn. 88; *Baur* in: BuB, Rn. 9/121.

Überzeugender ist daher die Begründung eines gesetzlichen Schuldverhältnisses, bei dem sich Depotbank und Anteilsinhaber nicht nur als „unverbundene Rechtsgenossen" gegenüberstehen. Vielmehr soll zwischen der Depotbank und den Anteilsinhabern ein gesetzliches Schuldverhältnis angenommen werden, aufgrund dessen die Depotbank für die Erfüllung ihrer gesetzlichen Pflichten aus der übernommenen Depotbankfunktion entsprechend vertraglicher Haftung einzustehen hat. Dies ist auch die für den Schutz der Anteilsinhaber beste Lösung.

4.) Ergebnis

Im Ergebnis ist somit festzustellen, dass es sich bei dem zwischen Depotbank und Anteilsinhaber bestehenden Rechtsverhältnis um ein gesetzliches Schuldverhältnis handelt, welches sich insbesondere aus der Fülle der von der Depotbank zugunsten der Anteilsinhaber wahrzunehmenden Leistungs- und Kontrollpflichten ergibt. Dieses gesetzliche Schuldverhältnis wird dabei nicht von einem Vertrag zugunsten Dritter überlagert.

-ZWEITER TEIL-

Risiken und Pflichten innerhalb des Investment-Dreiecks

Im zweiten Teil der Arbeit sollen die Risiken sowie die Pflichten innerhalb des Investment-Dreiecks unter dem Gesichtspunkt des Anlegerschutzes untersucht werden. Dabei werden die Risiken der Anlage in Investmentfonds aufgezeigt und jeweils der Frage nachgegangen, inwieweit das Gesetz oder weitere Rechtsgrundlagen durch die Pflichtenverteilung zwischen Depotbank und KAG diese Risiken unter dem Gesichtspunkt des Anlegerschutzes berücksichtigen. Im Rahmen der Untersuchung der Risiken werden deshalb die unterschiedlichen von Depotbank und KAG wahrzunehmenden Pflichten insbesondere anhand der gesetzlichen Pflichten dargestellt.

Aus diesen Überlegungen heraus gilt es dann im Rahmen einer Analyse der sich ergebenden Risikostruktur eine Gewichtung der Stellung der Depotbank innerhalb des Investment-Dreiecks in Bezug auf die Wahrnehmung des Anlegerschutzes zu entwickeln. Dies erfolgt auch unter Einbeziehung der ökonomischen Analyse des Rechts. Im Rahmen der Analyse wird dann weiter zu untersuchen sein, inwieweit die Depotbank in ihrer vom Gesetz vorgesehenen Rolle einem effektiven Anlegerschutz gerecht werden kann.

A.) Rechtsgrundlagen der Pflichten von Depotbank und KAG

Vor der Untersuchung der Risiken und Pflichten seien noch die Rechtsgrundlagen genannt, aus denen sich Pflichten für die Depotbank und die KAG ergeben können. Depotbank und KAG haben jeweils eine Reihe von Pflichten im Rahmen ihrer Tätigkeiten wahrzunehmen. Der Katalog der Leistungspflichten der beiden Institutionen sowie die Verteilung der Pflichten ergibt sich aus dem Gesetz, dem Depotbankvertrag, den Vertragsbedingungen und - letztere ergänzend - aus dem Verkaufsprospekt[253].

---

[253] *Köndgen* in: Schimansky / Bunte / Lwowski, § 113 Rn. 123.

I.) Rechtsgrundlagen der Pflichten der Depotbank

Die Pflichten der Depotbank werden vorwiegend durch das KAGG festgelegt. Ergänzend lassen sich Tätigkeiten der Depotbank im Rahmen von Vereinbarungen regeln[254]. Grundlage hierfür bildet zumeist der zwischen KAG und Depotbank geschlossene Depotbankvertrag.

1.) Depotbankvertrag

Wie schon im Rahmen der rechtlichen Einordnung der Beziehung zwischen KAG und Depotbank dargestellt[255], wird zwischen diesen beiden Parteien der sogenannte Depotbankvertrag abgeschlossen. Grund dafür ist, dass sich eine KAG, welche das Investmentgeschäft aufnehmen will, zuvor der Mitarbeit eines anderen Kreditinstituts zur Mitwirkung als Depotbank zu versichern hat. Diese Voraussetzung für die Aufnahme des Investmentgeschäfts verlangt das Gesetz in § 12 Abs. 1 S. 1 KAGG (§ 20 Abs. 1 S. 1 InvG). Die Auswahl oder der Wechsel der Depotbank bedarf dabei nach § 12 Abs. 3 KAGG (§ 21 Abs. 1 InvG) zudem der Genehmigung der Bankaufsichtsbehörde. Sind die jeweiligen Voraussetzungen erfüllt, so schließen KAG und Depotbank den Depotbankvertrag ab. Auf den Abschluss des Vertrags selbst hat die Bankaufsichtsbehörde dabei keinen Einfluss. Allerdings sind nach einer Allgemeinverfügung des BAKred v. 18.07.1990 betreffend die Unterrichtung über wesentliche Vorgänge bei Sondervermögen[256], bestehende Depotbankverträge einschließlich Kostenvereinbarung, ebenso Änderungen dieser Vereinbarungen, soweit sie sich jeweils auf Publikumsfonds beziehen, der Aufsichtsbehörde und der LZB unverzüglich in Kopie einzureichen. Die Vorlage der Vereinbarung gibt diesen die Möglichkeit, deren Inhalt auf die Übereinstimmung mit den einschlägigen Vorschriften zu prüfen. Eine Genehmigung dieser Vereinbarung ist hiermit allerdings nicht verbunden.

Da die Tätigkeit der Depotbank jedoch weitgehend durch die Anforderungen des KAGG bestimmt wird, verweisen die Depotbankverträge vielfach auf die Regelungen des KAGG[257]. Dies ergibt sich auch aus einem Muster eines De-

---

[254] Dies ergibt sich auch aus § 12 Abs. 4 S. 2 KAGG (§ 21 Abs. 2 S. 2 InvG), der von gesetzlichen und vertraglichen Pflichten der Depotbank spricht.

[255] Siehe dazu S. 25 ff.

[256] Abgedruckt in: Investment-Handbuch 438, Nr. 54 und bei *Baur*, Investmentgesetze, Anhang nach § 2 Nr.2.

[257] *Baur* in: BuB, Rn. 9/122.

potbankvertrags[258]. In diesem Muster (bezogen auf ein Wertpapier-Sondervermögen) sind dabei vor allem folgende Aufgaben vorgesehen: Beauftragung der Depotbank mit den Überwachungs- und Kontrollaufgaben, Einrichtung der Sperrkonten, Ausgabe, Rücknahme und Übertragung von Anteilsscheinen, Bewertung und Parallelbewertung der Anteile, Erwerb von Wertpapieren und Feststellung des Tageskurses, Durchführung der Ausschüttungen, Rechtsverfolgung, Abwicklung des Sondervermögens.

Diese Pflichten lassen sich, wie noch gezeigt wird, aus dem KAGG entnehmen. Der Inhalt eines Depotbankvertrags entspricht daher i.d.R. dem gesetzlichen Aufgaben- und Pflichtenkreis der Depotbank. Der Depotbankvertrag kann weder das vorrangig geltende KAGG noch die ebenfalls vorrangig geltenden Vertragsbedingungen[259] ändern. Er hat insoweit die Funktion einer Ergänzungsvereinbarung[260]. Anleger können aus ihm nur dann Rechte herleiten, wenn dies ausdrücklich vorgesehen ist.

Zu den Mustern dieser Verträge ist noch anzuführen, dass in der Praxis nicht überall die gleichen Muster verwendet werden. So existiert auch kein allgemein gebräuchliches Vertragsmuster, welches von allen Investmentgesellschaften verwendet wird. Eine Anfrage beim BAKred (jetzige BaFin) hat ergeben, dass alle Investmentgesellschaften ihre eigenen Verträge mit den jeweiligen Depotbanken abschließen. Die einzelnen Verträge sind daher sehr unterschiedlich gestaltet. Nach Angabe des BAKred wird häufig auf eine ausführliche Regelung verzichtet und hauptsächlich auf die Vorschriften des KAGG verwiesen. Entsprechende Muster sind mit dem BAKred nicht abgestimmt worden und konnten für diese Arbeit dementsprechend auch nicht zur Verfügung gestellt werden. Auch der Bundesverband Investment und Asset Management e.V. mit Sitz in Frankfurt verfügte bei einer Anfrage nicht über derartige Musterverträge. Gerade in den Fällen, in denen die Depotbank zum Gesellschafterkreis der KAG gehört, wird auf ausführliche Verträge verzichtet und nur die Vergütung der Depotbank für einzelne Tätigkeiten geregelt. Der Depotbankvertrag kann durch eine Kostenvereinbarung, eine Zahlstellenvereinbarung und Arbeitsanweisungen, welche die praktische Durchführung des Depotbankvertrags regeln, ergänzt werden[261]. In den ergänzenden Arbeitsanweisungen werden beispielsweise die genaue Durchführung der Ausgabe und Rücknahme der Anteilsscheine sowie

---

[258] Abgedruckt in BuB, Rn. 9/123.

[259] Zu diesen S. 48 ff.

[260] *Baur*, Investmentgesetze, § 12 Rn. 17; *Schödermeier / Baltzer* in: Brinkhaus / Scherer KAGG § 12 Rn. 12.

[261] *Baur*, Investmentgesetze, § 12 Rn. 17; *Baur* in: Assmann / Schütze, § 18 Rn. 80; *Schödermeier / Baltzer* in: Brinkhaus / Scherer KAGG § 12 Rn. 12.

der Ausschüttungen, der Inhalt der Prospekte, die genaue Durchführung der Bewertung des Sondervermögens sowie der Informationsfluss zwischen den Vertragsparteien geregelt[262]. Diese Aufgaben sind zwar auch im Gesetz enthalten, aber die dabei zum Teil erforderliche Zusammenarbeit und Absprache zwischen KAG und Depotbank bedarf noch konkreterer vertraglicher Vereinbarungen zwischen beiden Institutionen.

Insgesamt kann bezüglich der Depotbankverträge festgehalten werden, dass diese die vom Gesetz genannten Pflichten der Depotbank und darüber hinaus allenfalls ergänzende Arbeitsanweisungen oder Zusatzvereinbarungen enthalten.

2.) Allgemeine und Besondere Vertragsbedingungen

Weitere Rechtsgrundlage für die Pflichten der Depotbank sind die Allgemeinen und Besonderen Vertragsbedingungen für einzelne Sondervermögen. Die Vertragsbedingungen von Publikumsfonds bedürfen, soweit es sich um Fragen der Vergütung handelt, der Genehmigung der Bankaufsichtsbehörde[263]. Bei Spezialfonds findet eine nachträgliche Kontrolle der Vertragsbedingungen dadurch statt, dass die jährliche Prüfung des Spezialfonds durch den Abschlussprüfer nach § 24 a Abs. 6 S. 3 KAGG (§ 94 S. 4 InvG) auf die Übereinstimmung der Vertragsbedingungen mit dem KAGG zu erstrecken ist. Außerdem wirkt die Bankaufsichtsbehörde mittelbar bei der Festlegung der Vertragsbedingungen dadurch mit, dass sie die Auswahl der Depotbank bei Spezialfonds der KAG allgemein genehmigt[264].

Für das Genehmigungsverfahren relevant sind vor allem die allgemeinen gesetzlichen Anforderungen in § 15 Abs. 3 KAGG (§ 43 Abs. 4 InvG), sowie für andere als Wertpapier-Sondervermögen die jeweils speziellen Anforderungen unter anderem in § 7 d Abs. 3, § 25 j Abs. 1, § 33 KAGG (§ 43 Abs. 4 InvG). Hinzu kommt die allgemeine Anforderung in § 15 Abs. 2 S. 2 KAGG (§ 43 Abs. 2 S. 2 InvG), dass sie den gesetzlichen Bestimmungen entsprechen und die Interessen der Anteilsinhaber ausreichend gewahrt werden. Um das Verfahren der Genehmigung von Vertragsbedingungen zu vereinfachen, sind in Zusammenarbeit zwischen den Aufsichtsbehörden - d.h dem damaligen BAKred und, da häufig auch die Versicherungsunternehmen betroffen sind, ebenfalls mit dem

---

[262] Siehe *Baur* in: BuB, Rn. 9/123.
[263] § 15 Abs. 2 S. 1 KAGG (§ 43 Abs. 2 S. 1 InvG).
[264] § 12 Abs. 3 S. 4 KAGG (§ 95 Abs. 1 InvG).

Bundesaufsichtsamt für das Versicherungswesen (BAV), sowie dem für die Sozialversicherungsträger zuständigen Bundesversicherungsamt (BVA) - und der Vertretung der Investmentunternehmen, dem Bundesverband Investment und Asset Management (BVI), zugleich unter Einschaltung des Gesamtverbands deutscher Versicherungen (GDV) sowie des Verbands deutscher Hypothekenbanken und des Verbands der deutschen Bausparkassen Mustervertragsbedingungen entwickelt worden[265].

Die Musterbedingungen sind nicht verbindlich, werden in der Praxis jedoch durchweg mit allenfalls geringfügigen Abweichungen verwendet[266]. Sie gliedern sich in einen Allgemeinen und einen Besonderen Teil. Der Allgemeine Teil gilt jeweils für eine bestimmte Gattung von Sondervermögen; Kernstück des Besonderen Teils ist die Konkretisierung der für ein bestimmtes Sondervermögen dieser Gattung geltenden Grundsätze der Anlagepolitik, Anlagemöglichkeiten und Anlagerestriktionen[267]. Die Besonderen Vertragsbedingungen bestehen dabei aus mehreren Bausteinen, die für den jeweils speziellen Fonds verwendet werden können.

Es sind so unter anderem Allgemeine und Besondere Vertragsbedingungen für Wertpapier-Sondervermögen[268], für Geldmarkt-Sondervermögen[269], für Grundstücks-Sondervermögen[270], für gemischte Wertpapier- und Grundstücks-Sondervermögen[271], für Beteiligungs-Sondervermögen[272], für Altersvorsorge-

---

[265] *Baur* in: BuB, Rn. 9/307.

[266] *Clouth* in: Vertrags- und Formularbuch, S. 1367; *Baur* in: BuB, Rn. 9/307.

[267] *Clouth* in: Vertrags- und Formularbuch, S. 1367.

[268] Abgedruckt bei *Baur*, Investmentgesetze, Anhang 2, S. 1743 - 1745; *Clouth* in: Vertrags- und Formularbuch, S. 1361 - 1366; *Köndgen* in: Schimansky / Bunte / Lwowski, Anhang 1 und 2 zu § 113, S. 3649 - 3664; *Beckmann* in: Investment-Handbuch 425, Anhang 1 zu § 15; Erläuterungen zu den Allgemeinen Vertragsbedingungen bei *Baur* in: BuB, Rn. 9/314 – 9/404; Bearbeitungshinweise zu den Bausteinen der Besonderen Vertragsbedingungen bei *Baur* in: BuB, Rn. 9/405 und bei *Beckmann* in: Investment-Handbuch 425, Anhang 1 zu § 15, S. 6-15.

[269] Abgedruckt bei *Baur*, Investmentgesetze, Anhang 1, S. 1733 - 1742.

[270] Abgedruckt bei *Baur*, Investmentgesetze, Anhang 5, S. 17861 - 1794; *Beckmann* in: Investment-Handbuch 425, Anhang 2 zu § 15; Bearbeitungshinweise zu den Bausteinen der Besonderen Vertragsbedingungen bei *Baur* in: BuB, Rn. 9/408 und *Beckmann* in: Investment-Handbuch 425, Anhang 2 zu § 15, S. 7-16.

[271] Abgedruckt bei *Beckmann* in: Investment-Handbuch 425, Anhang 3 zu § 15; Bearbeitungshinweise zu den Bausteinen der Besonderen Vertragsbedingungen bei *Beckmann* in: Investment-Handbuch 425, Anhang 3 zu § 15, S. 6-15.

[272] Für Beteiligungs-Sondervermögen gibt es bislang nur einen Entwurf der Vertragsbedingungen, abgedruckt bei *Baur*, Investmentgesetze, Anhang 6, S. 1795 - 1806.

Sondervermögen[273] und für Investmentfondsanteil-Sondervermögen[274] entwickelt worden. Die Mustervertragsbedingungen werden mitunter auch schon für sehr spezielle Fonds entwickelt. So gibt es welche für Geldmarkt-Spezialfonds für die Anlage von Mitteln der Sozialversicherungsträger[275].

Bei den Wertpapier-Sondervermögen sind Musterbedingungen für Spezialfonds für das gebundene Vermögen von Versicherungsgesellschaften[276], Mustervertragsbedingungen für die Anlage von Sozialversicherungsträgern, solche für die Anlage von Hypothekenbanken und Schiffspfandbriefbanken sowie solche für die Anlage von Bausparkassen entwickelt worden[277].

Da bereits das Gesetz den Pflichtenkatalog der Depotbank insbesondere in den Vorschriften für die Wertpapier-Sondervermögen geregelt hat, sollen an dieser Stelle parallel dazu die Allgemeinen Vertragsbedingungen für Wertpapier-Sondervermögen[278] betrachtet werden. Aus diesen ergibt sich für die Depotbank, dass sie insbesondere die Vermögensgegenstände zu verwahren, nicht verwahrfähige Vermögensgegenstände laufend zu überwachen, die Ausgabe und Rücknahme von Anteilsscheinen vorzunehmen, den Wert des Sondervermögens sowie den Wert des Anteils unter Mitwirkung der Gesellschaft zu ermitteln sowie die Erträge auszuzahlen hat, sofern Ausschüttungen vorgesehen sind. Hieraus ist ersichtlich, dass auch hier das Gesetz die Vorgaben für die jeweiligen Vertragsgestaltungen liefert. Auch aus den Allgemeinen und Besonderen Vertragsbedingungen ergeben sich daher keine über den vom Gesetz vorgesehenen und sogleich zu untersuchenden Pflichtenkatalog hinausgehenden Pflichten für die Depotbank.

II.) Rechtsgrundlagen der Pflichten der KAG

Die Aufgaben und Pflichten der KAG ergeben sich zum großen Teil unmittelbar aus dem Gesetz und zum Teil aus den Vertragsbedingungen der Rechtsverhält-

---

[273] Abgedruckt bei *Beckmann* in: Investment-Handbuch 425, Anhang 5 zu § 15; Bearbeitungshinweise zu den Bausteinen der Besonderen Vertragsbedingungen bei *Beckmann* in: Investment-Handbuch 425, Anhang 5 zu § 15, S. 7-14.

[274] Abgedruckt bei *Beckmann* in: Investment-Handbuch 425, Anhang 4 zu § 15; Bearbeitungshinweise zu den Bausteinen der Besonderen Vertragsbedingungen bei *Beckmann* in: Investment-Handbuch 425, Anhang 4 zu § 15, S. 6-11.

[275] Abgedruckt bei *Baur*, Investmentgesetze, Anhang 4, S. 1770 - 1785.

[276] Abgedruckt bei *Baur*, Investmentgesetze, Anhang 3, S. 1755-1769.

[277] Zur jeweiligen Bezeichnung und Stand der Bearbeitung siehe *Baur* in: BuB, Rn. 9/310.

[278] Fundstellen siehe Fn. 268.

nisse zu den Anteilsinhabern bzw. zur Depotbank. Im Rahmen der Untersuchung der Risiken werden beide Rechtsgrundlagen berücksichtigt.

B.) Risiken und Pflichten bei der Anlage in Investmentfonds

Die Risiken bei der Anlage in Investmentfonds können sehr unterschiedlicher Art sein. Betrachtet man die Position der Anleger von Publikumsfonds, so ergibt sich ein Schutzbedürfnis daraus, dass die Anleger typischerweise ein geringes Urteilsvermögen aufgrund mangelnder Zeit, Erfahrung und Kenntnisse im Investmentgeschäft aufweisen[279]. Zudem ergibt sich ein gegenüber den Investmentgesellschaften und Banken geringerer Informationsgrad. Hinzu kommt, dass das Durchsetzungsvermögen eigener Interessen gering und die Einflussnahme auf die Portefeuillezusammensetzung der Fonds gleich null ist[280].

Bezüglich der allgemeinen Ziele der Kapitalanlage spricht die Fachliteratur vom sogenannten magischen Dreieck der Wertpapieranlage[281]. Am häufigsten werden die Ziele Rentabilität, Sicherheit und Liquidierbarkeit genannt[282]. Einiges davon gilt ebenso für die Anlage in Investment-Fonds. So lassen sich die anlegeridentischen Ziele eines Investmentfonds durch Ertragsdenken, Wertsicherungsdenken und Liquidierbarkeit der Anlage umschreiben[283]. Dabei muss man zwischen den unterschiedliche Fondsarten differenzieren, da es risikoreichere und risikoärmere gibt. Insgesamt lässt sich aber sagen, dass in die Investmentfonds investiert wird, weil sie durch die Risikostreuung im Vergleich zur Direktanlage z.B. in Aktien als sichere Anlagemöglichkeit gelten, die zumindest auf längere Sicht noch ertragsreicher ist, als herkömmliche Sparmöglichkeiten. Da die Anteilsinhaber jederzeit ihre Anteile wieder verkaufen können, ist zudem auch die Liquidierbarkeit der Kapitalanlage möglich. Um nun eine Risikostruktur innerhalb des Investment-Dreiecks zu entwickeln, gilt es zu untersuchen, inwieweit Risiken der Anteilsinhaber durch die Verteilung der einzelnen Pflichten von KAG und Depotbank verringert werden können. Die Verringerung eines Risikos bewirkt dann einen effektiven Anlegerschutz.

---

[279] *Tübke*, S. 1; *König*, S. 121.

[280] *Tübke*, S. 1.

[281] *Ruda*, S. 21; siehe dazu auch die bei *Ruda*, S. 17-19 zusammengestellten Fachpublikationen.

[282] *Ruda*, S. 21 nach Zusammenstellung zahlreicher Quellen; siehe dazu Angaben bei *Ruda*, S. 19.

[283] *Tübke*, S. 41.

52

Beim Anlegerschutz wird zwischen der Zielrichtung des Schutzes (den Schutz-objekten), den zu schützenden Interessen sowie dem personalen Schutzbereich unterschieden[284]. Der personale Schutzbereich betrifft dabei die Anleger[285], also im Investmentgeschäft die Anteilsinhaber des jeweiligen Investmentfonds. Als Schutzobjekt eines Anlegerschutzprinzips wird - mit unterschiedlicher Akzentuierung - neben dem Individualschutz auch der Schutz der Funktionsfähigkeit des Kapitalmarktes angesehen[286]. Beide Schutzrichtungen wirken dabei auch in die jeweils andere Schutzrichtung hinein[287]: Ein gut funktionierender Kapitalmarkt weckt Vertrauen und ruft weitere Anleger, mangelnder Anlegerschutz kostet Vertrauen und geht zu Lasten des Kapitalmarktes. Ein System kommunizierender Röhren[288]. Im Investmentrecht kommt es wie bereits angeführt vor allem auf den Individualschutz, den Schutz der Anteilsinhaber, an. Unterschiedlich wird auch der Bereich der zu schützenden Interessen angesehen[289]. Die zu schützenden Interessen resultieren aus den Risiken, die sich für die Anleger ergeben können. Die Anlegerinteressen lassen sich daher durch die jeweils zu minimierenden Risiken beschreiben[290]. Die Verringerung eines mit der Vermögensanlage verbundenen Risikos entspricht dabei jeweils dem Anlegerinteresse.

Nachfolgend sollen die unterschiedlichen Risikogruppen innerhalb des Investment-Dreiecks untersucht werden, um aus der sich daraus ergebenden Risikostruktur eine Gewichtung der Stellung von KAG und Depotbank zu entwickeln. Bei der Erarbeitung der Risikogruppen ist zu beachten, dass die Risiken nicht losgelöst voneinander betrachtet werden können, da sie sich überschneiden und/oder ein Risiko sich aus einem anderen erst ergibt. Die einzelnen Interessen bzw. Risiken der Anteilsinhaber stehen also nicht isoliert nebeneinander, sondern beeinflussen sich weitgehend gegenseitig[291]. Daher ist es nicht möglich, die einzelnen Pflichten von Depotbank und KAG immer nur speziell einer Risikogruppe zuzuordnen.

---

[284] *Schäfer*, Anlegerschutz, S. 23.
[285] *Schäfer*, Anlegerschutz, S. 24.
[286] *Hopt*, S. 334 ff.; *Hopt*, WM 1985, 793, 795; *Schwark*, S. 2, 11 ff.; *Koch*, S. 12 ff.; *Kübler*, § 31 II; *Wiedemann*, § 9 I 1; *Kohl / Kübler / Walz / Wüstrich*, ZHR 1974, 1, 15 f.; *Koch / Schmidt*, BFuP 1981, 231, 235.
[287] *Hopt*, S. 52; *Hopt*, WM 1985, 793, 795.
[288] *Hopt*, S. 52.
[289] Siehe dazu *Schäfer*, Anlegerschutz, S. 23 f.
[290] *König*, S. 26.
[291] Siehe auch *König*, S. 36.

53

I.) Substanzerhaltungsrisiko

Für den Anlegerschutz im Investment-Dreieck kommt zunächst das Substanzerhaltungsrisiko in Betracht, also das Risiko des Anlegers, dass die Substanz seiner Vermögensanlage beeinträchtigt wird. Zu diesem Risiko gehört, das eingesetzte Kapital zu verlieren oder keine angemessene Rendite bzw. Wertsteigerung zu erreichen[292]. Eine Beeinträchtigung der Substanz ist dabei nicht nur beim völligen Verlust der Investmentanlage gegeben, sondern liegt schon bei Kursstürzen vor, die den Wert der Investmentanlage verringern[293]. Das Substanzerhaltungsrisiko ist für den Anleger nicht nur von Bedeutung, wenn er seine Anlage tätigt, sondern schließt auch das Interesse ein, nach Verlust oder Schmälerung seiner Anlage Wertersatz erhalten zu können[294]. Denkbar ist auch, dass sich Angestellte der KAG beispielsweise durch Insidergeschäfte oder Untreue persönlich zu Lasten des Sondervermögens bereichern.

Jeder Anleger hat grundsätzlich ein Interesse an der Substanzerhaltung seiner Vermögensanlage. Daneben tritt bei der Anlage in Investmentfonds das Ertragsinteresse, also das Interesse an der Erzielung von Gewinnen. Wichtiger und schützenswerter ist aber zunächst das Substanzerhaltungsinteresse, denn bei der Vermögensanlage besteht für den Anleger stets das Risiko, dass er seine Vermögenssubstanz verliert.

So können Anleger allgemein bei der Vermögensanlage durch Zahlungsschwierigkeiten und Zusammenbruch der Gesellschaft oder des die Gelder verwaltenden Kreditinstituts ganz oder teilweise die Substanz ihrer Anlage verlieren. Um dies zu vermeiden wird eine Staatsschuldenbeteiligungsgesellschaft gegründet, wird die staatliche Konzession nur wohlfundierten Unternehmen gegeben, werden im Innenschutz die Grundkapitalerhaltung, im Außenschutz Liquidität und Kreditplafond geregelt[295]. Das mit einer Finanzinvestition verbundene Verlustrisiko ist allein allerdings noch kein Anlagespezifikum, sondern trifft alle Kapitalgeber unabhängig von ihrem Einfluss auf das unternehmerische Geschehen. Anlegertypisch wird das Substanzerhaltungsrisiko erst dadurch, dass nicht die Kapitalgeber selbst, sondern andere über das Schicksal der zur Verfügung gestellten Vermögenssubstanz bestimmen[296]. Diese Situation ist auch bei der Anlage in Investmentfonds gegeben.

---

[292] *Möllers*, ZGR 1997, 334, 337; *Horst*, S. 209; *König* spricht in diesem Zusammenhang vom Werterhaltungsinteresse im engeren Sinn und Ertragsmaximierungsinteresse, *König*, S. 28 und 34.
[293] *Mauser*, S. 32.
[294] *Mauser*, S. 32.
[295] *Hopt*, S. 53, 83, 289 ff.
[296] *Ekkenga*, S. 27.

Bei den Investmentfonds bezieht sich das Substanzerhaltungsinteresse daher vor allem auf den Schutz des Sondervermögens. Es sind deshalb im folgenden die Pflichten von Depotbank und KAG herauszuarbeiten, die das Substanzerhaltungsrisiko der Anleger begrenzen sollen.

1.) Die Pflichten der Depotbank

a) Verwahrung des Sondervermögens

Nach § 12 Abs. 1 S. 1 KAGG ist die Depotbank unter anderem mit der Verwahrung des Sondervermögens zu beauftragen. Bei der Verwahrung handelt es sich um einen Oberbegriff für die allgemeine Tätigkeit der Depotbank, der nicht nur die körperliche Verwahrung einzelner Vermögensgegenstände umfasst[297]. Zu der Verwahrtätigkeit im weiteren Sinne zählt auch die kontomäßige Verbuchung der Bankguthaben des Sondervermögens[298]. Die Depotbank hat im Rahmen dieser Aufgabe die zu einem Sondervermögen gehörenden Wertpapiere, Einlagenzertifikate oder Bargeldbestände in gesperrten Depots und Konten zu verwahren. Die Verwahrung kann zudem die als Sicherheit für Wertpapier-Darlehensgeschäfte verpfändeten oder abgetretenen Guthaben umfassen. Soweit das Guthaben auf dem bei ihr geführten Sperrkonto den Betrag überschreitet, der durch eine Sicherungseinrichtung geschützt ist, oder wenn die KAG sie hierzu anweist, hat die Depotbank Guthaben in gesperrten Konten auf Sperrkonten bei einem anderen von der KAG bezeichneten Kreditinstitut zu übertragen. Zur Verwahrungstätigkeit kann außerdem die Unterhaltung von Geschäftsbeziehungen mit Drittverwahrern gehören.

Die Verwahrungspflicht der Depotbank dient vor allem dem Schutz des Sondervermögens vor Veruntreuung oder Unterschlagung[299]. Es soll damit eine umfassende Kontrolle gewährleistet werden[300]. Daher trennt das KAGG den Besitz an den beweglichen Gegenständen des Sondervermögens von der Verfügungsmacht über dieselben, indem es in § 12 Abs. 1 S. 1 KAGG (§ 20 Abs. 1 S. 1 InvG) vorschreibt, dass die Verwahrung durch ein anderes Kreditinstitut (Depotbank) zu erfolgen hat, um bei den täglich für das Sondervermögen durchzuführenden Wertpapierkäufen und -verkäufen Unregelmäßigkeiten entgegenzu-

---

[297] *Baur* in: BuB, Rn. 9/323.

[298] *Baur* in: BuB, Rn. 9/326.

[299] *Barocka*, S. 102; *Ebner v. Eschenbach*, S. 122; *Wendt*, S. 67; *Mauser*, S. 75; *vom Berge und Herrendorff*, S. 82, 84; *Lenenbach*, Rn 11.6; *Gläbe*, S. 153, 155.

[300] *Schödermeier / Baltzer* in: Brinkhaus / Scherer KAGG § 12 a Rn. 7.

wirken[301]. Es soll die Möglichkeit ausgeschlossen werden, dass die KAG Wertpapiere oder Gelder aus der Verwahrung nehmen kann, um sie für eigene Geschäfte einzusetzen[302]. Durch diese Trennung von Vermögen der KAG und Sondervermögen kann die KAG keine Vermögenswerte aus dem Sondervermögen verpfänden oder sonst belasten, zur Sicherheit übereignen oder abtreten. Es wäre ihr sonst leicht möglich, Kredite auf das Sondervermögen aufzunehmen[303]. Mit der Verwahrungsfunktion der Depotbank wird der effektive Bestand des Sondervermögens gewährleistet[304].

Die Bedeutung der Depotbank zur Sicherung des Vermögens im Investmentrecht wird auch aus den vom Gesetz geforderten Voraussetzungen zur Beauftragung der Depotbank deutlich: So bedarf die Auswahl der Genehmigung der Bankaufsichtsbehörde[305]. Diese darf die Genehmigung zudem nur erteilen, wenn die Depotbank zum Einlagen- und Depotgeschäft zugelassen und Mitglied einer geeigneten Einrichtung zur Sicherung der Einlagen ist[306]. Dies zeigt, dass die Depotbank im Rahmen ihrer Pflicht zur Verwahrung des Sondervermögens dem Substanzerhaltungsrisiko entgegen wirken soll.

b) Einrichtung von Sperrkonten und Sperrdepots

Aus den §§ 7 d Abs. 1; 12 a Abs. 1, 2, 3; 12 c Abs. 1; 25 g Abs. 3; 31 Abs. 6, 7 KAGG (§ 24 Abs. 1, 2 InvG) ergeben sich Regelungen zur Einrichtung von Sperrkonten und Sperrdepots. Die Depotbank ist danach verpflichtet, die für das Sondervermögen eingenommenen Gelder auf einem Sperrkonto zu verbuchen. Dieses Sperrkonto ist getrennt für jedes von der Depotbank betreute Sondervermögen einzurichten. Wertpapiere und Einlagenzertifikate, die zu einem Sondervermögen gehören, sind von der Depotbank gemäß § 12 a Abs. 1 S. 1 KAGG (§ 24 Abs. 1 S. 1 InvG) in ein Sperrdepot zu legen. Die gesamte finanzielle und technische Abwicklung liegt nach § 12 a Abs. 2 KAGG (§ 25 InvG) bei der Depotbank. Die KAG leitet die Geschäfte durch ihre Anweisungen.

Die Wahrnehmung dieser Aufgabe bewirkt ebenfalls eine Begrenzung des Substanzerhaltungsrisikos. Sperrkonto und Sperrdepot implizieren dabei die Kon-

---

[301] *Ohl*, S. 58.

[302] *Vom Berge und Herrendorff*, S. 86; *Gläbe*, S. 156.

[303] *Reuter*, S. 142; *Schäcker*, S. 101; *vom Berge und Herrendorff*, S. 67.

[304] *Ebner v. Eschenbach*, S. 124; *Beckmann* in: Investment-Handbuch 425, § 12 a Rn. 1; § 12 b Rn 1.

[305] § 12 Abs. 3 S. 1 KAGG (§ 21 Abs. 1 S. 1 InvG).

[306] § 12 Abs. 3 S. 2 KAGG (§ 20 Abs. 1 S. 2 InvG).

trollpflichten der Depotbank[307]. Sie machen nach außen erkennbar, dass die KAG keine der zum Sondervermögen gehörenden Gegenstände (außer zur Ausübung des Stimmrechts und ähnlicher Fälle) in die Hand bekommen darf[308]. Durch die Einrichtung der Sperrkonten und Sperrdepots bei der Depotbank ist der KAG die unmittelbare Zugriffsmöglichkeit auf die so verwahrten Gegenstände des Fondsvermögens genommen[309].

c) Ausgabe und Rücknahme von Anteilsscheinen

Des Weiteren ist die Depotbank von der KAG mit der Ausgabe und Rücknahme von Anteilsscheinen zu beauftragen. Regelungen hierzu finden sich in den §§ 12 Abs. 1 S. 1; 12 a Abs. 1 S. 3, Abs. 2; 12 b Nr. 1; 21; 25 h; 31 Abs. 1, 7 KAGG (§§ 23 Abs. 1 S. 1, Abs. 2, 27 Abs. 1 Nr. 1 InvG). Zudem hat die Depotbank dafür zu sorgen, dass die Ausgabe und Rücknahme den Vorschriften des KAGG und den Vertragsbedingungen entsprechen. Ebenso wie der Ausgabepreis von der Depotbank entgegengenommen wird, zahlt sie im Falle einer Rücknahme von Anteilen den Rücknahmepreis aus den bei ihr geführten Sperrkonten des Sondervermögens nach § 12 a Abs. 2 KAGG (§ 25 S. 2 InvG).

Mit der Ausgabe und Rücknahme der Anteilsscheine durch die Depotbank soll sichergestellt werden, dass die KAG nicht selbst über die Gelder der Anleger verfügt[310]. Diese Aufgabe dient daher vor allem dem Schutz[311] und somit der Substanzerhaltung des Fondsvermögens. Das gleiche Ziel verfolgt die Kontrollaufgabe der Depotbank, darauf zu achten, dass die Ausgabe und Rücknahme von Anteilsscheinen und die Berechnung des Wertes der Anteile den Vorschriften des KAGG und den jeweiligen Vertragsbedingungen entsprechen. Auch hierdurch soll das Sondervermögen gegen Fremdeinwirkung abgesichert werden. Damit ist gewährleistet, dass die Depotbank das Sondervermögen lückenlos verwahrt[312]. Die ebenfalls dem Sparerschutz dienende und detailliert geregelte Vorschrift des § 21 KAGG (§ 23 Abs. 2 InvG) trägt daneben zur Transparenz und Vergleichbarkeit des Investmentangebots bei[313].

---

[307] *Baur* in: BuB, Rn. 9/134.

[308] *Vom Berge und Herrendorff*, S. 87; *Baur*, Investmentgesetze, § 12 a Rn. 2.

[309] *Baur*, Investmentgesetze, § 12 a Rn. 16.

[310] *Ebner v. Eschenbach*, S. 131; *Baur*, Investmentgesetze, § 12 a Rn. 10.

[311] *Baur* in: BuB, Rn. 9/126.

[312] *Beckmann* in: Investment-Handbuch 425, § 12 b Rn. 3.

[313] *Beckmann* in: Investment-Handbuch 425, § 21 Rn. 2; *Schödermeier / Baltzer* in: Brinkhaus / Scherer KAGG § 21 Rn. 1.

d) Unterzeichnung der Anteilsscheine

§ 18 Abs. 1 S. 4 KAGG (§ 33 Abs. 1 S. 5 InvG) schreibt ausdrücklich vor, dass die Anteilsscheine von der KAG und der Depotbank zu unterzeichnen sind. Die Depotbank erkennt durch die Unterzeichnung - verbunden mit der Ausgabe der Anteilsscheine - den Anteilsscheininhabern gegenüber die Pflichten an, die ihr aus dem KAGG und dem Vertrag mit der KAG gegenüber den Anteilsinhabern obliegen[314]. Diese vorgeschriebene Mitunterzeichnung durch die Depotbank sowie die in § 10 Abs. 2 der Allgemeinen Vertragsbedingungen Wertpapier- fonds vorgesehene eigenhändige Unterschrift einer Kontrollperson der Depot- bank sichern die Beteiligung der Depotbank an der Ausgabe der Anteilsscheine und somit auch die Ausgabe durch die Depotbank (vgl. §§ 12 Abs. 1 S. 1; 12 a Abs. 1 S. 3; 12 b Nr. 1 KAGG) (§§ §§ 23 Abs. 1 S. 1, Abs. 2 S. 2; 27 Abs. 1 Nr. 1 InvG)[315].

Durch die Mitunterzeichnung der Anteilsscheine soll die selbständige Ausgabe von Anteilsscheinen durch die KAG unmöglich gemacht werden. In der Mitun- terzeichnung kommt daher die äußerst wichtige Rolle, die der Gesetzgeber der Depotbank zugedacht hat, zum Ausdruck[316]. Durch die Beteiligung der Depot- bank an der Ausgabe der Anteilsscheine ist eine Kontrolle bei der Anteils- scheinvergabe gesichert. Damit wird das Substanzerhaltungsrisiko zumindest verringert.

e) Durchführung der Ausschüttungen

Weiterhin hat die Depotbank die Ausschüttungen vorzunehmen. Diese erfolgen nach § 12 a Abs. 2 KAGG (§ 25 S. 2 InvG) auf Weisung der KAG. Die KAG setzt die Höhe der Ausschüttung fest. Der Depotbank obliegt nach § 12 b Nr. 3 KAGG (§ 27 Abs. 1 Nr. 3 InvG) die Kontrolle über die Ertragsverwendung. In- wieweit Erträge ausgeschüttet werden können oder müssen, ergibt sich aus den Vertragsbedingungen (siehe § 15 Abs. 3 lit. i; § 16 KAGG) (§ 43 Abs. 4 Nr. 6 InvG). Die Regeln für die Ermittlung und Verwendung der Erträge sind im Ver- kaufsprospekt anzugeben[317].

Die Ausschüttung erfolgt durch die Depotbank gegen Vorlage des Ertrags- scheins, soweit solche ausgegeben worden sind, andernfalls gegen Nachweis

---

[314] *Baur*, Investmentgesetz, § 18 Rn. 26 m.w.N.; *Baur* in: BuB, Rn. 9/129; *v. Caemmerer*, JZ 58, 48.

[315] *Baur* in: BuB, Rn. 9/128; *Baur*, Investmentgesetze, § 18 Rn. 26.

[316] *V. Caemmerer*, JZ 1958, 48.

[317] § 19 Abs. 2 S. 3 Nr. 6 KAGG (§ 42 Abs. 1 S. 3 Nr. 13).

der Berechtigung[318]. Bei Anteilsscheinen, die im Rahmen von Investmentkonten verwahrt werden, wird die Ausschüttung, sofern nichts Gegenteiliges vereinbart ist, automatisch zum Erwerb weiterer Anteilsscheine verwandt, ohne dass i.d.R. der sonst übliche Ausgabeaufschlag[319] in Abzug gebracht wird. Die Zahlungen müssen unmittelbar und unverzüglich weitergeleitet werden. Abzüge von den Zahlungen sind nur zulässig, wenn sich dies aus den Vertragsbedingungen ergibt[320].

Durch die im Rahmen der Durchführung der Ausschüttungen vorzunehmende Kontrolle über die Ertragsverwendung nach § 12 b Nr. 3 KAGG (§ 27 Abs. 1 Nr. 3 InvG) kann vermieden werden, dass unberechtigte Ausschüttungen vorgenommen werden oder eine Auszahlung an die falschen Anteilsinhaber erfolgt. Die Ausschüttung von Erträgen an die Anteilsinhaber nimmt die Depotbank aus dem Sperrkonto vor, so dass auch bei dieser Transaktion die KAG keinen Zugriff auf Mittel aus dem Sondervermögen hat[321]. Soweit KAG und Depotbank Zahlstellen einschalten, trägt die Depotbank zudem dafür die Verantwortung, dass die Ausschüttung die Anteilsinhaber erreicht[322]. Durch diese Aufgabenzuweisung wird ebenfalls das Substanzerhaltungsrisiko begrenzt.

f) Kontrolle der Einhaltung von Anlagegrundsätzen und Anlagegrenzen

Die Depotbank hat daneben zu prüfen, ob auch die Anlagegrundsätze, die in den Vertragsbedingungen genannt sind, eingehalten werden. Die Anlagegrundsätze müssen deshalb klar und nachvollziehbar formuliert sein[323]. Zu den Kontrollfunktionen der Depotbank gehört auch die Beobachtung der gesetzlichen und vertraglichen Anlagegrenzen, auch wenn es in erster Linie Aufgabe der KAG ist, hierauf zu achten. Die allgemeine Kontrollpflicht und ein entsprechendes Kontrollrecht der Depotbank bezüglich der Tätigkeit der KAG wird aus der Berechtigung und Verpflichtung der Depotbank, gegebenenfalls gemäß § 12 c Abs. 2 KAGG (§ 28 Abs. 1 S. 1 Nr. 1, 3 InvG) Ansprüche der Anteilsinhaber gegen die KAG geltend zu machen und bei einer Zwangsvollstreckung in das Sondervermögen Drittwiderspruchsklage nach § 771 ZPO zu erheben, entnommen[324]. Im KAGG finden sich zudem für die Investmentfondsanteil-

---

[318] *Baur*, Investmentgesetze, § 12 a Rn. 15; *Baur* in: BuB, Rn. 9/137.

[319] Siehe § 21 Abs. 1 S. 2 KAGG (§ 23 Abs. 2 S. 1 InvG).

[320] *Baur*, Investmentgesetze, § 12 b Rn. 7.

[321] *Baur*, Investmentgesetze, § 12 a Rn. 17.

[322] *Baur* in: BuB, Rn. 9/332; *Baur*, Investmentgesetze, § 12 c Rn. 7.

[323] *Baur*, Investmentgesetze, § 12 Rn. 33.

[324] *Baur* in: Assmann / Schütze, § 18 Rn. 127.

59

Sondervermögen in § 25 1 KAGG (§ 61 InvG), für die Altersvorsorge-
Sondervermögen in § 37 i KAGG (§ 88 InvG) sowie für die Gemischten Wert-
papier- und Grundstücks-Sondervermögen in § 37 b Abs. 2, 3 KAGG (§ 85
InvG) ebenfalls Regelungen zur Kontrolle der dort aufgeführten Anlagegrundsätze und Anlagegrenzen durch die Depotbank.

Da die Anlagegrundsätze und Anlagegrenzen dem Anlegerschutz dienen, führt
auch die Kontrolle der Einhaltung dieser Grenzen zu einer Verringerung des
Substanzerhaltungsrisikos, da somit Schädigungen des Sondervermögens durch
Überschreitungen der Grenzen verhindert werden.

g) Kontrolle bei der Abwicklung der Geschäfte

Neben den Wertpapiergeschäften wirkt die Depotbank auch an den Optionsge-
schäften, den Finanzterminkontrakten, Geschäften in Schuldscheindarlehen,
Geldmarktpapieren und den Wertpapier-Darlehen mit. Ihr kommt auch hier eine
Kontrollfunktion gegenüber der KAG bei der Abwicklung der Geschäfte zu. Im
Gesetz findet sich diese Funktion in den §§ 12 a Abs. 1, 2, 5; 12 b Nr. 2 KAGG
(§§ 24 Abs. 1, 2; 25; 27 Abs. 1 Nr. 2 InvG) wieder.

Diese Kontrollaufgaben sind im KAGG festgeschrieben, um sicherzugehen,
dass die Verfügungen der KAG über das einzelne Sondervermögen sowohl dem
KAGG als auch den Vertragsbedingungen entsprechen[325]. Dies dient der Sicherstellung, dass bei den für gemeinschaftliche Rechnung der Anteilsinhaber
getätigten Geschäften der Gegenwert innerhalb der üblichen Fristen in die Verwahrung der Depotbank gelangt. Wenn mit Mitteln des Sondervermögens
Rechtsgeschäfte durchgeführt werden, so wird das erworbene Recht automatisch neuer Bestandteil des Sondervermögens und ersetzt damit den bisherigen
Gegenstand. Dafür, dass die erworbenen Gegenstände aber auch tatsächlich
dem Sondervermögen einverleibt werden, muss die Depotbank gemäß § 12 b
Nr. 2 KAGG (§ 27 Abs. 1 Nr. 2 InvG) sorgen. Danach wird sie regelmäßig erst
dann einen Gegenstand aus dem Sondervermögen herausgeben, wenn ihr
gleichzeitig der Gegenwert zufließt[326].

Die Kontrolle bei der Abwicklung der aufgezählten Geschäfte dient zudem der
Sicherstellung, dass die Erträge des Sondervermögens gemäß den Vorschriften
des KAGG und den Vertragsbedingungen verwendet werden. Des Weiteren
wird damit sichergestellt, dass der Erwerb von Vermögenswerten für das Son-

---

[325] *Baur* in: BuB, Rn. 9/132; Rn. 9/331.
[326] *Reuter*, S. 154.

dervermögen höchstens und die Veräußerung mindestens zum Tageskurs erfolgen und dass Verfügungen über Vermögenswerte des Sondervermögens in Übereinstimmung mit dem KAGG und den Vertragsbedingungen vorgenommen werden. Vor allem die Vorschrift des § 12 a Abs. 5 S. 1 KAGG (§ 36 Abs. 2 S. 1 InvG) schützt damit vor einer Verschleuderung des Sondervermögens[327]. Es soll damit der Gefahr vorgebeugt werden, dass Erwerbsgeschäfte über dem Marktpreis abgeschlossen werden[328].

Die Depotbank hat demnach mit zu gewährleisten, dass der Wert des Sondervermögens - und damit des einzelnen Anteils - auch bei inhaltlich wechselndem Bestand erhalten bleibt[329]. Das Sondervermögen soll also in seiner Substanz geschützt werden.

h) Kontrolle über die Verwendung der Erträge des Sondervermögens

Die Depotbank hat des Weiteren gemäß § 12 b Nr. 3 KAGG (§ 27 Abs. 1 Nr. 3 InvG) eine Kontrolle über die Verwendung der Erträge des Sondervermögens vorzunehmen und zu prüfen, ob diese jeweils den Vorschriften des KAGG und den Vertragsbedingungen entspricht. Diese Kontrollpflicht ist der Durchführung der Ausschüttung vorgeschaltet. Im Rahmen des § 12 b Nr. 3 KAGG (§ 27 Abs. 1 Nr. 3 InvG) bezieht sich die Kontrolle der Depotbank dabei nicht nur auf die Art und Zusammensetzung der Erträge, sondern auch auf den Ausschüttungsvorgang[330].

Die Depotbank hat dabei zu kontrollieren, ob Ausschüttungen von Veräußerungsgewinnen auch nach den Vertragsbedingungen vorgesehen sind, da diese ansonsten nach § 16 KAGG (§§ 25 S. 3 Nr.3, 43 Abs. 4 Nr. 6 InvG) nicht zulässig sind. Die Kontrolle hat sich daneben auf die Ausschüttungsfrist und die Ermittlung der Erträge zu erstrecken, wobei letztere sich auf die Rechtmäßigkeit der Ertragsermittlung beschränkt[331]. Die Kontrolle über die Ertragsverwendung dient der Sicherung des Sondervermögens, da hierdurch einer Falschverwendung von Erträgen oder gar einer Veruntreuung vorgebeugt wird. Somit ist auch diese Aufgabe der Verringerung des Substanzerhaltungsrisikos zuzurechnen.

---

[327] *Baur*, Investmentgesetze, § 12 a Rn. 21.
[328] *Mauser*, S. 226.
[329] *Reuter*, S. 154.
[330] *Baur*, Investmentgesetze, § 12 b Rn. 7.
[331] *Baur*, Investmentgesetze, § 12 b Rn. 6.

i) Überwachung der Bestellung und des Vorhandenseins ausreichender Sicherheiten bei Wertpapierdarlehen

Eine zusätzliche Kontrollaufgabe hat die Depotbank bei den Wertpapierdarlehen zu erfüllen. § 9 b Abs. 1 S. 7 KAGG (§ 27 Abs. 1 Nr. 4 InvG) verpflichtet die Depotbank nicht nur für die rechtswirksame Bestellung, sondern auch für das jederzeitige Vorhandensein der erforderlichen Sicherheiten zu sorgen. Auch die Überwachung der Bestellung und des Vorhandenseins ausreichender Sicherheiten bei den Wertpapierdarlehen erfüllt eine Schutzfunktion. Eine Lieferung der Wertpapiere darf erst erfolgen, wenn sich die Depotbank zuvor vergewissert hat, dass nach § 9 b KAGG (§ 54 Abs. 2 InvG) die Sicherheiten rechtswirksam bestellt worden sind. Damit wird die Substanzerhaltung des Fondsvermögens gesichert.

j) Zustimmung zu Verfügungen

Das Gesetz sieht für einige Sondervermögen Zustimmungserfordernisse der Depotbank vor. So enthält § 12 a Abs. 4 KAGG ein Zustimmungserfordernis der Depotbank zu Verfügungen über Schuldscheindarlehen. Ein vergleichbares Zustimmungserfordernis findet sich auch in § 7 d Abs. 2 KAGG (allg. § 26 Abs. 1 Nr. 2 InvG) für Geldmarkt-Sondervermögen sowie in § 25 g Abs. 2 KAGG (allg. § 26 Abs. 1 Nr. 1, 2 InvG) für die Beteiligungs-Sondervermögen und in § 31 Abs. 2, 3 KAGG (§ 26 Abs. 1 Nr. 3-5 InvG) für die Grundstücks-Sondervermögen.
Bei den Verfügungen über Schuldscheindarlehen geht diese Überwachungspflicht über eine bloße Zustimmungspflicht hinaus. Zwischen KAG und Depotbank hat ein laufender Informationsaustausch stattzufinden. Die Depotbank ist deshalb auch berechtigt, nicht nur in die Berichte und Prüfungsberichte Einblick zu nehmen, sondern zusätzlich Revisionsberichte der KAG anzufordern. Sofern sie eigene Prüfungen bei der KAG vornehmen will und dies nicht bereits wegen gesellschaftsrechtlicher Bindungen zwischen der KAG und der Depotbank faktisch unproblematisch ist, bedarf es entsprechender Regelungen im Depotbankvertrag[332].

Die Depotbank hat durch entsprechende Kontrollen sicherzustellen, dass vor allem die Forderungen nicht durch unzulässige Verfügungen der KAG in ihrem Bestand gefährdet werden. Durch das Zustimmungserfordernis soll sichergestellt werden, dass i.S.d. § 12 a Abs. 5 S. 3 KAGG (§ 36 Abs. 2 S. 3 InvG) die Gegenleistung den von der Depotbank zuletzt ermittelten Wert nicht oder nur

---

[332] *Baur* in: BuB, Rn. 9/328.

unwesentlich unterschreitet[333]. In gleicher Weise wie im Fall des § 25 g Abs. 2 KAGG handelt es sich bei § 12 a Abs. 4 S. 1 KAGG (§ 26 Abs. 1 InvG) nicht um eine relative Verfügungsbeschränkung i.S.d. § 135 BGB[334], sondern um eine jedermann gegenüber wirkende Einschränkung der Verfügungsmacht der KAG[335]. Durch diese Vorschrift soll ein „Ausverkauf" des Sondervermögens vermieden werden[336]. Dadurch wird der Bestand des Sondervermögens vor unzulässigen Verfügungen geschützt und das Substanzerhaltungsinteresse der Anteilsinhaber gewahrt.

Diese Ausführungen gelten auch für die Zustimmung zu Verfügungen bei Beteiligungsfonds. Bei Verfügungen über zum Beteiligungs-Sondervermögen gehörende stille Beteiligungen sowie bei Änderungen des Beteiligungsvertrags ist nach § 25 g Abs. 2 KAGG die Zustimmung der Depotbank erforderlich. Die Depotbank prüft hierbei nur die Rechtmäßigkeit einer Verfügung oder Vertragsänderung, nicht aber ihre Zweckmäßigkeit[337]. Auch hier soll der Bestand des Beteiligungs-Sondervermögens vor unzulässigen Verfügungen der KAG geschützt werden[338].

Soweit für Geldmarkt-Sondervermögen Bankguthaben bei anderen Kreditinstituten unterhalten werden, sieht § 7 d Abs. 2 KAGG (§ 26 Abs. 1 Nr. 1, 2 InvG) zudem eine Zustimmung der Depotbank sowohl bei der Anlage von Mitteln in Bankguthaben als auch bei der Verfügung über zum Sondervermögen gehörende Bankguthaben vor. Hierdurch wird ebenfalls ein Schutz des Sondervermögens gewährleistet.

Die Zustimmung der Depotbank ist zudem erforderlich bei den Grundstücks-Sondervermögen. Das Gesetz sieht in den §§ 31 Abs. 2 S. 1 und 31 a Abs. 2 S. 1 KAGG (§ 26 Abs. 1 Nr. 3-5 InvG) ein Zustimmungserfordernis der Depotbank für Verfügungen der KAG über zum Grundstücks-Sondervermögen gehörende Gegenstände, über Beteiligungen an Grundstücks-Gesellschaften oder zum Vermögen dieser Gesellschaften gehörende Gegenstände sowie Änderungen des Gesellschaftsvertrags oder der Satzung vor. Das Zustimmungserfordernis ist auch hier ein reines Kontrollmittel der Depotbank[339]. Die Depotbank

---

[333] *Baur*, Investmentgesetze, § 12 a Rn. 19.

[334] Dazu MüKo-Mayer-Maly / Armbrüster, § 135 Rn. 6; Staudinger-Kohler, § 135 Rn. 1 f.

[335] *Beckmann* in: Investment-Handbuch 425, § 25 g Rn. 8; *Baur*, Investmentgesetze, § 12 a Rn. 20; siehe jetzt § 26 Abs. 2 InvG.

[336] *Schödermeier / Baltzer* in: Brinkhaus / Scherer KAGG § 12 a Rn. 3.

[337] *Baur*, Investmentgesetze, § 25 g Rn. 9.

[338] *Baur*, Investmentgesetze, § 25 g Rn. 2, 7.

[339] Investment-Handbuch 425, § 31 Rn. 8.

prüft dabei nur die Rechtmäßigkeit einer Verfügung, nicht deren Zweckmäßigkeit[340].
Die Verfügungsbeschränkung des § 31 Abs. 2 KAGG (§ 26 Abs. 1 Nr. 3 InvG) soll hier Verfügungen der KAG über Liegenschaften verhindern, die nicht mit dem KAGG oder den Vertragsbedingungen übereinstimmen. Insbesondere sollen Liegenschaften nicht zu Bedingungen veräußert werden, die nicht mit den Wertfeststellungen des Sachverständigenausschusses übereinstimmen[341]. Um weiter zu verhindern, dass Liegenschaften zu nicht marktüblichen Bedingungen belastet werden, sind rechtsgeschäftliche Verfügungen über Grundstücke und grundstücksgleiche Rechte i.S.d. § 27 Abs. 1 und 2 KAGG (§ 67 InvG) durch die KAG nur mit Zustimmung der Depotbank zulässig[342]. Entsprechendes gilt nach § 37 f Abs. 2 S. 1 KAGG bei den Gemischten Wertpapier- und Grundstücks-Sondervermögen. Diese Zustimmung ist ein wesentliches Instrument der Depotbank, ihre Überwachungsaufgabe hinsichtlich des Bestands an Grundstücken wahrzunehmen[343].

Jedes Zustimmungserfordernis durch die Depotbank stellt somit eine Sicherungsfunktion dar und soll dem Substanzerhaltungsrisiko entgegen wirken.

k) Bestätigung der Vermögensaufstellungen

Die Depotbank hat zudem die Vermögensaufstellungen, die über das Sondervermögen angefertigt werden, mit einem Bestätigungsvermerk zu versehen[344]. Der Bestätigungsvermerk der Depotbank ist in Zusammenhang mit ihrer Verwahr- und Kontrolltätigkeit zu sehen. Mit dem Vermerk bestätigt die Depotbank zugleich die Richtigkeit der von ihr unter Mitwirkung der KAG durchgeführten Bewertung des Sondervermögens (§ 21 Abs. 3 KAGG (§ 36 Abs. 1 InvG))[345]. Auf Anforderung sind die Vermögensaufstellungen der BaFin und der Bundesbank zu den Quartalen zwischen Rechenschafts- und Halbjahresbericht (Zwischenberichte) einzureichen[346].

Der Bestätigungsvermerk der Depotbank kann als Ersatz für den Prüfungsvermerk des Wirtschaftsprüfers i.S.d. § 24 Abs. 4 S. 3 KAGG (§ 44 Abs. 5 InvG)

---

[340] Investment-Handbuch 425, § 31 Rn. 8.
[341] § 37 Abs. 1 KAGG (§ 82 Abs. 1 InvG).
[342] § 31 Abs. 2 S. 1 KAGG (§ 26 Abs. 1 Nr. 3, 5 InvG).
[343] *Baur*, Investmentgesetze, § 31 Rn. 6.
[344] § 24 a Abs. 3 S. 4 KAGG a.E.
[345] *Baur*, Investmentgesetze, § 24 a Rn. 73.
[346] Siehe § 24 a Abs. 3 S. 4 KAGG (§ 10 Abs. 1 InvG).

verstanden werden. Mit dem Vermerk ist eine weitere Kontrolle der Depotbank über das Sondervermögen gesichert. Da der Vermerk eine regelmäßige Kontrolle über den Bestand des Fondsvermögens bewirkt, ist auch diese Aufgabe der Verringerung des Substanzerhaltungsrisikos zuzuordnen.

l) Kontrolle bei Erwerb oder Veräußerung von Gegenständen des Sondervermögens

Die Depotbank hat neben den bisher aufgeführten und überwiegend den Regelungen über die Wertpapier-Sondervermögen entnommenen Pflichten noch speziellere, nur für bestimmte Sondervermögen geregelte Pflichten wahrzunehmen. Das KAGG enthält in den jeweiligen Abschnitten zu den unterschiedlichen Sondervermögen die Regelung, dass die Vorschriften für die Wertpapier-Sondervermögen sinngemäß gelten, soweit sich aus den Vorschriften des jeweiligen Abschnitts nichts anderes ergibt[347]. Daher gelten die bislang dargestellten Aufgaben für sämtliche Sondervermögen. Auch bei den folgenden Aufgaben handelt es sich um Kontroll- bzw. Überwachungspflichten, die der Depotbank durch das Gesetz auferlegt werden.

Bei den Geldmarkt-Sondervermögens bezieht sich die Kontrollpflicht der Depotbank speziell auf den Erwerb und die Veräußerung der Geldmarktinstrumente. So hat die Depotbank zu kontrollieren, dass die KAG nur Geldmarktinstrumente erwirbt, die den in § 7 a KAGG (§ 48 Abs. 1 InvG) genannten Anforderungen sowie den weiteren in § 7 b KAGG (§ 48 Abs. 1 InvG) aufgeführten Voraussetzungen hinsichtlich der Aussteller entsprechen. Sie hat ferner darauf zu achten, dass die speziellen Anlagegrenzen für Geldmarktinstrumente in § 7 c Abs. 2 KAGG (§§ 60, 62 InvG) von der KAG berücksichtigt werden. Erwerb und Veräußerung der Geldmarktinstrumente werden somit durch die Kontrollinstanz Depotbank überwacht. Speziell bei den Geldmarktfonds hilft daher auch diese Aufgabe der Depotbank, das Substanzerhaltungsrisiko zu verringern.

Des Weiteren hat die Depotbank ihre Kontrollfunktion auch beim Erwerb der stillen Beteiligungen wahrzunehmen. § 25 a KAGG verweist hier auf die für die Wertpapierfonds geltenden §§ 12 ff. KAGG (§ 27 InvG).

Bei den Grundstücks-Sondervermögen hat die Depotbank den Erwerb von Grundstücken und grundstückgleichen Rechten sowie die Beteiligungen an den

---

[347] So geregelt in §§ 7 a Abs. 1, 25 a, 25 k, 26, 31 Abs. 9, 37 a, 37 h, 55 Abs. 1 KAGG (§§ 66, 83, 87 Abs. 1 InvG).

Grundstücks-Gesellschaften zu kontrollieren[348]. Die gesetzlichen Anforderungen für den Erwerb von Gegenständen ergeben sich dabei aus § 27 KAGG (§ 67 InvG), die für die Beteiligung an Grundstücks-Gesellschaften aus § 27 a KAGG (§ 68 InvG). Als spezielle Aufgabe der Depotbank ist hierbei zudem die Kontrolle bei der Bestellung von Erbbaurechten durch die KAG nach § 31 a Abs. 2 i.V.m. § 27 Abs. 5 KAGG (§ 67 Abs. 1 Nr. 4 InvG) zu nennen.

Diese Pflichten gelten jeweils entsprechend bei den Gemischten Wertpapier- und Grundstücks-Sondervermögen[349] und Altersvorsorge-Sondervermögen[350]. Bei den gemischten Wertpapier- und Grundstücks-Sondermögen hat die Depotbank gemäß § 37 b Abs. 1 KAGG eine Kontrolle der Vermögensgegenstände bei einem Erwerb daraufhin vorzunehmen, ob diese nach dem Gesetz und den Vertragsbedingungen für ein solches Sondervermögen erworben werden dürfen.

Diese Kontrollen beim Erwerb oder der Veräußerung von Vermögensgegenständen sichern die Werterhaltung des jeweiligen Sondervermögens, da so keine unzulässigen Gegenstände erworben und der Erwerb sowie die Veräußerung in den gesetzlich vorgesehenen Grenzen vollzogen werden. Daher dienen diese Pflichten bei den genannten Fondsarten der Reduzierung des Substanzerhaltungsrisikos.

m) Überwachung und Bewertung des Bestands der Sondervermögen

Das Gesetz sieht zudem für einige Sondervermögen eine Bestandsüberwachung und -bewertung vor. So hat sich die Depotbank bei den Beteiligungs-Sondervermögen zu vergewissern, dass eine stille Beteiligung wirksam entstanden ist, ein den Mindestanforderungen des Gesetzes entsprechender Beteiligungsvertrag geschlossen wurde[351] und die KAG keine Verfügungen über eine stille Beteiligung trifft oder Änderungen des Beteiligungsvertrags vereinbart, die dem Gesetz, den Vertragsbedingungen oder den Interessen der Anteilsinhaber widersprechen[352]. Daneben ist der Depotbank auch die Bewertung der stillen Beteiligung nach § 25 g Abs. 1 S. 1 i.V.m. § 25 d Abs. 1 S. 1 KAGG gesetzlich übertragen. Durch die Einschaltung der Depotbank in die Bewertung ergibt

---

[348] § 31 a Abs. 1 KAGG (§ 27 Abs. 2 InvG).
[349] § 37 d, e KAGG (jetzt von § 27 InvG erfasst).
[350] §§ 37 k Abs. 1, 37 l KAGG (§ 27 InvG).
[351] § 25 c Abs. 1 S. 2 KAGG.
[352] Siehe § 25 g Abs. 1, 2 KAGG.

sich automatisch die Notwendigkeit für die Depotbank, laufend den Bestand der stillen Beteiligungen zu kontrollieren[353].

Diese Aufgaben dienen auch hier der Wahrung des Substanzerhaltungsinteresses der Anteilsinhaber: Bei den Beteiligungs-Sondervermögen kommt eine den Bestand des Sondervermögens sichernde Verwahrung für die stillen Beteiligungen nicht in Betracht[354]. Das Gesetz verpflichtet daher die Depotbank, bei diesen Vermögensteilen eine laufende Überwachung des Bestands vorzunehmen.

Bei den Grundstücks-Sondervermögen tritt an die Stelle der Depotverwahrung die laufende Überwachung des Grundstücksbestands und des Bestands der Beteiligungen an den Grundstücks-Gesellschaften nach den §§ 31 Abs. 1, 31 a Abs. 1 KAGG. Die Überwachung wird hier zum einen dadurch erreicht, dass die KAG in der Verfügung über zum Sondervermögen gehörende Gegenstände i.S.d. § 27 Abs. 1, 2 KAGG (§ 67 InvG) beschränkt und an die Zustimmung der Depotbank gebunden wird[355]. Daneben wird ein Schutz dadurch ermöglicht, dass die KAG verpflichtet wird, für die Eintragung einer Verfügungsbeschränkung zugunsten der Depotbank im Grundbuch zu sorgen[356]. Die Depotbank wacht über die Einhaltung dieser Vorschrift[357].

Die Bestandsüberwachung dient hierbei der Substanzerhaltung der Grundstücks-Sondervermögen. Die Grundstücke sind nicht verwahrungsfähig. Andererseits können sie tatsächlich nicht abhanden kommen; es können jedoch Rechtsverluste eintreten, z.B. durch Veräußerung, Enteignung oder Eintragung von Belastungen (Hypotheken, Grundschulden, Erbbaurechte, Dienstbarkeiten, Nießbrauch). Solche Rechtsverluste soll die Depotbank durch ihre Überwachung des Grundstücksbestands verhindern[358]. Durch die einzutragende Verfügungsbeschränkung wird die Überwachung des Grundstücksbestands erreicht und zur wirksamen Sicherung ausgebaut[359].

---

[353] *Baur*, Investmentgesetze, § 25 g Rn. 4; *Beckmann* in: Investment-Handbuch 425, § 25 g Rn. 4.

[354] *Beckmann* in: Investment-Handbuch 425, § 25 g Rn. 4.

[355] § 31 Abs. 2 S. 1 KAGG (§ 26 Abs. 1 Nr. 3 InvG).

[356] § 31 Abs. 4 S. 1 KAGG (§ 76 Abs. 1 S. 1 InvG).

[357] § 31 Abs. 4 S. 2 KAGG (§ 27 Abs. 3 InvG).

[358] *Steder*, WM 1969, Sonderbeilage Nr. 2, S. 14; *Baur*, Investmentgesetze, § 31 Rn. 4.

[359] Investment-Handbuch 425, § 31 Rn. 3 ff; *Lindner-Figura* in: Brinkhaus / Scherer KAGG § 31 Rn. 1.

67

2.) Die Pflichten der KAG

Zu untersuchen ist weiter, inwieweit die KAG durch die Wahrnehmung ihrer Aufgaben und Pflichten dazu beiträgt, das Substanzerhaltungsrisiko zu begrenzen.

a) Verwaltung der Fonds

Das Gesetz verpflichtet die Investmentgesellschaft nach § 10 Abs. 1 S. 1 KAGG (§ 9 Abs. 1 S. 1 InvG), das Fondsvermögen mit der Sorgfalt eines ordentlichen Kaufmanns für gemeinschaftliche Rechnung der Anteilsinhaber nach den allgemeinen Grundsätzen der Wirtschaftlichkeit[360] zu verwalten. An die Verwaltung des Sondervermögens werden in § 10 Abs. 1 S. 1 und 2 KAGG (§ 9 Abs. 1 S. 1 und 2 InvG) unterschiedliche Anforderungen gestellt: Die formale Anforderung, dass sie für gemeinschaftliche Rechnung der Anteilsinhaber erfolgt und die inhaltliche Anforderung, dass dies mit der Sorgfalt eines ordentlichen Kaufmanns zu geschehen habe. Außerdem hat die KAG bei der Verwaltung unabhängig von der Depotbank und ausschließlich im Interesse der Anteilsinhaber zu handeln[361]. Die Interessenwahrungspflicht hat dabei grundsätzlich keinen eigenständigen Gegenstand oder Inhalt. Ihre Funktion liegt vielmehr in der Prägung des Inhalts anderer Pflichten[362].

Zu den von der KAG im Rahmen der Verwaltungstätigkeit zu berücksichtigenden Sorgfaltspflichten gehören zum einen vertragliche Sorgfaltspflichten, die sich aus dem Investmentvertrag selbst ergeben können und die KAG verpflichten, auf die Vertragsbedingungen zu achten. Daneben sind dem Investmentgeschäft innewohnende kaufmännische Sorgfaltspflichten zu wahren: Dies sind all diejenigen Pflichten, die bei der Durchführung des Investmentgeschäfts zu beachten sind und teilweise durch Anordnung der BaFin interpretiert werden, so z.B. die Organisation der KAG und deren Betriebsabläufe durch Geschäftsordnung und Geschäftsverteilungspläne. Für wesentliche Arbeitsgebiete sind hier Arbeitsanweisungen und Ablaufpläne zu erstellen und deren Einhaltung laufend zu kontrollieren[363].

---

[360] *Beckmann* in: Investment-Handbuch 425, § 10 Rn. 13; *Kümpel*, Rn. 12.144; *Schödermeier / Baltzer* in: Brinkhaus / Scherer KAGG § 10 Rn. 10.
[361] § 10 Abs. 1 S. 2 KAGG (§ 9 Abs. 1 S. 2 InvG).
[362] *Canaris*, Rn. 2424.
[363] Dazu näher *Beckmann* in: Investment-Handbuch, § 10 Rn. 4; *Baur*, Investmentgesetze, § 10 Rn. 20.

Des Weiteren gibt es Sorgfaltspflichten außerhalb des KAGG, wie die Pflicht zur Wahrung des Bankgeheimnisses und des Datenschutzes[364]. Rechtsgrundlage hierfür sind die jeweils speziellen Gesetze, wie beispielsweise das Bundesdatenschutzgesetz. Zu nennen sind dann noch allgemeine kaufmännische Sorgfaltspflichten. Hierzu zählen ein ordnungsgemäßes Rechnungswesen, eine ordnungsgemäße Aktenführung sowie die ordnungsgemäße Regelung der rechtlichen Beziehungen zu Dritten (z.b. der Depotbank, Vertriebspartnern, Anlageberatern)[365]. All diese Sorgfaltspflichten hat die KAG im Rahmen der Verwaltung der Fonds zu beachten.

Aus § 10 Abs. 1 KAGG (§ 9 Abs. 1 InvG) i.V.m. den Vertragsbedingungen ergibt sich für die KAG daneben die Pflicht zur Anlage der eingelegten Gelder entsprechend der in den Vertragsbedingungen festgelegten Anlagepolitik[366]. Die Verwaltungspflicht beginnt dabei nicht erst mit dem Erwerb von Vermögensgegenständen, sondern bereits mit der Entgegennahme von Geldern der Anteilsinhaber zur Anlage. Dem umfangreichen Schrifttum zur Wertpapieranalyse wie auch zur optimalen Anlagepolitik kann aber entnommen werden, dass es hierbei keine allgemein gültigen Verhaltensmaßstäbe gibt[367]. Bei der Anlage der Gelder hat die KAG den abschließenden Anlagekatalog der zulässigen Anlagewerte und die Anlagegrenzen nach den §§ 8 ff., 25 b und 27 f. KAGG (§§ 46, 51, 67, 84, 85, 88 InvG) zu beachten. Nach §§ 9 Abs. 1, 10 Abs. 1 KAGG (§§ 31 Abs. 1, 9 Abs. 1 InvG) trifft die KAG die Anlageentscheidungen und trägt dafür allein die Verantwortung. Sie hat ferner nach § 1 Abs. 1 KAGG den Grundsatz der Risikomischung zu wahren und eine angemessene Liquidität zu unterhalten, die ihr eine jederzeitige Auszahlung von Anteilen nach § 11 Abs. 2 S. 1 KAGG (§ 37 Abs. 1 InvG) auch bei einer größeren Zahl von Anteilsscheinrückgaben ermöglicht[368]. Die Anforderungen an die Haltung von Mindestliquidität ergibt sich für die meisten Fonds aus § 15 Abs. 3 lit. d KAGG (§ 43 Abs. 4 Nr. 1 InvG), für die Immobilienfonds aus § 35 KAGG (§ 80 InvG).

Mit der Verwaltungspflicht der KAG ist zudem deren alleiniges Verwaltungsrecht einbegriffen (von den Ausnahmen in §§ 13, 14 KAGG (§§ 38, 39 InvG) abgesehen) und damit jedes Weisungsrecht Dritter ausgeschlossen[369].

---

[364] Siehe dazu näher *Beckmann* in: Investment-Handbuch, § 10 Rn. 8.

[365] *Beckmann* in: Investment-Handbuch, § 10 Rn 5; *Baur*, Investmentgesetze, § 10 Rn.21.

[366] *Beckmann* in: Investment-Handbuch 425, § 10 Rn. 11; *Baur*, Investmentgesetze, § 10 Rn. 3; *Kümpel*, Rn. 12.145.

[367] *Baur*, Investmentgesetze, § 10 Rn. 24.

[368] *Beckmann* in: Investment-Handbuch 425, § 10 Rn. 11; *Kümpel*, Rn. 12.145; *Baur*, Investmentgesetze, § 35 Rn. 2 für Grundstücks-Sondervermögen.

[369] *Schäcker*, S. 100; *Poschadel*, S. 13 f.; *Baur*, Investmentgesetze, § 10 Rn. 4; *Dürr*, WM 1990, 621, 623.

Aufgabe der KAG ist somit neben der Erzielung eines Wertzuwachses und/oder möglichst hoher Erträge also auch die Erhaltung des Sondervermögens. Die Verwaltungsaufgabe dient zwar auch dem Ertragsinteresse der Anteilsinhaber, schützt daneben aber vor dem Substanzerhaltungsrisiko. Diese Schutzfunktion wird zudem dadurch unterstützt, dass die KAG die Pflicht zur Anlage der eingelegten Gelder nach der in den Vertragsbedingungen festgelegten Anlagepolitik[370] zu erfüllen hat. Ziel der dabei vom Gesetz vorgeschriebenen Risikomischung ist es, das Sondervermögen zu begrenzen und Geschäfte mit übermäßigem Risiko auszuschließen[371]. Die Verantwortung der KAG wird vor allem durch das alleinige Weisungsrecht bei der Verwaltung der Fonds und den damit verbundenen Ausschluss von Weisungsrechten Dritter[372] hervorgehoben, weil damit ein unabhängiges Handeln im Interesse der Anteilsinhaber gewährleistet ist.

Die Verwaltungstätigkeit der KAG ist bei den verschiedenen Sondervermögensarten zum Teil unterschiedlich ausgestaltet: Bei den Wertpapier-Sondervermögen zählt zur Verwaltung neben der Anlagetätigkeit auch die Geltendmachung von Ertragsansprüchen (Dividenden, Zinsen), bei Beteiligungs-Sondervermögen die Ausübung von Informations-, Kontroll- oder Zustimmungsrechten hinsichtlich der stillen Beteiligung und bei Grundstücks-Sondervermögen die Vermietung, die laufende Haushaltsverwaltung und technische Betreuung einschließlich Instandhaltung und Instandsetzung der einzelnen Liegenschaft[373]. Diese Aufgaben dienen der Werterhaltung oder sogar Wertesteigerung der einzelnen Liegenschaften, die Teil des Sondervermögens der Immobilienfonds sind. Die KAG ist also auch hier in die Begrenzung des Substanzerhaltungsrisikos einbezogen.

b) Sorgfältige Auswahl und Beauftragung der Depotbank

Neben der Verwaltung des Sondervermögens und den damit verbundenen Sorgfaltspflichten hat die KAG aber noch weitere Aufgaben wahrzunehmen. So hat sie den Anteilsinhabern für eine sorgfältige Auswahl der Depotbank einzustehen, da deren Beauftragung gemäß § 12 Abs. 1 S. 1 KAGG (§ 20 Abs. 1 S. 1 InvG) und auch § 31 Abs. 1 KAGG (§ 20 Abs. 1 S. 1 InvG) zu ihren gesetzli-

---

[370] *Beckmann* in: Investment-Handbuch 425, § 10 Rn. 11; *Baur*, Investmentgesetze, § 10 Rn. 3; *Kümpel*, Rn. 12.145.

[371] *Beckmann* in: Investment-Handbuch 425, § 10 Rn. 12.

[372] *Schäcker*, S. 100; *Poschadel*, S. 13 f.; *Dürr*, WM 1990, 623; *Baur*, Investmentgesetze, § 10 Rn. 4.

[373] *Baur*, Investmentgesetze, § 10 Rn. 3; *Canaris*, Rn. 2420-2422.

chen Pflichten gehört und da sie dabei folglich mit der im Verkehr erforderlichen Sorgfalt vorzugehen hat[374]. Die KAG hat die Depotbank mit der Verwahrung des Sondervermögens, der laufenden Überwachung des Bestands der Sondervermögen sowie mit der Ausgabe und Rücknahme von Anteilsscheinen zu beauftragen. Daneben ist die KAG gegenüber der Depotbank zu einer Unterrichtung über die Umstände verpflichtet, deren Kenntnis die Depotbank zur Wahrnehmung ihrer Funktionen benötigt[375].

Dies entspricht dem Substanzerhaltungsinteresse der Anteilsinhaber, da die Depotbank, wie gezeigt, eine wichtige Rolle bei der Begrenzung des Substanzerhaltungsrisikos einnimmt. Die Depotbank soll den tatsächlichen Bestand des Sondervermögens garantieren[376].

c) Bonitätsprüfung der Aussteller von Geldmarktinstrumenten

Bei den Geldmarkt-Sondervermögen gehört zudem noch die Bonitätsprüfung der Aussteller von Geldmarktinstrumenten zu den allgemeinen Aufgaben der KAG[377]. Die Prüfung der Bonität dient der Sicherung des Sondervermögens, aus dessen Bestand die Geldmarkinstrumente erworben werden. Auch mit Hilfe dieser Funktion soll daher dem Substanzerhaltungsrisiko entgegengewirkt werden.

d) Sicherung der Verfügungsbeschränkung

Eine zusätzliche Pflicht hat die KAG außerdem bei den Grundstücks-Sondervermögen wahrzunehmen. Nach § 31 Abs. 2 S. 1 KAGG (§ 76 Abs. 1 InvG) ist bei den Grundstücks-Sondervermögen eine Verfügungsbeschränkung in das Grundbuch einzutragen. Aufgabe der KAG ist es nach § 31 Abs. 4 S. 1 KAGG (§ 27 Abs. 3 InvG), dafür zu sorgen, dass die Eintragung diese Verfügungsbeschränkung auch vorgenommen wird. Diese Aufgabe dient dem Substanzerhaltungsinteresse der Anteilsinhaber, weil dadurch die Überwachung des Grundstücksbestands erreicht und zur wirksamen Sicherung ausgebaut wird[378].

---

[374] *Canaris*, Rn. 2433.
[375] *Beckmann* in: Investment-Handbuch 425, § 10 Rn. 6.
[376] *Beckmann* in: Investment-Handbuch 425, § 12 Rn. 1; *Schödermeier / Baltzer* in: Brinkhaus / Scherer KAGG § 12 a Rn. 3.
[377] *Baur* in: BuB, Rn. 9/141 mit Verweis auf BT-Drucks. 12/7918, S. 113.
[378] Investment-Handbuch 425, § 31 Rn. 3 ff.

71

II.) Abwicklungs- und Verwaltungsrisiko

Neben dem Substanzerhaltungsrisiko ist als weiteres wichtiges Risiko, welches mit der Anlage in Investmentfonds verbunden ist, das Abwicklungs- und Verwaltungsrisiko zu nennen. Hierunter ist die Gefahr einzuordnen, dass die Anleger ihr Geld jemanden anvertrauen, der damit ungetreu wirtschaftet[379]. Die Investmentidee ist von der Fremdverwaltung der Anlage bestimmt. Das Risiko der Investmentanleger ergibt sich aus der Treuhandschaft und besteht darin, dass das Management ihren Interessen entsprechend die ihm anvertraute Einlage verwaltet[380]. Die Anleger haben daher ein Interesse an einer sachverständigen und sorgfältigen Abwicklung aller mit der Vermögensanlage zusammenhängender Aufgaben[381], weil sie selber, nachdem sie sich für einen bestimmten Fonds entschieden haben, nicht mehr dessen Zusammensetzung und Werdegang bestimmen können, da sie keinen Einfluss auf die Geschäftsführung der KAG haben[382]. Den Anteilsinhabern steht gegenüber der KAG auch kein Weisungsrecht hinsichtlich der Verwaltung zu[383].

Dem dargestellten Risiko entspricht das Verwaltungsinteresse der Anleger. Dieses richtet sich auf eine sachverständige und sorgfältige Vermögensverwaltung, weil davon die Erhaltung und Mehrung des angelegten Vermögens abhängt. Im folgenden sind somit die Rechtspflichten von Depotbank und KAG herauszustellen, die dem Abwicklungs- und Verwaltungsrisiko der Anleger entgegen wirken sollen.

1.) Die Pflichten der Depotbank

a) Führung der Sperrkonten und der Sperrdepots

Zu nennen ist hierbei zum einen die Führung der Sperrkonten und Sperrdepots. Nachdem die grundsätzliche Einrichtung dem Substanzerhaltungsrisiko zugeordnet worden ist[384], geht es bei der Führung der Sperrkonten und Sperrdepots um die finanzielle Abwicklung von Vorgängen, die die Konten und Depots

---

[379] *Hopt*, S. 54, 322 ff.; *Hopt*, Gutachten, S. 16.
[380] *Mauser*, S. 33.
[381] *Wiedemann*, BB 1975, 1591, 1594; *Horst*, S. 211.
[382] *Tübke*, S. 1; *Barocka*, S. 106; *v. Caemmerer*, JZ 1958, 40, 44; *Schäcker*, S. 101; *Wendt*, S. 62; *Ohl*, S. 46; *Baur*, Investmentgesetze, § 10 Rn. 29; *Grotherr* DB 1988, S. 741.
[383] *Ebner v. Eschenbach*, S. 94 f.; *Baum* S. 158 ff.
[384] Siehe dazu S. 55.

betreffen. Hierzu gehören die Verbuchung der für das Sondervermögen einge-nommenen Gelder wie Zeichnungsbeträge für die Ausgabe von Anteilsscheinen oder Gegenleistungen aus dem Verkauf von Vermögensgegenständen, die Ent-gegennahme der Erträge aus Vermögensgegenständen des Sondervermögens, die Entgegennahme von Rückerstattungsbeträgen betreffend Körperschaftssteu-er, Kapitalertragssteuer und Solidaritätszuschlag, die Zahlung von Kaufpreisen für Vermögensgegenstände sowie die Zahlung von Transaktionsgebühren.

Wie sich aus § 12 a Abs. 2 KAGG (§ 25 InvG) ergibt, liegt die gesamte finan-zielle und technische Abwicklung bei der Depotbank. Dies dient dem Interesse der Anteilsinhaber an einer sorgfältigen Abwicklung aller mit der Vermögens-anlage zusammenhängender Aufgaben.

b) Ausgabe und Rücknahme von Anteilsscheinen

Zu den Aufgaben, die das Verwaltungs- und Abwicklungsrisiko begrenzen sol-len, zählt auch die Ausgabe und Rücknahme der Anteilsscheine selbst[385]. Damit verbunden ist die Entgegennahme von Zahlungsbeträgen für die Ausgabe von Anteilsscheinen und die Auszahlung des Rücknahmepreises im Falle der Rück-nahme von Anteilsscheinen.

Durch diese Pflichtverteilung wird mit der Depotbank eine weitere und von der für die Anlageverwaltung zuständigen KAG unabhängige Person eingeschaltet. Auch hier ist das Interesse der Anteilsinhaber an einer sorgfaltigen und sachver-ständigen Abwicklung gewahrt.

c) Durchführung der Ausschüttungen

Die Depotbank hat, wie schon gezeigt[386], die Ausschüttungen aus den Sonder-vermögen vorzunehmen. Sie trägt dabei die Verantwortung dafür, dass die Aus-schüttungen die Anteilsinhaber erreichen[387]. Auch diese Aufgabe ist daher dem Abwicklungs- und Verwaltungsinteresse der Anteilsinhaber und dem damit verbundenen Interesse an einer ordnungsgemäßen Abwicklung zuzuordnen.

---

[385] Siehe dazu bereits S. 56.
[386] Siehe S. 57 f.
[387] *Baur* in: BuB, Rn. 9/332; *Baur*, Investmentgesetze, § 12 b Rn. 7.

d) Bewertung des Sondervermögens und Berechnung der Ausgabe- und Rücknahmepreise

Die Depotbank hat gemäß § 12 b Nr. 1 KAGG (§ 27 Abs. 1 Nr. 1 InvG) dafür Sorge zu tragen, dass die i.d.R. börsentäglich durchgeführte Berechnung des Wertes der Anteile den Vorschriften des KAGG und den Vertragsbedingungen entsprechen. Der Zusatz „unter Mitwirkung der KAG" bei der Beschreibung der börsentäglichen Ermittlung des Wertes in § 21 Abs. 2 S. 3 KAGG (§ 36 Abs. 1 S. 2 InvG) verlagert dabei nicht die originäre Bewertungspflicht der Depotbank; er ist nur dahin zu verstehen, dass für die KAG eine Informationspflicht hinsichtlich aller Vorgänge besteht, die einen Einfluss auf die Bewertung des Sondervermögens haben[388]. Die Mitwirkungspflicht der KAG besteht insbesondere darin, dass sie die Daten zusammentragen muss, die nur ihr bekannt sind[389]. In welchem Maße die KAG Vorarbeiten bei der Bewertung zu leisten hat, ist im Depotbankvertrag zu regeln.

Soweit der Rechenvorgang der Anteilswertermittlung zunächst bei der KAG erfolgt ist, entbindet dies die Depotbank jedoch nicht von der Pflicht zur Kontrolle[390]. Die Depotbank hat in diesem Fall die Grundlagen der Berechnung zu überprüfen und dies insbesondere auch darauf, ob sie mit dem Gesetz und den Vertragsbedingungen übereinstimmen. Dazu gehört sowohl eine rechnerische als auch eine inhaltliche Kontrolle[391]. Aus § 12 b Nr. 1 KAGG (§ 27 Abs. 1 Nr. 1 InvG) erwächst für die Depotbank die Pflicht zur Kontrolle aller Bewertungsgrundlagen[392].

Von der börsentäglichen Bewertung kann bei Spezialfonds durch Vereinbarung mit den Anlegern nach § 21 Abs. 2 S. 3 2. Halbsatz KAGG (§ 95 Abs. 4 InvG) abgewichen werden. Üblich ist dort eine wöchentliche Bewertung. Bei Grundstücks-Sondervermögen, für die in § 34 Abs. 1 S. 4 KAGG (§ 76 Abs. 3 InvG jetzt auch börsentägliche Ermittlung) in den Fällen der Gegenstände des Grundstücksvermögens eine mindestens jährliche Bewertung vorgeschrieben ist, sehen die Vertragsbedingungen i.d.R. eine monatliche Bewertung vor[393].

Auch diese Pflichten stellen Abwicklungs- und Verwaltungsaufgaben dar, die dem Interesse der Anteilsinhaber an einer sachverständigen und sorgfältigen Vermögensverwaltung dienen und somit zur Begrenzung des Abwicklungs- und

---

[388] *Baur* in: BuB, Rn. 9/130.

[389] *Baur* in: BuB, Rn. 9/330.

[390] *Baur* in: BuB, Rn. 9/330.

[391] *Baur*, Investmentgesetze, § 12 b Rn. 4.

[392] *Baur*, Investmentgesetze, § 12 b Rn. 4.

[393] *Baur* in: BuB, Rn. 9/130.

Verwaltungsrisikos beitragen. Nur ein korrekt berechneter Wert schützt den Anleger vor Benachteiligungen bei Erwerb und/oder Veräußerung von Anteilen[394].

e) Abwicklung des Sondervermögens

Die Depotbank hat im Falle des Erlöschens des Verwaltungsrechts der KAG das Sondervermögen abzuwickeln und zu verteilen oder das Sondervermögen auf eine andere KAG zu übertragen. Diese Abwicklung erfolgt nach einer ebenfalls durch die Depotbank vorzunehmenden Kündigung des zwischen Anteilsinhabern und KAG bestehenden Investmentvertrags. Diese Pflichten ergeben sich aus den §§ 13 Abs. 4, 14 KAGG (§§ 38 Abs. 4, 39 InvG). Die Abwicklung selbst ist dabei im Gesetz nicht näher geregelt. Mit dieser Aufgabe der Depotbank wird das Abwicklungs- und Verwaltungsrisiko begrenzt, da die Anteilsinhaber nicht selber die Abwicklung vornehmen können und die Depotbank die dann noch verbleibende Partei innerhalb des Investment-Dreiecks ist.

2.) Die Pflichten der KAG

Es ist daneben danach zu fragen, inwieweit die KAG mit ihren Pflichten zur Vermeidung des Abwicklungs- und Verwaltungsrisikos beiträgt.

a) Verwaltung der Fonds sowie Anlage des Sondervermögens

Die KAG hat bei der bereits dargestellten Verwaltung der Fonds[395] ausschließlich im Interesse der Anteilsinhaber zu handeln[396]. Zu den Abwicklungs- und Verwaltungsaufgaben, auf die der Anteilsinhaber keine Einwirkungsmöglichkeit hat, gehört vor allem die Anlage des Sondervermögens als solches. Dies betrifft auch das Interesse der Anteilsinhaber an einer sachgerechten Anlageentscheidung. Die KAG muss die ihr zur Verfügung stehenden Informationsmittel in vollem Umfang einsetzen und die Verwaltungsmaßnahmen ergreifen, die nach dem sachkundigen Urteil eines wirtschaftlich denkenden Vermögensverwalters zu erwarten sind[397]. Zudem müssen die Erkenntnisse der modernen Portfolio-Theorie über eine optimale Risikomischung eingesetzt werden[398].

---

[394] *Mauser*, S. 227.
[395] Siehe dazu S. 67 ff.
[396] § 10 Abs. 1 S. 2 KAGG (§ 9 Abs. 2 Nr. 1 InvG).
[397] *Kümpel*, Rn. 12.141.
[398] *Köndgen* in: Schimansky / Bunte / Lwowski, § 113 Rn. 126.

Die Investmentgesellschaft hat auf eine optimale Preisgestaltung beim Kauf und Verkauf von Vermögensgegenständen des Sondervermögens zu achten[399] und die Kostenbelastung für das Sondervermögen so gering wie möglich zu halten[400]. Damit soll verhindert werden, dass sie ungetreu wirtschaftet, sondern vielmehr dem Interesse der Anteilsinhaber an einer sachverständigen und sorgfältigen Vermögensverwaltung gerecht wird.

b) Stimmrechtsausübung

Eine weitere Aufgabe der KAG ist die Stimmrechtsausübung. Diese soll sie nach den Grundsätzen des § 10 Abs. 1 S. 2-4 KAGG (§ 9 Abs. 1 S. 2, Abs. 2 Nr. 1 InvG) unabhängig von der Depotbank und ausschließlich im Interesse der Anteilsinhaber vornehmen. Auch wenn in § 10 Abs. 1 n.F. die Sätze 1 und 2 KAGG getrennt sind, gilt für die Stimmrechtsausübung als Teil des Verwaltungshandelns sowohl formell als auch inhaltlich das Postulat, die Interessen der Anteilsinhaber bei der Stimmabgabe mit der Sorgfalt eines ordentlichen Kaufmanns zu wahren[401]. Die Anteilsinhaber vertrauen ihre Vermögenswerte der KAG an, damit diese sie unter primär kaufmännischen Gesichtspunkten verwaltet. Dies schließt rein politisch motivierte Stimmabgaben ohne wirtschaftlichen Hintergrund aus. Auch hiermit ist daher dem Verwaltungsinteresse der Anteilsinhaber Sorge getragen.

III.) Informationsrisiko

Ein weiteres Risiko, welches sich für die Anleger eines Investmentfonds ergeben kann, ist das Informationsrisiko. Ein Anlegerschutzproblem stellt sich nämlich dann, wenn die Kapitalgeber so uninformiert oder unerfahren oder gegenüber dem Verwaltungsinhaber so machtlos sind, dass sie sich vor dem Risiko von Vermögensverschiebungen zu ihren Lasten nicht schützen können[402]. Die Anleger haben daher stets ein Interesse daran, möglichst viel Informationen über ihre Geldanlage zu erhalten. Jeder Anteilsinhaber will generell über die

---

[399] *Beckmann* in: Investment-Handbuch 425, § 10 Rn. 13.
[400] *Beckmann* in: Investment-Handbuch 425, § 10 Rn. 14.
[401] *Kümpel / Peters*, Die AG 1994, 525, 529; *Beckmann* in: Investment-Handbuch 425, § 10 Rn. 16.
[402] *Koch / Schmidt*, BFuP 1981, 231, 232 f.

Entwicklung des aufgebrachten Vermögens informiert werden[403]. Damit verbunden ist das Bedürfnis der Anleger nach Aufklärung und Beratung, sie bedürfen der Individualpublizität[404]. Wichtig ist daher z.B. die Prospektinformation, deren Funktion auch in der Risikoaufklärung besteht[405]. Publizitätsnormen haben im Kapitalmarktrecht generell Informations- und Schutzfunktionen[406]. Der Anlegerschutz dient dabei in erster Linie dem Abbau asymmetrischer, d.h. ungleicher Informationsverteilung zwischen den Marktgegenseiten[407]. Die Kleinanleger verfügen regelmäßig über unzureichende Kenntnisse über die Qualität der am Kapitalmarkt angebotenen Produkte. Die Banken setzen im Gegensatz zum typischen Kunden ein aufwendiges System zur Ermittlung wirtschaftlicher Rahmenbedingungen, aktueller und struktureller Wirtschafts- und Börsendaten ein[408]. Der Anleger hat zudem hinsichtlich der Beschaffung anlegerbezogener Informationen einen höheren Aufwand zu tragen als die Bank[409].

Ein professionelles Anlagemanagement kann zu einer unmittelbaren Erhöhung des Informationsgrades führen. Anders ist dies beispielsweise bei den in dieser Arbeit nicht behandelten Spezialfonds. In der Regel investieren Großanleger, vor allem Unternehmen in diese. Die Unternehmen verfügen aber - insbesondere im Bereich der Finanzdienstleistungen - über Spezialisten mit adäquaten Kenntnissen, so dass der Erwerb von Anteilen an einem Spezialfonds nicht zwingend zu einer Reduzierung des Informationsrisikos führt, da nicht unbedingt eine Informationsasymmetrie zwischen den Unternehmen und den Banken besteht.

Die Publizität der anlagerelevanten Informationen ist ganz allgemein ein Mittel, die Anleger durch möglichst umfassende, zeitnahe und wahrheitsgemäße Information über die wesentlichen Daten und Vorgänge, die für die Anlageentscheidung und für die laufende Beurteilung der Anlage bedeutsam sind, zu unterrichten[410]. Im Zeitpunkt der Anlageentscheidung benötigen die Kapitalanleger alle Informationen, die ihnen unter Berücksichtigung sämtlicher Risiken eine ratio-

---

[403] *Wiedemann*, BB 1975, 1591, 1594; zum Informationsrisiko allgemein siehe auch *Horst*, S. 214.

[404] *Hopt*, S. 88 ff.; *Mauser*, S. 33.

[405] *Köndgen* in: Schimansky / Bunte / Lwowski, § 113 Rn. 84.

[406] *Meier -Schatz*, S. 190; *Gschoßmann*, S. 153; *Grotherr*, DB 1988, S. 741, 745.

[407] *Möllers*, ZGR 1997, 334, 338.

[408] *Preute*, S. 196.

[409] *Preute*, S. 197.

[410] *Beckmann* in: Investment-Handbuch 425, § 19 Rn. 1; *Hopt*, Gutachten, S. 16; *Gschoß-mann*, S. 153.

nale Investitionsentscheidung ermöglichen[411]. So benötigen die Anleger Informationen bei der Kaufentscheidung, um aus den unzähligen Möglichkeiten der Kapitalanlage die ihren Präferenzen entsprechende sachgerechte Anlageentscheidung zu treffen[412]. Auch während der Dauer seines Engagements ist der Anleger auf Informationen zur Kontrolle der KAG, der Depotbank und der Wertentwicklung angewiesen, um Unregelmäßigkeiten entgegentreten oder gegebenenfalls rechtzeitig seinen Anteil veräußern zu können.

Die größtmögliche Publizität und Transparenz des Investmentgeschäfts schafft einen Ausgleich dafür, dass den Anteilsinhabern jegliche Kontrollbefugnisse (mit Ausnahme der über den Markt wirkenden „Exit-Option" durch Rückgabe der Anteile) genommen sind[413]. Inhaltliche Vorgabe für alle Publizitätspflichten muss das ökonomische Postulat der Informationseffizienz sein. Informationseffizienz verlangt grundsätzlich, dass die Anleger über alle Chancen und Risiken des Fondsprodukts informiert werden[414]. Es gilt daher im folgenden herauszustellen, welche gesetzlichen Pflichten von Depotbank und KAG dem Informationsinteresse der Anteilsinhaber dienen.

1.) Die Pflichten der Depotbank

Bei der Depotbank ist die Veröffentlichung der Ausgabe- und Rücknahmepreise nach § 21 Abs. 6 S. 1 KAGG (§ 36 Abs. 6 S. 1 InvG) zu nennen. Danach sind Depotbank bzw. KAG verpflichtet, Ausgabe- und Rücknahmepreis der Anteilsscheine bekannt zu geben. Es handelt sich also um eine Informationspflicht von KAG und Depotbank[415]. Sie wird jedoch häufig von der Depotbank übernommen, da diese die Aufgabe aufgrund des von ihr ermittelten Wertes des Sondervermögens und der ihr zur Verfügung stehenden sonstigen Rechnungsfaktoren wahrnehmen kann[416]. § 21 Abs. 6 S. 2 KAGG (§ 36 Abs. 6 S. 2 InvG) verlangt, dass Ausgabe- und Rücknahmepreise bei jeder Ausgabe oder Rücknahme von Anteilsscheinen, mindestens jedoch zweimal im Monat zu veröffentlichen sind. Bei Publikumsfonds ist davon auszugehen, dass i.d.R. an jedem Bankarbeitstag

[411] *Möllers*, ZGR 1997, 334, 338; *Assmann*, ZBB 1989, 49, 57 ff.; *Gschoßmann*, S. 153.
[412] *Schwark*, S. 10 ff.; *Mauser*, S. 33.
[413] *Köndgen* in: Schimansky / Bunte / Lwowski, § 113 Rn. 79.
[414] *Köndgen* in: Schimansky / Bunte / Lwowski, § 113 Rn. 79.
[415] *Beckmann* in: Investment-Handbuch 425, § 21 Rn. 24; *Baur*, Investmentgesetze, § 21 Rn. 43 f.
[416] *Beckmann* in: Investment-Handbuch 425, § 21 Rn. 24.

Anteilsscheine ausgegeben und zurückgenommen werden[417]. Die Regelung des § 21 Abs. 6 S. 2 KAGG (§ 36 Abs. 6 S. 2 InvG) hat deshalb zur Folge, dass Ausgabe- und Rücknahmepreise bankarbeitstäglich veröffentlich werden.

Die Veröffentlichungspflicht dient der ständigen Information der Anteilsinhaber über den Stand und damit den Wert ihrer Investmentanteile. Die Anteilsinhaber können so, wenn sie wollen, den Markt beobachten und gegebenenfalls auch die jeweiligen Fonds vergleichen. Zudem können sie so besser entscheiden, zu welchem Zeitpunkt sie eine Rückgabe der Anteile vornehmen wollen. Durch die gemeinsame Veröffentlichung von Ausgabe- und Rücknahmepreis soll den Anteilsinhabern ermöglicht werden, zu erkennen, wie hoch die ihnen zu Lasten fallende Differenz beider Preise ist[418]. Sie sollen ohne längeres Studium in die Lage versetzt werden, festzustellen, mit welchem Preis sie rechnen können, falls sie ihre Anteile wieder verkaufen wollen[419].
Zudem führt die Publizität zu einer Überwachung durch das Sparerpublikum[420]. Eine weitgehende Publizität ist unter dem Gesichtspunkt der Sicherheit unbedingt erforderlich. Dadurch soll dem Publikum eine ständige Prüfung der Geschäftspolitik der Investmentgesellschaften ermöglicht werden[421]. Die Veröffentlichung von Ausgabe- und Rücknahmepreisen dient daher dem Informationsinteresse der Anteilsinhaber und hilft demnach, das Informationsrisiko zu verringern.

2.) Die Pflichten der KAG

a) Ausgabe von Prospekten und Berichten

Die KAG ist dem Erwerber eines Anteilsscheins gegenüber gemäß § 19 KAGG (§§ 42, 121 InvG) zur Aushändigung von Verkaufsunterlagen verpflichtet. Sie hat dem Erwerber einen Verkaufsprospekt[422] und damit verbunden die Vertragsbedingungen[423], den zuletzt veröffentlichten Rechenschafts- und anschließenden Halbjahresbericht[424] sowie eine Durchschrift des Antrags auf Vertrags-

---

[417] *Baur*, Investmentgesetze, § 21 Rn. 44.
[418] *Beckmann* in: Investment-Handbuch 425, § 21 Rn. 24.
[419] *Gläbe*, S. 206.
[420] *Vom Berge und Herrendorff*, S. 93.
[421] *Barocka*, S. 99.
[422] § 19 Abs. 1 S. 1 KAGG (§ 121 Abs. 1 S. 1 InvG).
[423] § 19 Abs. 1 S. 3 KAGG (§ 121 Abs. 1 S. 2 InvG)
[424] § 19 Abs. 1 S. 3 KAGG (§ 121 Abs. 1 S. 2 InvG).

abschluss[425] zur Verfügung zu stellen. Letztere hat nach § 19 Abs. 1 S. 4 KAGG (§ 121 Abs. 1 S. 5 InvG) zudem einen Hinweis auf die Höhe des Ausgabeaufschlags und auf die jährlich zu zahlende Vergütung zu enthalten.

Durch die Verpflichtung, die Verkaufsunterlagen kostenlos zur Verfügung zu stellen, soll eine umfassende Information des Erwerbers sichergestellt werden[426]. Der Verkaufsprospekt soll über die für den Kaufentschluss bedeutsamen Fragen Auskunft geben[427] und die Informationsmöglichkeiten der Investmentsparer verbessern[428]. Der Erwerber eines Investmentanteils soll hierdurch in die Lage versetzt werden, sich über alle für seine Kaufentscheidung relevanten Umstände zu unterrichten[429]. Sinn des Hinweises i.S.d. § 19 Abs. 1 S. 4 KAGG (§ 121 Abs. 1 S. 5 InvG) ist, dem Anleger deutlich die Belastungen vor Augen zu führen, die mit dem Erwerb von Investmentanteilen und auch dauernd mit der Investmentanlage verbunden sind[430]. Durch die Prospektpflicht soll erreicht werden, die Abhängigkeit des Sparers von den Informationen der Marktgegenseite - der Investmentwirtschaft - von Zufälligkeiten und Willkür zu befreien[431]. Der Verkaufsprospekt ist mit den Vertragsbedingungen nach § 19 Abs. 2 S. 1 KAGG (§ 42 Abs. 1 InvG) zudem der Öffentlichkeit zugänglich zu machen. Diese vom Gesetz vorgesehene Pflicht soll daher dem Informationsrisiko entgegen wirken.

b) Erstattung eines Rechenschaftsberichts

Zu nennen sind daneben auch die Vorschriften über die Rechnungslegung gemäß § 24 a KAGG. Nach § 24 a Abs. 1 S. 1 KAGG hat die KAG für jedes Sondervermögen für den Schluss eines jeden Geschäftsjahres einen Rechenschaftsbericht zu erstatten. Die Mindestangaben, die der Bericht enthalten sollte, ergeben sich aus § 24 a Abs. 1 S. 3 KAGG (§ 44 Abs. 1 S. 3 InvG). Für Investmentfondsanteil-Sondervermögen gelten zusätzlich besondere Anforderungen hinsichtlich der Transparenz von Verwaltungs- und Vertriebskosten. Hierzu sind

---

[425] § 19 Abs. 1 S. 4 KAGG (§ 121 Abs. 1 S. 5 InvG).

[426] *Baur*, Investmentgesetze, § 19 Rn. 12; *Schödermeier / Baltzer* in: Brinkhaus / Scherer KAGG § 19 Rn. 1.

[427] Begründung KAGG-Novelle 1969, S. 28.

[428] *Schmidt*, S. 66.

[429] Amtliche Begründung in BT-Drucks. V/3494, 20.

[430] *Baur*, Investmentgesetze, § 19 Rn. 11; *Schödermeier / Baltzer* in: Brinkhaus / Scherer KAGG § 19 Rn. 11.

[431] Investment-Handbuch, 445, § 3 AuslInvestmG Rn. 1.

im Rechenschaftsbericht und Halbjahresbericht[432] sowie im Verkaufsprospekt[433] besondere Angaben zu machen.

Durch diese Vorschriften sollen die Anteilsinhaber, das am Anteilerwerb interessierte Publikum und die Aufsichtsstellen über den Vermögensstand des von der KAG verwalteten Sondervermögens zum angegebenen Stichtag möglichst umfassend informiert werden und ferner Auskunft über die seit dem vorhergehenden Stichtag durchgeführten Geschäfte und deren Ergebnisse erhalten[434]. Der Rechenschaftsbericht wird deshalb auch als das zentrale Informationsinstrument angesehen[435]. Dieses Publikationsmittel dient daher dem Informationsinteresse der Anleger. Ebenfalls der Begrenzung des Informationsrisikos zuzurechnen ist die Verpflichtung, Rechenschafts- und Halbjahresberichte den Anteilsinhabern auf Verlangen jederzeit kostenlos zur Verfügung zu stellen[436].

c) Veröffentlichung von Ausgabe- und Rücknahmepreisen

Der KAG obliegt nach § 21 Abs. 6 S. 1 KAGG (§ 36 Abs. 6 S. 1 InvG) die Pflicht zur Bekanntmachung der Ausgabe- und Rücknahmepreise der Anteilsscheine. Wie bereits für die Depotbank dargestellt[437], besteht diese Verpflichtung sowohl für die KAG als auch für die Depotbank, wird aber häufig von der Depotbank wahrgenommen[438]. Im Innenverhältnis zwischen KAG und Depotbank handelt es sich hingegen um eine Aufgabe der KAG[439]. Bezüglich der Anforderungen an die Veröffentlichung kann auf die Ausführungen bei der Depotbank verwiesen werden. Auch die KAG kann mit der Veröffentlichung der Ausgabe- und Rücknahmepreise das Informationsinteresse der Anteilsinhaber unterstützen.

[432] Siehe hierzu § 24 l Abs. 5 KAGG.

[433] Siehe hierzu § 25 l Abs. 5 S. 2 und § 25 m Abs. 2 KAGG.

[434] *Baur*, Investmentgeschäfte, § 24 a Rn. 1; *Schödermeier / Baltzer* in: Brinkhaus / Scherer KAGG § 24 a Rn. 2.

[435] *Beckmann* in: Investment-Handbuch 425, § 24 a Rn. 8.

[436] § 24 a Abs. 3 S. 2 KAGG (§ 45 Abs. 4 InvG).

[437] Siehe S. 77 f.

[438] Siehe S. 77.

[439] *Baur*, Investmentgesetze, § 21 Rn. 44.

IV.) Interessenvertretungsrisiko

Ein weiteres Risiko, welches sich für die Anleger ergeben kann, ist das Interessenvertretungsrisiko. Dieses Risiko ergibt sich naturgemäß erst dann, wenn der Anleger selbst seine Interessen nicht mehr wahrnimmt und andere damit beauftragt oder wenn bestimmte Institutionen für ihn einspringen[440]. Das ist gerade bei den Investmentfonds der Fall. Bei dieser Anlageart muss sich der Anleger, nachdem er die Anteile erworben hat, nicht mehr um sehr viel kümmern. Verwaltung und Anlage übernehmen Investmentgesellschaft und Depotbank. Trotzdem hat der Anteilsinhaber Interessen, die er auch vertreten wissen möchte. Dies vor allem, da er selbst keinen Einfluss mehr auf den Werdegang seiner Fonds hat[441], abgesehen von der Rückgabe der Anteilsscheine. Zu untersuchen ist daher, wie Depotbank und KAG dem Interessenvertretungsrisiko durch die Wahrnehmung ihrer Aufgaben entgegen wirken.

1.) Die Pflichten der Depotbank

a) Rechtsverfolgung von Ansprüchen der Anteilsinhaber

Eine wichtige Aufgabe stellt die Rechtsverfolgung durch die Depotbank dar. Die Depotbank hat zum einen nach § 12 c Abs. 2 S. 1 Nr. 1 KAGG (§ 28 Abs. 1 S. 1 Nr. 1 InvG) die Pflicht, Ansprüche der Anteilsinhaber gegen die KAG geltend zu machen. Zum anderen hat sie die Drittwiderspruchsklage nach § 771 ZPO bei einer möglichen Zwangsvollstreckung in das Sondervermögen zu erheben. Diese Pflichten sind Ausdruck der treuhänderischen Stellung der Depotbank[442].

Die Verpflichtung, Ansprüche der Anteilsinhaber im eigenen Namen gegen die KAG geltend zu machen[443], war zu regeln, da das Gesetz keine besondere Organisationsform für die Gesamtheit der Anteilsinhaber vorsieht und zum anderen diese, vor allem bei einem weitgestreuten Anteilsbesitz, kaum in der Lage sind, ihre Rechte wirksam geltend zu machen[444]. Es handelt sich hierbei um eine gesetzliche Prozessstandschaft[445], durch die dem Interessenvertretungsrisiko entgegen gewirkt wird.

---

[440] *Hopt*, S. 54, 327 ff.; *Horst*, S. 212.
[441] Siehe S. 71.
[442] *Canaris*, Rn. 2465; *Roth*, S. 158; *Wendt*, S. 154; *Baur*, Investmentgesetze, § 12 c Rn. 6.
[443] § 12 c Abs. 2 S. 1 Nr. 1 KAGG (§ 28 Abs. 1 S. 1 Nr. 1 InvG).
[444] *Baur*, Investmentgesetze, § 12 c Rn. 6; *Baur* in: BuB, Rn. 9/138.
[445] *Köndgen* in: Schimansky / Bunte / Lwowski, § 113 Rn. 139; *König*, S. 154; *Baur*, Invest-

82

Gleiches gilt für die Drittwiderspruchsklage, bei der nach § 12 c Abs. 2 S. 1 Nr. 2 KAGG (§ 28 Abs. 1 S. 1 Nr. 3 InvG) eine Geltendmachung durch einzelne Anteilsinhaber ausdrücklich ausgeschlossen ist. Die Drittwiderspruchsklage dient dazu, die Rechte der Anteilsinhaber am Sondervermögen auch gegenüber Dritten zu schützen, indem die Depotbank zugunsten der Anteilsinhaber im Fall der Zwangsvollstreckung die Drittwiderspruchsklage erheben muss. Ohne diese Funktion der Depotbank besteht die Gefahr, dass im Fall der Zwangsvollstreckung niemand das jeweilige Sondervermögen vor einer ungerechtfertigten Inanspruchnahme schützen könnte, ganz abgesehen von der dann eintretenden Nachweisschwierigkeit, ob ein Gegenstand zum Gesellschafts- oder einem Fondsvermögen gehört[446]. Dies ist gerade deshalb im Interesse der Anteilsinhaber, weil diese wegen ihrer Vielzahl und Anonymität zur Ausübung derartiger Rechte kaum in der Lage sind und in der Regel keine Kenntnis von der Zwangsvollstreckung erlangen werden[447]. Auch die Drittwiderspruchsklage wirkt somit dem Interessenvertretungsrisiko entgegen.

Eine weitere Form der Geltendmachung von Ansprüchen der Anteilsinhaber enthalten die besonderen Regelungen der Grundstücks-Sondervermögen. Die Geltendmachung betrifft hierbei Ansprüche der Anteilsinhaber gegen Erwerber eines Gegenstands dieses Sondervermögens. So berechtigt und verpflichtet § 31 Abs. 8 KAGG (§ 28 Abs. 1 S. 1 Nr. 2 InvG) die Depotbank, relativ unwirksame Verfügungen i.S.d. § 31 Abs. 2 S. 2 KAGG (§ 26 Abs. 2 S. 3 InvG) durch geeignete Maßnahmen im eigenen Namen zugunsten der Anteilsinhaber rückgängig zu machen[448]. Bei dieser Regelung handelt es sich wie schon bei der Vorschrift des § 12 c Abs. 2 KAGG (§ 28 Abs. 1 InvG) um eine Treuhand zugunsten der Anteilsinhaber[449], die als Ergänzung zu § 12 c Abs. 2 KAGG (§ 28 Abs. 1 InvG) gesehen werden kann. Auch im Rahmen des § 31 Abs. 8 KAGG (§ 28 Abs. 1 S. 1 Nr. 3 InvG) werden die Interessen der Anteilsinhaber wahrgenommen, da eine Verschmälerung des Sondervermögens nicht ihrem Interesse entsprechen kann und so verhindert wird.

mentgesetze, § 12 c Rn. 11; *Schödermeier / Baltzer* in: Brinkhaus / Scherer KAGG § 12 c Rn. 2; *Lenenbach*, Rn 11.25.
[446] *Vom Berge und Herrendorff*, S. 86.
[447] *Baum*, S. 145 f.; *Reuter*, S. 155; *Siara / Tormann* ,§ 11 Abs. 8; *Schäcker*, S. 125; *Baur*, Investmentgesetze, § 12 c Rn. 7; *Baur* in: BuB, Rn. 9/139; *Thiel* S. 159; *vom Berge und Herrendorff*, S. 87.
[448] *Baur*, Investmentgesetze, § 31 Rn. 17; Investment-Handbuch 425, § 31 Rn. 19.
[449] *Canaris*, Rn. 2465; *Ohl*, S. 61; *Roth*, S. 158; *Wendt*, S. 154.

83

b) Kündigung des Investmentvertrags

§ 13 Abs. 4 KAGG (§ 38 Abs. 4 InvG) räumt der Depotbank ein Recht zur fristlosen Kündigung des zwischen der KAG und den Anteilsinhabern bestehenden Investmentvertrags ein. Dieses Recht besteht gemäß § 13 Abs. 4 KAGG (§ 38 Abs. 4 InvG) bei einer Auflösung der KAG aus einem in § 13 Abs. 2, 3 KAGG (§ 38 Abs. 2, 3 InvG) nicht genannten Grund, bei Eröffnung des gerichtlichen Vergleichsverfahrens und bei Erlass eines allgemeinen Verfügungsverbotes gegen die KAG. Durch die genannten Maßnahmen kann die Handlungsfähigkeit der KAG derart eingeschränkt und das Vertrauen zu ihr so stark in Frage gestellt sein, dass die Auflösung des Vertragsverhältnisses geboten sein kann und in aller Regel auch geboten ist[450]. Eine Auflösung des Vertragsverhältnisses erfolgt daher auch jeweils im Interesse der Anteilsinhaber.

2.) Die Pflichten der KAG

Auch der KAG obliegt die Geltendmachung von Ansprüchen der Anteilsinhaber. Sie ist nach § 12 c Abs. 3 KAGG (§ 28 Abs. 2 InvG) zur Geltendmachung der den Anteilsinhabern gegenüber der Depotbank zustehenden Ansprüchen berechtigt und verpflichtet. Auch hierdurch ist die Interessenvertretung der Anteilsinhaber berücksichtigt.

V.) Zwischenergebnis

Aus dem Gesetz wie auch aus den zwischen den Parteien des Investment-Dreiecks vereinbarten Verträgen und Vertragsbedingungen ergeben sich für die KAG und die Depotbank eine Reihe von Pflichten, die den Risiken, die mit der Anlage in Investmentfonds verbunden sind, entgegenwirken sollen. Das KAGG sowie die weiteren Rechtsgrundlagen beinhalten somit durch die Pflichtenverteilung auf KAG und Depotbank die Wahrung der Anlegerinteressen und somit die Wahrnehmung des Anlegerschutzes. Die aufgezeigten Risiken und deren Reduzierung durch die dargestellten Pflichten zeigen, dass der Schutz der Anteilsinhaber eine wichtige Rolle bei der Anlage in Investmentfonds einnimmt. KAG und Depotbank haben jeweils ihnen zugeordnete Schutzaufgaben wahrzunehmen, um die insbesondere im Gesetz vorgesehenen Schutzfunktionen zu erfüllen.

---

[450] *Beckmann* in: Investment-Handbuch 425, § 13 Rn. 10; *Schödermeier / Baltzer* in: Brinkhaus / Scherer KAGG § 13 Rn. 9.

Im folgenden Abschnitt soll darauf aufbauend eine Analyse des Schutzsystems des Investment-Dreiecks vorgenommen und so die genaue Einordnung der Stellung und der Gewichtung der Depotbank gegenüber den Anteilsinhabern erarbeitet werden, um daran anschließend danach zu fragen, inwieweit die Depotbank in ihrer vom Gesetz vorgesehenen Rolle einem effektiven Anlegerschutz gerecht werden kann.

C.) Analyse des Schutzsystems des Investment-Dreiecks

Bei der Analyse der Struktur des Schutzsystems gilt es herauszufinden, welchen Stellenwert die Depotbank innerhalb des Investment-Dreiecks einnimmt und welcher Institution die für den Schutz der Anleger größere Bedeutung zukommt. Diese Untersuchung wird unter Einbeziehung der ökonomischen Analyse des Rechts vorgenommen. Es gilt weiter danach zu fragen, welche genaue Wirkung sich für den Schutz der Anleger aus dem Umfang der festzustellenden Position der Depotbank ergibt.

Zudem soll der Frage nachgegangen werden, ob der im Gesetz vorgesehene Anlegerschutz effektiv umgesetzt werden kann. Dabei gilt es zu untersuchen, inwiefern die Depotbank die an sie gestellten Anforderungen erfüllen und so in der Praxis einem effektiven Anlegerschutz gerecht werden kann.

I.) Stellung und Funktion der Depotbank innerhalb des Investment-Dreiecks

Zunächst ist die genaue Bedeutung der Depotbank in Bezug auf den Schutz der Anleger innerhalb des Investment-Dreiecks herauszuarbeiten. Im Unterschied zu der bisherigen Erarbeitung geht es hierbei nicht um die einzelnen Pflichten, sondern um die sich daraus für die Depotbank ergebenden Funktionen.

1.) Trennungsprinzip im Investment-Dreieck

Die in Abschnitt B vorgenommene Untersuchung hat gezeigt, dass die Aufteilung der gesetzlichen Pflichten von KAG und Depotbank vor allem dazu dienen soll, die mit der Anlage in Investmentfonds verbundenen Risiken zu begrenzen. Die Struktur innerhalb des Investment-Dreiecks ist daher auf das Ziel des

Schutzes der Anleger ausgerichtet[451]. Diese besondere Struktur wird vornehmlich durch das Trennungsprinzip bestimmt. Trennungsprinzip bedeutet hierbei die Trennung zwischen der Verwaltung und der Verwahrung der Sondervermögen. Wie bereits gezeigt, obliegt die Verwaltung gemäß § 10 Abs. 1 KAGG (§ 9 Abs. 1 InvG) dem Management der KAG[452]. Die Verwahrung des Sondervermögens hingegen darf die KAG nicht selbst vornehmen. Hiermit muss sie nach § 12 KAGG (§ 20 InvG), ebenso wie mit der Ausgabe und Rücknahme von Anteilsscheinen ein anderes Kreditinstitut, die Depotbank, beauftragen. Die Depotbank hat dabei gemäß §§ 12 ff. KAGG (§§ 22 ff InvG) die Interessen der Anteilsinhaber wahrnehmen.

2.) Funktionen der Depotbank

Durch dieses Trennungsprinzip wird der Depotbank eine besondere Bedeutung beigemessen. Ausdruck der besonderen Bedeutung sind die sich aus den einzelnen Pflichten ergebenden Funktionen der Depotbank:

a) Verwahrungsfunktion

Zu nennen ist dabei zum einen die Verwahrungsfunktion. Die Verwahrungsfunktion der Depotbank ergibt sich vor allem aus der von der KAG getrennten Verwahrung der oben aufgeführten Gegenstände eines Sondervermögens in Sperrdepots sowie der Unterhaltung der Geschäftsbeziehungen mit Drittverwahrern[453].

Aus dem in § 12 Abs. 1 S. 1 KAGG (§ 20 Abs. 1 S. 1 InvG) beinhalteten Gebot, dass die KAG ein anderes Kreditinstitut mit der Verwahrung des Sondervermögens zu beauftragen hat, ergibt sich sowohl die an die Adresse der KAG gerichtete negative Feststellung, dass diese das Sondervermögen nicht selbst verwahren darf, als auch die Entscheidung des Gesetzgebers, dass es aus Gründen des Schutzes der Anteilsinhaber nicht ausreicht, dass irgendein Kreditinstitut oder vielleicht sogar mehrere Institute in die Verwahrung des Sondervermögens eingeschaltet werden. Ausschließlich zuständig ist vielmehr das Kreditinstitut, das der Bankaufsichtsbehörde gegenüber als Depotbank benannt und von der

---

[451] *Fischer / Klanten*, Rn. 7.63; *Kohls* Rn. 395; *Baur* in: Assmann / Schütze, § 18 Rn. 126; *Köndgen* in: Schimansky / Bunte / Lwowski , § 113 Rn. 33; *Gläbe*, S. 153; *Geßler*, WM 1957, Sonderbeilage Nr. 4, S. 20.

[452] Siehe hierzu S. 67 ff.

[453] Siehe dazu S. 54 ff.

der Bankaufsichtsbehörde gegenüber als Depotbank benannt und von der Behörde gemäß § 12 Abs. 3 KAGG (§ 21 Abs. 1 InvG) genehmigt worden ist.

Der mit der Verwahrung angestrebte Schutz würde nicht erreicht, wenn es der KAG erlaubt wäre, in bezug auf die Verwahrung des Sondervermögens eine weitere Bankverbindung zu unterhalten[454]. In der Praxis sind zudem nur Kreditinstitute mit erheblichem Bilanzvolumen, großem Vertrauen und unbedingter Zuverlässigkeit als Depotbanken akzeptiert[455]. Die Verfügungsmacht, die das KAGG der Investmentgesellschaft über das Sondervermögen einräumt, ist trotz der Einschränkungen, die im Gesetz selbst sowie in den Vertragsbedingungen vorgesehen sind, noch so weitreichend, dass ihr das Sondervermögen angesichts der fehlenden Kontrollbefugnisse der Anteilsinhaber und wegen der auf nachträgliche Kontrollen beschränkten Überwachungsmöglichkeiten, auf die die Bankaufsichtsbehörde als Bundesbehörde ohne Verwaltungsunterbau und damit ohne Präsenz vor Ort in bezug auf das laufende Tagesgeschäft angewiesen ist, letztlich doch unkontrolliert anvertraut wäre, wenn nicht durch die Einschaltung der Depotbank ein weiteres Organ zum Schutz der Interessen der Anteilsinhaber geschaffen worden wäre[456]. Somit erlangt die Depotbank einen Teil ihre Funktion zugunsten der Anteilsinhaber durch die von ihr wahrzunehmende Verwahrungsfunktion.

b) Kontrollfunktion

Ebenfalls dem Schutz der Anteilsinhaber dient die Kontroll- und Überwachungsfunktion der Depotbank gegenüber der KAG. Eine allgemeine Kontrollpflicht und ein entsprechendes Kontrollrecht für sämtliche Sondervermögen bezüglich der Tätigkeit der KAG ist zwar nicht ausdrücklich im Gesetz geregelt, sie lässt sich aber aus der in § 12 c Abs. 2 KAGG (§ 28 Abs. 1 InvG) geregelten Berechtigung und Verpflichtung der Depotbank, Ansprüche der Anteilsinhaber gegen die KAG geltend zu machen und bei der Zwangsvollstreckung in das Sondervermögen Drittwiderspruchsklage nach § 771 ZPO zu erheben, entnehmen[457]. Ausdrücklich vorgesehen ist die Überwachungstätigkeit der Depotbank zudem in den §§ 25 g, 31, 31 a KAGG für die Beteiligungs-Sondervermögen

---

[454] *Ohl*, S. 73.
[455] *Päsler*, S. 170.
[456] *Barocka*; S. 102; *vom Berge und Herrendorff*; S. 87; *Wendt*, S. 67; *Mauser*, S. 75; *Ohl*, S. 58; *Baur*, Investmentgesetze, § 12 a Rn 2, 16.
[457] BGH WM 2001, 2053, 2054; OLG Frankfurt a.M. WM 1997, 364, 367; *Canaris*, Rn. 2474; *Müller, K.*, in: DB 1975, 485; *Baur* in: Assmann / Schütze, § 18 Rn. 127; *Schödermeier / Baltzer* in: Brinkhaus / Scherer KAGG § 12 c Rn. 11; *Balzer* EWiR 2002, 117.

und Grundstücks-Sondervermögen, wobei dort jeweils eine Überwachung des Bestands an Beteiligungen dieser Sondervermögen vorzunehmen ist. Gerade aber die sich aus § 12 c Abs. 2 S. 1 Nr. 1 KAGG (§ 28 Abs. 1 Nr. 1 InvG) ergebende Verpflichtung, Ansprüche der Anteilsinhaber gegenüber denen der KAG durchzusetzen, setzt zwingend ein umfassendes Überwachungsrecht bezüglich der Tätigkeit der KAG und eine diesem Recht entsprechende allgemeine Überwachungspflicht voraus[458]. Nur im Rahmen einer Kontrolle, die die gesamte Kapitalanlagetätigkeit erfasst, ist die Depotbank in der Lage festzustellen, ob den Anteilsinhabern Schadensersatzansprüche gegenüber der KAG entstanden sind[459]. Aus den Überwachungsvorschriften ergibt sich daher die Verpflichtung der Depotbank, die gesamte laufende Geschäftstätigkeit der KAG in Bezug auf die Einhaltung der gesetzlichen und vertraglichen Vorschriften zu überwachen[460]. In besonderem Maße ist zu kontrollieren, ob die in den Vertragsbedingungen bestimmten Anlagegrundsätze und Anlagegrenzen eingehalten worden sind[461].

Konkrete Anhaltspunkte für etwaige Ansprüche der Anteilsinhaber erhält die Depotbank dabei im Zusammenhang mit der Erfüllung ihrer diversen Einzelaufgaben[462]. Als solche kommen insbesondere die Verwahrung des Sondervermögens und die damit unmittelbar verbundene Verpflichtung der Depotbank in Betracht, dafür zu sorgen, dass bei allen für gemeinschaftliche Rechnung der Anteilsinhaber getätigten Geschäften der Gegenwert gemäß § 2 b Nr. 2 KAGG (§ 27 Abs. 1 Nr. 2 InvG) in ihre Verwahrung gelangt. Der detaillierte Überblick über alle Gegenstände, die zum Sondervermögen gehören bzw. für dasselbe gekauft oder verkauft werden, vermittelt der Depotbank im Zusammenhang mit der Kontrolle der Preisobergrenzen und -untergrenzen die Kenntnisse, die zur Überwachung der Kapitalanlagetätigkeit und zur Geltendmachung von Ansprüchen der Anteilsinhaber gegen die KAG notwendig sind[463]. Eine weitere Möglichkeit zur Kontrolle der KAG ist der Depotbank darüber hinaus durch die verschiedenen vom Gesetz vorgesehenen Zustimmungserfordernisse gegeben[464].

Die Kontrollfunktion der Depotbank ist neben den genannten Aufgaben aber auch noch anhand weiterer im Gesetz ausdrücklich vorgesehener Kontroll-

---

[458] *Müller, K.*, DB 1975, 485.

[459] *Thiel*, S. 155; *Müller, G.*, S. 137; *Wendt*, S. 61 f.; *Schäcker*, S. 124 f.; *Ohl*, S. 61.

[460] BGH WM 2001, 2053, 2054; OLG Frankfurt a.M. WM 1997, 364, 367; *Kümpel*, Rn 12.157.

[461] OLG Frankfurt a.M. WM 1997, 364, 367; *Baur*, Investmentgesetze, § 12 Rn 33; *Müller, K.*, DB 1975, 485, 486.

[462] Zur Darstellung der Aufgaben siehe S. 54 ff.

[463] *Müller, G.*, S. 137, 138; *Ohl*, S. 62.

[464] Siehe dazu die Ausführungen auf S. 61 ff.

pflichten erkennbar: So zeigt auch die der Depotbank in § 12 b Nr. 3 KAGG (§ 27 Abs. 1 Nr. 3 InvG) übertragene Kontrolle bei der Verwendung der Erträge des Sondervermögens die Schutzfunktion der Depotbank zugunsten der Sondervermögen und der Anteilsinhaber[465]. Auch wenn der KAG die Verwaltung des Sondervermögens obliegt, werden im Ergebnis sämtliche Geschäfte der KAG für das Sondervermögen wirtschaftlich über die Depotbank abgewickelt[466]. Weiter zu nennen ist zudem die im KAGG vorgesehene Bestandsüberwachung der einzelnen Sondervermögen, zu der die Depotbank ebenfalls ausdrücklich verpflichtet wird. Bezüglich der einzelnen Pflichten sei auch hier auf die Ausführungen unter Abschnitt B verwiesen[467].

Die Bedeutung der Kontrollfunktion der Depotbank innerhalb des Investment-Dreiecks zeigt sich vor allem, wenn man diese den Treuhandpflichten, die die KAG gegenüber den Anteilsinhabern wahrnimmt, gegenüberstellt: Wie bereits dargestellt, obliegt der KAG vorwiegend die Fondsverwaltung zugunsten der Anteilsinhaber mit der dazugehörigen Anlagetätigkeit[468]. Hinzu kommen vor allem die wahrzunehmenden Sorgfaltspflichten sowie Informationspflichten wie die Aushändigung von Verkaufsunterlagen und die Erstattung eines Rechenschaftsberichts[469]. Insbesondere bei der Fondsverwaltung hat die KAG nach § 10 Abs. 1 S. 2 KAGG (§§ 9 1 S. 2, Abs. 2 S. 1 InvG) im Interesse der Anteilsinhaber und unabhängig von der Depotbank zu handeln. Wichtiger aber als diese Pflichten der KAG ist für einen effektiven Anlegerschutz, dass es eine Kontrolle über sie gibt. Die von der Depotbank zum Schutz der Anteilsinhaber wahrzunehmenden Kontrollpflichten stellen daher eine notwendige Ergänzung zu dem Pflichtenkatalog der KAG dar und verdeutlichen die wichtige Stellung der Depotbank im Investment-Dreieck.

c) Vertretung von Anlegerinteressen

Als weitere Funktion zur Einordnung der Stellung der Depotbank ist die Vertretung von Anlegerinteressen zu nennen. Diese Funktion ergibt sich daraus, dass die Depotbank Ansprüche der Anteilsscheininhaber gegen die KAG geltend zu machen und dass sie im Falle der Vollstreckung in das Sondervermögen Widerspruch im Wege einer Klage nach § 771 ZPO zu erheben hat[470]. Ebenfalls zur

---

[465] *Canaris*, Rn. 2472; *Baur* in: Assmann / Schütze, § 18 Rn. 126; *Kümpel*, Rn. 12.157.
[466] *Laux / Päsler*, S. 49; *Schödermeier / Baltzer* in: Brinkhaus / Scherer KAGG § 12 Rn. 9.
[467] Siehe S. 65 f.
[468] Siehe dazu Darstellung der einzelnen Pflichten S. 67 ff.
[469] Siehe auch dazu bereits S. 78 ff.
[470] Siehe S. 81 f.

Vertretung von Anlegerinteressen ist die Kündigung des Vertragsverhältnisses mit der KAG bei deren Auflösung[471] und die damit verbundene Abwicklung des Sondervermögens sowie seine Verteilung an die Anteilsinhaber durch die Depotbank[472] zu rechnen.

d) Zahlstellenfunktion

Die Zahlstellenfunktion beinhaltet die Entgegennahme von Zeichnungsbeträgen für die Ausgabe von Anteilsscheinen und von Gegenleistungen aus dem Verkauf von Vermögensgegenständen eines Sondervermögens; darüber hinaus auch die Entgegennahme der Erträge aus Vermögensgegenständen eines Sondervermögens oder Vermögensgegenständen, die ein Sondervermögen verliehen hat und die Entgegennahme von Rückerstattungsbeträgen betreffend Körperschaftsteuer, Kapitalertragsteuer und Solidaritätszuschlag[473]. Ebenfalls zur Zahlstellenfunktion der Depotbank gehören die Zahlung von Kaufpreisen für Vermögensgegenstände, die für ein Sondervermögen angeschafft werden, die Zahlung von Transaktionsgebühren und sonstigen Gebühren an ausländischen Börsen für Rechnung eines Sondervermögens sowie die Zahlung der Depotbankvergütung an die Depotbank mit Zustimmung der KAG. Des Weiteren sind die Leistung von Einschüssen im Rahmen von Terminkontrakten und -geschäften sowie die Auszahlung der Verwaltungsvergütung und der Erstattung von Aufwendungen an die KAG der Zahlstellenfunktion zuzuordnen.

e) Anteilsscheinverwaltung

Eine weitere Funktion der Depotbank ist die der Anteilsscheinverwaltung. Die Anteilsscheinverwaltung umfasst das Führen des Anteilsscheinkontos[474], die Unterzeichnung[475], Ausgabe und Rücknahme der Anteilsscheine[476], die Ausschüttung der Gewinnanteile an die Anteilsinhaber sowie die Zahlung des Rücknahmepreises bei der Rücknahme von Anteilen[477].

---

[471] S. 83.
[472] S. 74.
[473] S. 56, 64.
[474] Dazu S. 71.
[475] S. 57.
[476] S. 56.
[477] Siehe dazu S. 72.

f) Depotbuchhaltung

Es bleibt dann noch die Funktion der Depotbuchhaltung. Diese Funktion ergibt sich zum einen aus der eigenverantwortlichen Ermittlung des Wertes eines Sondervermögens und der Ermittlung des Anteilpreises unter Mitwirkung der KAG[478]. Im Falle des Abschlusses von Terminkontrakten (oder -geschäften) für Rechnung eines Sondervermögens zählt auch die Zurechnung der geleisteten Einschüsse unter Einbeziehung der am Börsentag festgestellten Bewertungsgewinne und Bewertungsverluste des Sondervermögens zur Depotbuchhaltung. Weiter hierzu zu rechnen ist die Abstimmung und Bestätigung von Vermögensaufstellungen für Sondervermögen für die jeweils zwischen dem letzten Halbjahresbericht und dem Rechenschaftsbericht liegenden Vierteljahre[479], welche die KAG auf Anforderungen der BaFin dieser und der Deutschen Bundesbank unverzüglich nach dem jeweiligen Stichtag einzureichen hat.

g) Zusammenfassung zu den Funktionen der Depotbank

Aus der Sicht der Anteilsinhaber kann bezüglich der Unterteilung nach Funktionen insbesondere der Verwahrungsfunktion und der Kontrollfunktion der Depotbank große Bedeutung beigemessen werden. Im Rahmen dieser Funktionen dient sie ausschließlich der Kontrolle der KAG. Die Zahlstellen- und Depotbuchhaltungsfunktion sind eher als eine Art Verwaltungstätigkeit anzusehen. Bei der Wahrnehmung der damit zusammenhängenden Aufgaben ist die Depotbank daher als Hilfsperson der KAG zu betrachten.

3.) Treuhandstellung der Depotbank

Aus den unterschiedlichen Pflichten und den sich daraus ergebenden Funktionen ist zudem ersichtlich, dass die Depotbank innerhalb des Investment-Dreiecks eine Treuhandfunktion zugunsten der Anteilsinhaber wahrnimmt. So sind die vertraglichen und gesetzlichen Pflichten der Depotbank Ausdruck ihrer treuhänderischen Stellung. Die Stellung der Depotbank wird daher als die eines Sondertreuhänders über dem Verwaltungstreuhänder angesehen[480]. Als Verwaltungstreuhänder ist hierbei die KAG anzusehen, der diese Aufgabe in § 10 KAGG (§ 9 Abs. 1 InvG) vom Gesetz zugeteilt ist. Die Besonderheit der De-

---

[478] Darstellung auf S. 73.
[479] Darstellung hierzu auf S. 63.
[480] *Baur*, Investmentgesetze, § 12 c Rn. 6; *Roth*, S. 158; *Barocka*, S. 120 f.

potbank besteht darin, dass sie als Geschäftsbank tätig zu werden und dabei ihre Schutzfunktion auszuüben hat[481]. Diese Verknüpfung ist bei der in § 12 Abs. 1 S. 1 KAGG (§ 20 Abs. 1 S. 1 InvG) geregelten Verwahrung (Depotgeschäft), bei der Ausgabe und Rücknahme von Anteilsscheinen (Emissions- und Konsortialgeschäft) und bei der Durchführung von Zahlungen gemäß § 12 a Abs. 2 KAGG (§ 25 S. 2 InvG) (Zahlungsverkehr) gegeben.

Es ist daher darauf verwiesen worden, dass in der Institution der Depotbank die Treuhand- und Sicherungsfunktion eines Staatskommissars mit der Fachkunde der Geschäftsbank für banktypische Dienstleistungen, die die KAG ohnehin in Anspruch nehmen müsste, zusammengefasst worden sind[482]. Auch bei dem Recht, Ansprüche der Anteilsinhaber nach § 12 c Abs. 2 S. 1 Nr. 1 KAGG (§ 28 Abs. 1 S. 1 Nr. 1 InvG) im eigenen Namen geltend zu machen, handelt es sich um eine gesetzliche Treuhandschaft zugunsten der Anteilsinhaber[483].

4.) Ökonomische Analyse

a) Das Prinzipal-Agenten-Modell

Zur Untersuchung des Schutzsystems innerhalb des Investment-Dreiecks und des sich daraus für die Depotbank ergebenden Stellenwertes kann auch die ökonomische Analyse beitragen. Diesbezüglich können insbesondere die zum sogenannten Prinzipal-Agenten-Modell[484] entwickelten Grundsätze hilfreich sein. Das Prinzipal-Agenten-Modell ist ein Modell zur Darstellung und Analyse der sich aus Informationsasymmetrien zwischen Wirtschaftssubjekten ergebenden Kooperations- und Abhängigkeitsproblemen. Sofern daher eine Auftraggeber-Auftragnehmer-Beziehung vorliegt, die Ziele dieser Personen aufgrund unterschiedlicher Interessen voneinander abweichen und zugleich eine Informationsasymmetrie festzustellen ist, wird diese Situation in der modernen Institutionsökonomie als Prinzipal-Agenten-Beziehung bezeichnet[485].

---

[481] *Barocka*, S. 102 ff.; *Liebich / Mathews*, S. 383; *Ohl*, S. 63; *Onderka*, BB 1969, 1018, 1023.

[482] *Dürre*, Sparkasse, 1956, S. 219, 221; *Siera / Tormann*, S. 48.

[483] *Wendt*, S. 104; *Roth*, S. 158; *Canaris*, Rn. 2465.

[484] Original: „Principal-agent-Theory".

[485] Grundlegend *Arrow*, S. 37 ff.; *Jensen*, The Accounting Review vol 58 (1983), S. 319; *Schäfer / Ott*, S. 601 f.; *Hartmann*, S. 59; *Kleine*, S. 29; *Hartmann-Wendels*, ZfB 1989, 714; *Schmidt / Terberger*, S. 396 ff.; *Richter / Furubotn*, S. 173 f.
Zu den unterschiedlichen Definitionen siehe *Neus*, S. 20 f.; siehe auch *Sandbiller*, S. 66 für die Beziehung Bank - Kunde.

Diese Prinzipal-Agenten-Beziehung ist ein Vertrag, bei dem eine oder mehrere Personen eine andere Person als Agenten verpflichten, eine bestimmte Leistung in ihrem Interesse zu erbringen, wobei dem Agenten zur Erleichterung der Tätigkeit die Entscheidungskompetenz zum Teil übertragen wird[486]. Die Person, der eine Aufgabe übertragen wird, wird demnach im Rahmen des Agency-Ansatzes als „Agent" bezeichnet, die Person, die die Aufgabe überträgt und an den Konsequenzen der Entscheidungen des Agenten partizipiert, als „Prinzipal". Etwas andere Bezeichnungen findet man im Rahmen des Delegationswertmodells: Dieses Modell verwendet statt Prinzipal den Begriff „Instanz" und an Stelle des Agenten den Begriff „Entscheidungsträger"[487]. Im Rahmen dieser Arbeit werden die aus dem Prinzipal-Agenten-Modell stammenden Begriffe Prinzipal und Agent verwendet[488].

Innerhalb der Agency-Theorie kann zudem noch zwischen der eher formal ausgerichteten Prinzipal-Agenten-Theorie und der eher verbal argumentierenden, sogenannten positiven Agency-Theorie differenziert werden[489]. Diese Differenzierungen sollen aber nicht Gegendstand dieser Arbeit sein.

Das wesentliche Problem innerhalb der Prinzipal-Agenten-Beziehung ist die sich ergebende Informationsasymmetrie zwischen den Vertragsparteien. Eine Informationsasymmetrie liegt dann vor, wenn Prinzipal und Agent in einem Zeitpunkt nicht denselben Wissensstand über das Entscheidungsproblem haben[490]. Da dem Agenten im Rahmen der Vereinbarung die Entscheidungskompetenz für bestimmte Aufgaben übertragen wird, findet eine Verlagerung von Entscheidungsbefugnissen vom Prinzipal auf den Agenten statt. Der Agent verfügt gewöhnlich auch über mehr Informationen hinsichtlich der ihm übertragenen Aufgaben als der Prinzipal[491]. Er wird vor allem deshalb mehr Informationen haben bzw. im Laufe seiner Tätigkeit erhalten, weil er näher am Ort des Geschehens ist: Der Agent beobachtet Indikatoren, die Rückschlüsse auf die Umweltzustände zulassen und deren Ausprägungen dem Prinzipal nicht bekannt sind[492]. Er berücksichtigt diese Informationen bei seinen Entscheidungen und soll sie auch berücksichtigen. Die Informationsvorteile gegenüber dem Prinzi-

---

[486] *Jensen / Meckling*, Journal of Financial Economics, Vol. 3 (1976), S. 305, 308; *Spremann* in: Bamberg / Spremann, S. 3; *Neus*, S. 20; *Vogelsang*, S. 52; *Wolff*, S. 20 f.; *Richter / Furubotn*, S. 173 f.; *Noth*, S. 20 ff.

[487] Siehe dazu *Laux*, S. 11.

[488] Zu den unterschiedlichen Begriffen in der Literatur siehe auch *Meinhövel*, S. 7 f.

[489] Siehe dazu *Schmidt / Terberger*, S. 396; *Richter / Furubotn*, S. 176; *Raulin*, S. 114; jeweils m.w.N.

[490] *Kiener*, S. 22; *Vogelsang*, S. 53; *Gillenkirch*, S. 17.

[491] *Vogelsang*, S. 52; *Matthes*, S. 10; *Neus*, S. 17; *Sandbiller*, S. 66 zur Beziehung Bank – Kunde.

[492] *Laux*, S. 15.

pal besitzt der Agent daher vor allem aufgrund der für ihn geringeren Transaktionskosten[493]. Die Informationen kosten ihn einfach weniger als den Prinzipal, der sich diese viel kostenintensiver beschaffen müsste.

Diese asymmetrischen Informationen stellen verborgene Informationen dar, die wiederum verborgene Handlungen derjenigen Personen ermöglichen, die Inhaber dieser Informationen sind[494]. Ein Wissensvorsprung wird daher verborgene Information bzw. hidden information genannt, während sich ein Handlungsspielraum von Beauftragten in verborgenen Handlungen bzw. hidden action äußert, die dem Auftraggeber nicht bekannt sind[495]. Die Schwierigkeit innerhalb der Prinzipal-Agenten-Beziehung besteht nun darin, dass der Prinzipal nicht sicher sein kann, ob der Agent die verborgenen Informationen im Sinne des Auftraggebers nutzt oder eigennützig handelt. Außerdem ist ihm die unmittelbare Beobachtung des Verhaltens des Agenten nicht oder nur mit hohem Kostenaufwand möglich[496].

Ist also eine der Parteien aufgrund der Informationsasymmetrie nicht hinreichend informiert und / oder kann sie die Aktivitäten der anderen Partei aufgrund von hidden information und hidden action nicht beobachten, so muss sie sich auf die Vertragstreue der anderen Partei verlassen[497]. Es wird damit ein Abhängigkeitsverhältnis zwischen Prinzipal und Agent geschaffen. Unter der Prämisse, dass beide Nutzenmaximierer sind, wird der Prinzipal daher nicht a priori davon ausgehen können, dass der Agent stets zu seinen (des Prinzipals) Nutzen handeln wird, sondern durchaus eigene Interessen im Auge behält[498]. Es ist also davon auszugehen, dass der Agent nicht immer im Interesse des Prinzipals entscheiden wird und dass der Prinzipal dies auch nicht feststellen kann[499].

b) Anwendung auf das Investment-Dreieck

Eine derartige Prinzipal-Agenten-Beziehung lässt sich auch im Investment-Dreieck wiederfinden. Wie gleich gezeigt wird, ergeben sich für den Prinzipal dabei auch die soeben aufgeführten Schwierigkeiten. Im Investmentrecht ist es

---

[493] *Vogelsang*, S. 52; *Matthes*, S. 10.

[494] *Heinze*, S. 363; *Schneider*, S. 49; *Spremann* in: Bamberg / Spremann, S. 3, 6.

[495] *Arrow*, S. 39; *Meinhövel*, S. 13; *Laux*, S. 16; *Hartmann*, S. 59; *Gillenkirch*, S. 17; *Martens*, S. 35 und 36; *Franke / Hax*, S. 410; *Kleine*, S. 31 f., 33, 39; *Wolff*, S. 21; *Noth*, S. 22; *Hartmann-Wendels*, ZfB 1989, 714, 715; *Fleischer*, ZGR 2001, 1, 8. Siehe auch *Petersen*, S. 31 f., bezogen auf die Unternehmensorganisation.

[496] *Schäfer / Ott*, S. 602; *Richter / Furubotn*, S. 174.

[497] *Hartmann*, S. 59.

[498] *Hartmann*, S. 59; *Laux*, S. 15; *Kiener*, S. 19; *Oldenburg*, S. 241.

[499] *Jensen / Meckling*, Journal of Financial Economics, S. 305, 308; *Vogelsang*, S. 52; *Neus*, S. 20; *Matthes*, S. 10; *Oldenburg*, S. 241; *Martens*, S. 34.

die Beziehung zwischen Kapitalgeber und Kapitalnehmer bzw. zwischen Anleger und Investmentgesellschaft, die ein Beispiel für eine Prinzipal-Agenten-Beziehung darstellt[500]. Hier befindet sich der typische Kapitalgeber in einem Dilemma. Er vertraut zum Zeitpunkt des Vertragsabschlusses und auch danach darauf, dass das Fondsmanagement Informationen besitzt, die ihm nicht (oder lediglich unter hohem Kostenaufwand) zugänglich sind oder die er nicht produktiv nutzen könnte. Es besteht somit eine Informationsasymmetrie zwischen Anleger und Investmentgesellschaft. Der Anleger rechnet mit einem spezifischen know-how des Fondsmanagements, wofür er bereit ist, ein Entgelt zu leisten. Andererseits ist er nicht in der Lage zu bestimmen, ob es Unterschiede zwischen seinen Interessen und denen des Fondsmanagement gibt und wie groß diese Gegensätze unter Umständen sind. Eine regelmäßige Interessenidentität von Anlegern und Fondsmanagement ist nicht vorauszusetzen. Ändert sich beispielsweise die Anlagepolitik des Fonds, wird sich auch die Risikostruktur oder Risikoklasse des Fonds ändern; diese stimmt dann vielleicht nicht mehr mit dem Risikoaversionsgrad des Anlegers überein[501].

Ganz anders ist im Vergleich dazu beispielsweise die Situation von institutionellen Anlegern gegenüber der KAG. Die Position von institutionellen Anlegern ist wesentlich stärker als die eines einzelnen Kleinanlegers. Allein wegen seiner Kapitalmacht wird ein Großanleger eher in der Lage sein, spezifische Kontrollmechanismen zu etablieren oder Selbstbindungen des Kapitalnehmers zu fordern[502].

Besonders schwierig erweist sich daher im Gegensatz zur Situation bei Spezialfonds die Konstellation Kleinanleger - Investmentgesellschaft, von der in den hier angenommenen Fällen auszugehen ist. Asymmetrien liegen hier gleich dreifach vor: Information, Verhandlungsmacht und Anonymität an der Kontraktschnittstelle sind nicht symmetrisch verteilt. Anonymität an der Kontraktschnittstelle besagt, dass nach Vertragsschluss einem Fonds eine anonyme Masse an Kleinanlegern gegenübersteht[503]. Diese Anonymität verschärft zum einen das Informations- und Verhandlungsmacht-Ungleichgewicht und macht zum anderen eine Überführung dieser Struktur in eine zumindest bilaterale Aus-

---

[500] *Raulin*, S. 116, die dann allerdings auch die Prinzipal-Agenten-Beziehung zwischen KAG und den bei ihr angestellten Portfoliomanagern untersucht, S. 118 ff.; *Hartmann*, S. 61; diesbezüglich zum amerikanischen Kapitalmarktrecht siehe Untersuchungen von: *Grinblatt / Titman*, Management Science, Vol. 35, 1989, S. 807-822; *Bhattacharya / Pfeiderer*, Journal of Economic Theory, Vol. 36, 1985, S. 1-25; *Starks*, Journal of Financial and Quanatitive Analysis, Vol 22, 1987, S. 17-32.

[501] *Hartmann*, S. 61.

[502] Siehe Beispiel bei *Hartmann*, S. 70: Kapitalmasse wird als Drohpotential eingesetzt.

[503] *Hartmann*, S. 71.

tauschbeziehung unmöglich[504]. Da das Unternehmen, in diesem Fall die Investmentgesellschaft, die Investitionen bzw. Anlagemöglichkeiten plant und durchführt, besteht ein Informations- und Einflussgefälle zuungunsten der Kapitalgeber. Das bedeutet, dass sie dem moralischen Risiko, dem sogenannten „moral hazard", in jedem Fall ausgesetzt sind[505]. Je weniger informiert, je weniger erfahren und je weniger mächtig der Kapitalgeber ist, desto hilfloser ist er dem Risiko von Vermögensverschiebungen zu seinen Lasten ausgeliefert[506].

Selbst das detailliert angelegte laufende Berichtswesen trägt in den meisten Fällen nicht dazu bei, Informationsasymmetrien zwischen dem Fondsmanagement und einem Anleger mit durchschnittlichem Fachwissen zu nivellieren. Diesem fehlen für eine ökonomisch fundierte Beurteilung der Entwicklung aller Fondspositionen wesentliche Informationen - beispielsweise über Alternativanlagen, erwartete Ausschüttungen, Risikostrukturen der Fondspapiere, bevorstehende Kapitalerhöhungen, Unternehmenszusammenschlüsse, Vermutungen über Zinstrends, Schätzungen künftiger Kurs-Gewinn-Verhältnisse[507]. Von Bedeutung für den Anleger ist die Information über den Wert seines Anteils. Dieser wird börsentäglich ermittelt und die Information über die Ertragsentwicklung des Fonds (also über auszuschüttende oder zu thesaurierende Erträge) erfährt er aus dem Rechenschaftsbericht. Nicht gegeben ist jedoch die Kontrolle der wirtschaftlichen Zweckmäßigkeit der Maßnahmen der Investmentgesellschaft.

Mithin ist es hier entscheidend, welche Kontrollfunktion der Depotbank gegenüber der Tätigkeit der KAG eingeräumt wird. Es wird daher zu klären sein, ob das Kontrollrecht auf die Prüfung der formalen Recht- und Pflichtmäßigkeit oder aber auf die der Zweckmäßigkeit des Handels der KAG bezogen ist. Für den Kleinanleger ist der Informationsaufwand im Vergleich zum Nutzen der aktiven Kontrolle besonders groß. Damit besteht für ihn ein Anreiz, auf andere zu hoffen. Die Interessenvertretung für den Anteilsinhaber ist im KAGG in den §§ 10 und 12 KAGG vorgegeben. Die Anlagepolitik und die Verwaltung des Sondervermögens übernimmt danach die Investmentgesellschaft, während die Depotbank der Verwahrung des Sondervermögens sowie der Kontrolle der KAG und somit dem Schutz der Anteilsinhaber dienen soll. Die Anteilsinhaber hoffen also auf die Kontrolle der Depotbank.

---

[504] *Hartmann*, S. 71.
[505] So *Baudenbacher-Tandler*, S. 41 zum Verhältnis Kapitalgeber - Unternehmen allgemein; *Neus*, S. 17; *Maurer*, S. 133 zur Situation bei Spezialfonds.
[506] So *Baudenbacher-Tandler*, S. 41 zum Verhältnis Kapitalgeber - Unternehmen allgemein.
[507] *Hartmann*, S. 116.

Im Grunde liegt im Rahmen des Investment-Dreiecks sogar eine doppelstufige Agenten-Beziehung vor. Bei einer solchen Agenten-Beziehung steht der Prinzipal gleich zwei Agenten gegenüber. Diese Konstruktion der doppelstufigen Agenten-Beziehung wird beispielsweise auf den Aufsichtsrat eines Unternehmens angewandt[508]: Der eine Agent ist für die Unternehmensführung, insbesondere die Auswahl und die Durchführung von Investitionsprojekten zuständig. Der andere Agent hat einen Überwachungsauftrag; er soll die Unsicherheit reduzieren und damit dem Prinzipal genaue Rückschlüsse auf das Verhalten des anderen Agenten ermöglichen. Im Prinzip kann man diese Überlegung auf das Investment-Dreieck übertragen: Die KAG ist der eine Agent, der für die Durchführung der Geschäfte zuständig ist, die Depotbank der andere Agent, der die Überwachungsfunktion übernimmt. Einziger Unterschied ist, dass der Anteilsinhaber nur mit einem Agenten, nämlich der KAG, einen Vertrag abschließt. Wichtig ist daher, dass die Anteilsinhaber auf die Kontrolle der Depotbank hoffen müssen. Als Kapitalgeber sind die Anteilsinhaber die Risikoträger, die sogenannten risk bearer. Ziel der Prinzipal-Agenten-Theorie ist es in solchen Fällen, eine möglichst pareto-effiziente Risikoallokation, also eine gerechte Verteilung der Risiken zu erreichen[509].

c) Ergebnis zur ökonomischen Analyse

Das zur Darstellung und Analyse der sich aus Informationsasymmetrien zwischen Wirtschaftssubjekten ergebenden Kooperations- und Abhängigkeitsprobleme entwickelte Prinzipal-Agenten-Modell ist auch auf das Investment-Dreieck anwendbar. Die Anteilsinhaber als Prinzipale stehen dabei der Investmentgesellschaft als Agent gegenüber und sind zur Wahrnehmung ihres Schutzes auf die Kontrolle der Depotbank gegenüber der KAG angewiesen.

5.) Bedeutung der Depotbank für den Anlegerschutz

Es lässt sich somit insgesamt feststellen, dass der Depotbank insbesondere durch ihre Verwahrungs- sowie Kontrollfunktion und der damit verbundenen Treuhandstellung eine große Bedeutung für den Anlegerschutz innerhalb des Investment-Dreiecks zukommt. Gerade für die Anteilsinhaber hat die Depotbank einen höheren Stellenwert als die KAG, da durch die Depotbank ein Ungleichverhältnis zwischen der KAG und den Anteilsinhabern ausgeglichen wer-

---

[508] *Martens*, S. 39.
[509] *Kiener*, S. 29.

den kann: Beim Vertragsabschluss mit der KAG stehen die Anteilsinhaber in einer ökonomisch schwächeren Position. Sie verfügen über weniger Informationen bezüglich die getätigten Vermögensanlagen als die Investmentgesellschaft. Zudem besitzt der typische Kleinanleger weniger Kenntnisse im Bereich des Kapitalmarktes als die Manager eines Investmentfonds, was letztlich auch ein Grund für die Anlage in Fonds und somit die professionelle Verwaltung ist. Die wesentliche Schwäche der Anteilsinhaber ist jedoch der fehlende Einfluss und, abgesehen von den Publizitätspflichten, die mangelnde weitere Kontrolle über die Fonds. So können die Anteilsinhaber nach der Entscheidung für ein bestimmtes Sondervermögen nicht mehr über dessen Zusammensetzung und Werdegang bestimmen, da sie keinen Einfluss auf die Geschäftsführung der KAG haben[510]. Den Anteilsinhabern steht gegenüber der KAG auch kein Weisungsrecht hinsichtlich der Verwaltung zu[511].

Es besteht somit ein Ungleichgewicht zwischen Anteilsinhabern und Investmentgesellschaft. Zum Ausgleich dieses Verhältnisses soll die Depotbank dienen. Sie verkörpert gerade durch ihre Kontrollfunktionen die Interessen der Anteilsinhaber. Die verschiedenen Pflichten der Depotbank zeigen daher, dass die Überwachung der KAG den eigentlichen Inhalt ihrer Tätigkeit darstellt[512]. Auch die ökonomische Analyse hat gezeigt, dass die Anteilsinhaber als Prinzipale im Rahmen des Prinzipal-Agenten-Modells auf die Kontrolle durch die Depotbank hoffen[513].

Bei einer Gesamtbetrachtung der unterschiedlich verteilten Funktionen ist daher ersichtlich, dass gerade die Depotbank dem Schutz und der Sicherung des Investmentsparens dient[514]. Sie nimmt eine für den Anlegerschutz starke Position ein[515] und gilt als eine der wichtigsten Einrichtungen, die das KAGG zur Sicherung des Sondervermögens geschaffen hat[516]. Die besondere Struktur innerhalb des Investment-Dreiecks, das sogenannte „Depotbankprinzip"[517], ist somit ein elementarer Bestandteil des Anlegerschutzsystems des KAGG[518].

---

[510] *Tübke*, S. 1; *Barocka*, S. 106; *v. Caemmerer*, JZ 1958, 40, 44; *Schäcker*, S. 101; *Wendt*, S. 62; *Ohl*, S. 46; *Baur*, Investmentgesetze, § 10 Rn. 29; *Grotherr*, DB 1988, S. 741.
[511] *Ebner v. Eschenbach*, S. 94 f.; *Baum*, S. 158 ff.
[512] *Ohl*, S. 69.
[513] Dazu siehe S. 106 ff.
[514] *Schödermeier / Baltzer* in: Brinkhaus / Scherer KAGG § 12 Rn. 1; *Reuter*, S. 152; *Hopt*, S. 506 f.; *Canaris*, Rn. 2335; *Lenenbach*, Rn. 11.6.
[515] *Stolzenburg*, ZfK 1978, 826, 827; *Lenenbach*, Rn. 11.30.
[516] *Steder*, WM 1969, Sonderbeilage Nr. 2, S. 11.
[517] *Laux / Päsler*, S. 47.
[518] *Fischer / Klanten*, Rn. 7.63; *Kohls* Rn. 395; *Baur* in: Assmann / Schütze, § 18 Rn. 126; *Köndgen* in: Schimansky / Bunte / Lwowski § 113 Rn. 33; *Schödermeier / Baltzer* in:

Die Einschaltung der Depotbank mit ihren verschiedenen Funktionen ist deshalb ein geeignetes Mittel, um das Sondervermögen vor Missbrauch und Fehlleitung zu bewahren[519]. Die ihr zugewiesenen Aufgaben und die sich aus §§ 12 b, c KAGG (§§ 27, 28 InvG) ergebende allgemeine Kontroll- und Interessenwahrungspflicht stellen somit ein aufeinander abgestimmtes Schutzsystem zur Sicherung des Sondervermögens und damit zur Wahrung der Interessen der Anteilsinhaber dar[520]. Das Gesetz etabliert damit zum Schutz der Anleger ein System der „checks and balances" zwischen Verwalter und Verwahrer.

6.) Ergebnis

Im vom Trennungsprinzip bestimmten Schutzsystem des KAGG obliegt der Depotbank eine wichtige Treuhandstellung gegenüber den Anteilsinhabern. Vor allem durch die Wahrnehmung der Verwahrungs- und Kontrollfunktionen kommt ihr eine gegenüber der KAG bedeutendere Schutzfunktion zugunsten der Anteilsinhaber zu. Sie soll damit ein zwischen den Anteilsinhabern und der KAG bestehendes Ungleichgewicht ausgleichen. Dadurch wird vom Gesetz zwischen KAG und Depotbank ein System der „checks and balances" etabliert.

Nach dem Ergebnis der ökonomischen Analyse ist danach zu fragen, ob der typische Anleger als Prinzipal auf die Kontrolle der Depotbank hoffen kann. Im Folgenden gilt es deshalb zum einen zu untersuchen, inwieweit die Depotbank im Rahmen der tatsächlichen und vom Gesetz zugelassenen Auswirkungen ihrer Schutzfunktion die an sie gestellten Anforderungen aus Anlegerschutzgesichtspunkten erfüllen kann. Im Anschluss daran soll dann die Frage beantwortet werden, ob die Depotbank in der Praxis einem effektiven Anlegerschutz gerecht wird.

II.) Gesetzliche Wirkung der Schutzfunktion der Depotbank

Zunächst ist demnach zu betrachten, welche genaue Auswirkung die Schutzfunktion der Depotbank hat. Es gilt dabei zu klären, welche Wirkung die der Depotbank gegenüber der KAG im Rahmen ihrer vom Gesetz vorgesehenen

---

Brinkhaus / Scherer KAGG § 12 Rn. 10; *Gläbe*, S. 153; *Geßler*, WM 1957, Sonderbeilage Nr. 4, S. 20.

[519] *Reuter*, S. 156.

[520] Vgl. *Müller, K.*, DB 1975, 485; *Canaris*, Rn. 2472-2474; *Ohl*, S. 62; *Hopt*, S. 506 f.

Kontrollfunktion zugunsten der Anteilsinhaber auszuübenden Kompetenzen haben. Die Kontrollfunktion ist schließlich nur dann effektiv und sinnvoll für das Schutzsystem des KAGG, wenn der Depotbank auch Befugnisse gegenüber der KAG zustehen, die es ihr erlauben, eine wirksame Kontrolle zugunsten der Anteilsinhaber durchsetzen.

1.) Begrenzung auf Kontrolle der Recht- und Pflichtmäßigkeit

Das KAGG hat in den für die Depotbank vorgesehenen Kontrollpflichten nicht den genauen Umfang der Kontrolle geregelt. Aus den gesetzlichen Regelungen ist zwar zu folgern, dass die Depotbank verpflichtet ist, die gesamte laufende Geschäftstätigkeit der Investmentgesellschaft in Bezug auf die Einhaltung der gesetzlichen und vertraglichen Vorschriften zu überwachen[521]. In besonderem Maße ist dabei zu kontrollieren, ob die in den Vertragsbedingungen bestimmten Anlagegrundsätze eingehalten worden sind[522]. Aus dem Gesetz lässt sich allerdings nicht unmittelbar entnehmen, ob sich diese Kontrolle auf die Recht- und Pflichtmäßigkeit der Geschäftshandlungen der KAG oder auf deren Zweckmäßigkeit bezieht. Im letzteren Fall hätte die Depotbank dann auch zu kontrollieren, ob die geschäftlichen Handlungen der KAG, insbesondere deren Anlagetätigkeiten, für das jeweilige Sondervermögen und deren Anteilsinhaber auch wirtschaftlich sinnvoll sind.

Einer älteren Auffassung zufolge hat die Depotbank festzustellen, ob die Vermögensanlage „wirtschaftlich angemessen" ist, jedoch soll sie eine Weisung nicht verweigern dürfen, wenn nach ihrer Ansicht die Anlage „wirtschaftlich nicht sinnvoll" ist[523]. Bei den übrigen Verfügungen über das Sondervermögen umfasst die Überwachungsfunktion der Depotbank nach dieser Ansicht die Einhaltung der gesetzlichen und vertraglichen Vorschriften[524].
Die Rechtsprechung und die überwiegende Meinung in der Literatur wollen die Überwachungsaufgaben der Depotbank auf eine Rechtmäßigkeitskontrolle beschränken und nicht auf die Zweckmäßigkeit des Handels der KAG erstrecken[525]. Die ältere Ansicht von Müller ist somit hinsichtlich der Überprüfung

---

[521] BGH WM 2001, 2053, 2054; OLG Frankfurt a.M. WM 1997, 364, 367; *Kümpel*, Rn. 12.157.
[522] *Baur*, Investmentgesetze, § 12 Rn. 33; *Müller, K.*, DB 1975, 485, 486; OLG Frankfurt WM 1997, 364, 367.
[523] *Müller, K.*, DB 1975, 485.
[524] *Müller, K.*, DB 1975, 485.
[525] BGH WM 2001, 2053, 2054; OLG Frankfurt a.M. WM 1997, 364, 367; *Kümpel*, Rn.

100

der Anlagetätigkeit weitergehender als die der Rechtsprechung und der weiteren Literatur. Der Depotbank würde hiernach eine umfangreichere Überwachungsfunktion zustehen, wenn sich diese auch auf die Zweckmäßigkeit des Handelns der KAG beziehen würde.

Müller begründet seine Ansicht nicht näher in seinen Ausführungen. Der Begriff der wirtschaftlichen Angemessenheit wird von ihm nicht näher erläutert. Der BGH interpretiert den von Müller verwendeten Begriff der wirtschaftlichen Angemessenheit im Rahmen der Überprüfung der Geschäftspolitik dahingehend, das diese sachgerecht und wirtschaftlich vertretbar sein soll[526]. Gegen die Ansicht von Müller wird geltend gemacht, dass die Kriterien „wirtschaftlich sinnvoll" und „wirtschaftlich angemessen" sich in der Praxis kaum überzeugend voneinander abgrenzen lassen[527].

Dies ist als alleinige Begründung für eine Ablehnung dieser Ansicht jedoch nicht ausreichend. Es ist sicherlich richtig, dass eine derartige Abgrenzung in der Praxis deshalb schwierig ist, weil es keine Kriterien für eine wirtschaftliche Angemessenheit gibt. Diese müssten definiert werden. Aber auch die Abgrenzung zwischen Recht- und Pflichtmäßigkeit auf der einen und der Zweckmäßigkeit auf der anderen Seite lässt sich nicht immer anhand einer klaren Trennlinie vollziehen. Auch hier kann es zu Überschneidungen kommen, wenn man beispielsweise untersuchen muss, ob eine Anlageentscheidung sich noch in den Grenzen des KAGG bewegt. Zudem ist in vielen Bereichen des Rechts eine Ermessenskontrolle vorgesehen.

Für die Ansicht der Rechtsprechung und der überwiegenden Literatur spricht allerdings, dass sich bei der Begrenzung bezüglich der Kontrolltätigkeit der Depotbank auf die Recht- und Pflichtmäßigkeit jeweils das Gesetz als Maßstab für eine Abgrenzung heranziehen lässt: Anhand des jeweiligen Aufgaben- und Pflichtenkataloges von KAG und Depotbank kann man zumindest die Recht- und Pflichtmäßigkeit der Handlungen bestimmen. Die von Müller gewählten Begriffe „wirtschaftlich sinnvoll" und „wirtschaftlich angemessen" lassen sich hingegen nicht anhand des Gesetzes konkretisieren und bedürfen einer weiteren Abgrenzung.

12.157; *Schödermeier / Baltzer* in: Brinkhaus / Scherer KAGG § 12 Rn. 15; *Mauser*, S. 223; *Baur* in Assmann / Schütze, § 18 Rn. 127; *Hartmann*, S. 115; *Lenenbach*, Rn 11.30; *Beckmann* in: Investment-Handbuch 425, § 12 a Rn 9; *Balzer*, EWiR 2002, 117; *Köndgen*, WuB I G 4 – 1.02, S. 321, 323.
[526] BGH WM 2001, 2053, 2054.
[527] OLG Frankfurt a.M. WM 1997, 364, 367; OLG Frankfurt a.M., Urteil v. 26.10.2000 – 16 U 90/99, S. 12 (unveröffentlicht).

Entscheidend ist jedoch, dass sich die Frage des Umfangs der Kontrolle durch die Depotbank auch anhand des KAGG lösen lässt. So kann man eine Antwort hierauf aus § 12 Abs. 2 S. 2 KAGG (§ 22 Abs. 1 S. 2 InvG) entnehmen. Dieser bestimmt, dass die Depotbank die Weisungen der KAG auszuführen hat, sofern diese nicht gegen gesetzliche Vorschriften oder die Vertragsbedingungen verstoßen. Bei Nichtvorliegen derartiger Verstöße ist die Depotbank demnach zur Ausführung der Weisungen verpflichtet. Jeder Eingriff in die Geschäfts- und Anlagetätigkeit der KAG würde eine Überschreitung ihrer Kontrollaufgaben darstellen. Die Depotbank hat demnach nur zu prüfen, ob die Geschäftshandlungen der KAG mit den gesetzlichen Vorschriften und den Vertragsbedingungen des Fonds in Einklang stehen, nicht aber, ob bestimmte Anlageentscheidungen wirtschaftlich sinnvoll sind[528]. Ihre Überwachungspflicht beschränkt sich also auf eine Rechtmäßigkeitskontrolle und erstreckt sich gerade nicht auf die Kontrolle der Zweckmäßigkeit des Handelns der KAG[529].

Diese Beschränkung der Kontrolle der Depotbank hinsichtlich des Handelns der KAG zeigt sich ebenso bei den bereits genannten, im Gesetz ausdrücklich geregelten Fälle der Überwachungspflicht: Zum einen gilt dies bei Verfügungen über stille Beteiligungen und Änderungen des Beteiligungsvertrags bei den Beteiligungs-Sondervermögen[530]. Hier ist zwar die Zustimmung der Depotbank gemäß § 25 g Abs. 2 S. 1 KAGG erforderlich. Nach § 25 g Abs. 2 S. 2 KAGG muss die Depotbank die Zustimmung jedoch erteilen, wenn die Verfügung oder Vertragsänderung mit den Vorschriften des Gesetzes oder den Vertragsbedingungen vereinbar ist. Die Depotbank prüft daher auch hier nur die Rechtmäßigkeit einer Verfügung oder Vertragsänderung, nicht aber ihre Zweckmäßigkeit[531]. Die Prüfung der Zweckmäßigkeit ist allein Aufgabe der mit der Verwaltung beauftragten KAG.
Gleiches gilt bei der in §§ 31 Abs. 2, 31 a Abs. 2 KAGG (§ 26 Abs. 1 Nr. 3-5 InvG) geregelten Zustimmung zu Verfügungen über zum Grundstücks-Sondervermögen gehörende Gegenstände sowie zu Änderungen des Gesellschaftsvertrags oder der Satzung der Grundstücks-Gesellschaften bei den Immobilienfonds[532]. Auch hier muss die Depotbank der jeweiligen Verfügung zustimmen, wenn diese mit den Vorschriften des KAGG und den Vertragsbedin-

---

[528] BGH WM 2001, 2053, 2054; OLG Frankfurt a.M. WM 1997, 364, 367; *Kümpel*, Rn. 12.157; *Baur*, Investmentgesetze, § 12 c Rn 7.

[529] BGH WM 2001, 2053, 2054; OLG Frankfurt a.M. WM 1997, 364, 367; *Kümpel*, Rn. 12.157; *Mauser*, S. 223; *Baur* in Assmann / Schütze, § 18 Rn. 127; *Hartmann*, S. 115; *Lenenbach*, Rn 11.30; *Beckmann* in: Investment-Handbuch 425, § 12 a Rn 9; Köndgen, WuB I G 4 – 1.02, S. 321, 323.

[530] Siehe S. 62.

[531] *Baur*, Investmentgesetze, § 25 g Rn. 9.

[532] Siehe S. 62 f.

gungen vereinbar ist[533]. Diese Überprüfung beschränkt sich daher ebenfalls auf die Rechtmäßigkeit[534].

Bei den anderen Sondervermögensarten, die derartige Regelungen nicht enthalten, ist auf die Vorschrift des § 12 Abs. 2 S. 2 KAGG (§ 22 Abs. 1 S. 2 InvG) zurückzugreifen, da jeweils auf die Vorschriften der Wertpapier-Sondervermögen verwiesen wird. Sogar in den §§ 25 g und 31 ist geregelt, dass die Vorschriften der §§ 12 bis 12 c unberührt bleiben[535].

Für die Untersuchung des Umfangs der Kontrollfunktion der Depotbank lässt sich somit feststellen, dass diese nicht die Zweckmäßigkeit des Handels der KAG umfasst. Die Kontrolltätigkeit beschränkt sich vielmehr auf die Recht- und Pflichtmäßigkeit.

2.) Weisungsrecht und Verweigerungsrecht der Depotbank

Daneben ist zu untersuchen, welche Rechte der Depotbank gegenüber der KAG bezogen auf die Überwachungsaufgaben zustehen. So ist zu klären, ob die Depotbank gegebenenfalls Weisungs- oder zumindest Verweigerungsrechte ausüben darf. Dies ist relevant für das Kräfteverhältnis innerhalb des Investment-Dreiecks. Die Depotbank kann nur dann wirksam die Interessen der Anteilsinhaber wahrnehmen, wenn sie gegenüber der KAG die dazu erforderlichen Kompetenzen hat. Das Schutzsystem der „checks and balances" kann nur dann funktionieren, wenn die Depotbank auch wirklich ein starkes Gegengewicht zur KAG bildet. Eine Depotbank ohne Befugnisse würde nicht dieses starke Gegengewicht bilden und kann so nicht für die Herstellung bzw. Aufrechterhaltung eines Gleichgewichts innerhalb des Investment-Dreiecks sorgen.

a) Weisungsrecht der KAG gegenüber der Depotbank

Eine erste Antwort gibt das Gesetz in § 12 a Abs. 2 S. 2 KAGG (§ 25 S. 2 InvG), wo allerdings lediglich ein Weisungsrecht der KAG gegenüber der Depotbank geregelt wird. § 12 a Abs. 2 S. 2 KAGG (§ 25 S. 2 InvG) stellt klar, dass trotz der wirtschaftlichen Abwicklung der von der KAG für Rechnung des Sondervermögens getätigten Geschäfte durch die Depotbank diese nur ausführendes Organ ist und der Weisungsbefugnis der KAG untersteht. Von dieser

---

[533] §§ 31 Abs. 3 S. 1, 31 a Abs. 2 S. 3 KAGG (§ 26 Abs. 1 Nr. 3 und 5 InvG).
[534] Investment-Handbuch 425, § 31 Rn. 8.
[535] § 25 g Abs. 4, § 31 Abs. 9 KAGG.

Weisungsbefugnis sind die Bezahlung des Kaufpreises beim Erwerb von Wertpapieren oder sonstigen Vermögensgegenständen, die Leistung von Einschüssen beim Abschluss von Finanzterminkontrakten, die Lieferung beim Verkauf von Wertpapieren und sonstigen Vermögensgegenständen, die Zahlung des Rücknahmepreises bei der Rücknahme von Anteilen sowie die Ausschüttung der Gewinnanteile an die Anteilsinhaber umfasst[536]. Die Depotbank hat danach die Weisungen der KAG auszuführen, sofern diese nicht gegen gesetzliche Vorschriften oder die Vertragsbedingungen verstoßen.

In den genannten Fällen ist jeweils eine Weisung der KAG erforderlich, da sie selbst diese Aufgaben nicht ausführen kann. Durch die Trennung von Verwaltung und Verwahrung werden die Sondervermögen getrennt von der KAG in den Sperrkonten und Sperrdepots von der Depotbank verwahrt. Auf diese Konten und Depots hat die KAG keine unmittelbare Zugriffsmöglichkeit. Die KAG wird aber aufgrund ihrer Weisungsbefugnis in der Literatur als die zentrale Institution des Investmentsparens angesehen[537]. Die Depotbank wird diesbezüglich, abgesehen von den ihr gesetzlich zugewiesenen Aufgaben, überwiegend nur als Erfüllungsgehilfin[538] bzw. Unterbeauftragte der KAG[539] betrachtet.

b) Verweigerungsrecht der Depotbank

Zu klären ist dann, ob der Depotbank zumindest ein Verweigerungsrecht gegenüber den Weisungen der KAG oder sogar ein eigenes Weisungsrecht zusteht. Ein Verweigerungsrecht ist in den Fällen bedeutend, in denen die Rechtund Pflichtmäßigkeitskontrolle, die die Depotbank im Rahmen ihrer oben dargestellten Kontrollfunktion[540] wahrzunehmen hat, ergibt, dass die KAG mit ihren Geschäftsanordnungen gegen den Vertrag oder das Gesetz verstößt. Beispiele hierfür können die Nichtbeachtung der Anlagegrundsätze oder der Mindestliquidität sein. Es könnte problematisch sein, wenn die Depotbank auch dann noch die ihr angewiesenen Aufgaben durchführen muss, da sie nach § 12 Abs. 2 S. 1 KAGG (§ 22 Abs. 1 S. 1 InvG) ausschließlich im Interesse der Anteilsinhaber zu handeln und nach § 12 c Abs. 2 S. 1 Nr. 1 KAGG § 28 Abs. 1 S. 1 Nr. 1 InvG) auch Ansprüche der Anteilsinhaber gegen die KAG geltend zu machen hat. Zur wirksamen Wahrnehmung ihrer Aufgaben muss man der De-

---

[536] Dies sieht § 12 a Abs. 2 KAGG (§ 25 S.2 Nr. 1-3 InvG) vor.

[537] *Baur*, Investmentgesetze, § 12 a Rn. 16; a.A. *Ohl*, S. 67, der die Kapitalanlagegesellschaft und die Depotbank als gleichgewichtige Leistungsträger betrachtet.

[538] *Liebig / Mathews*, S. 568 Rn. 865; *Schönle*, § 24 III 1; a.A. *Ohl*, S. 66 f.

[539] *Müller, G.*, S. 180 ff., 185.

[540] Siehe S. 86 ff.

potbank daher ein Recht zur Verweigerung pflichtwidriger Geschäfte zugestehen und ihr eine entsprechende Pflicht auferlegen[541]. Die Depotbank hat somit bei Abweichen der KAG von den Anlagegrundsätzen ein beschränktes Widerspruchsrecht[542]. Es wäre widersinnig, wenn die Depotbank sehenden Auges ein pflichtwidriges Geschäft ausführen müsste und dann darauf angewiesen wäre, nachträglich Schadensersatzansprüche der Anteilsinhaber gemäß § 12 c Abs. 2 S. 1 Nr. 1 KAGG (§ 28 Abs. 1 S. 1 Nr. 1 InvG) geltend zu machen[543]. Im übrigen hat sie aber nach der ausdrücklichen Feststellung in § 12 Abs. 2 S. 2 KAGG (§ 22 Abs. 1 S. 2 InvG) die Weisungen der KAG auszuführen. Sofern sie entgegen zulässigen Weisungen der KAG handelt oder diese nicht ausführt, haftet sie nach den allgemeinen Regeln des Auftragsrechts sowohl der KAG als auch dem Sondervermögen[544].

c) Weisungsrecht der Depotbank gegenüber der KAG

Ein eigenes Weisungsrecht der Depotbank gegenüber der KAG hingegen ist im Gesetz nicht vorgesehen. In Teilen der Literatur wird es als naheliegend angesehen, auch der Depotbank ein solches zuzugestehen[545]. Das Recht dazu wird aus § 12 c Abs. 2 S. 1 Nr. 1 KAGG (§ 28 Abs. 1 S. 1 Nr. 1 InvG) abgeleitet, der die Depotbank berechtigt und verpflichtet, etwaige Ansprüche der Anteilsinhaber gegen die KAG geltend zu machen. Angesichts solcher Befugnisse sollte es ihr daher erst recht gestattet sein, das Entstehen der Ersatzansprüche von vornherein zu verhindern[546]. Das Weisungsrecht sollte der Depotbank der Literaturmeinung zufolge die Möglichkeit einräumen, in die laufende Geschäftsführung der KAG durch die Erteilung von Weisungen einzugreifen bzw. Widerspruch gegen bestimmte Handlungen zu erheben[547]. Vorgesehen ist die Weisungsbefugnis insbesondere bei der Überwachung der An- und Verkaufsgeschäfte der

---

[541] OLG Frankfurt a.M. WM 1997, 364, 367; *Baur* in Assmann / Schütze, § 18 Rn. 127; *Baur*, Investmentgesetze, § 12 Rn. 33, § 12 a Rn. 16; *Canaris*, Rn 2475; *Lenenbach*, Rn 11.30; *Beckmann* in: Investment-Handbuch 425, § 12 a Rn. 9; *Müller, K.*, DB 1975, 485, 488; *Geßler*, WM 1957, Sonderbeilage Nr. 4, S.21.

[542] *Müller, K.*, DB 1975, 485, 488; *Baur*, Investmentgesetze, § 12 Rn. 33; *Schödermeier / Baltzer* in: Brinkhaus / Scherer KAGG § 12 a Rn. 20.

[543] OLG Frankfurt a.M. WM 1997, 364, 367; *Canaris*, Rn. 2475; *Kümpel*, Rn. 12.158; *Lenenbach*, Rn 11.30; *Beckmann* in: Investment-Handbuch 425, § 12 a Rn. 9; *Müller, K.*, DB 1975, 485, 488.

[544] *Baur*, Investmentgesetze, § 12 Rn. 33.

[545] *König*, S. 122; *Schäcker*, S. 125; *Müller, G.*, S. 142; *Gläbe*, S. 158.

[546] *Schäcker*, S. 125 zu § 11 Abs. 8 Nr. 1 a.F.

[547] *König*, S. 122; *Schäcker*, S. 125; *Müller, G.*, S. 142; *Gläbe*, S. 158.

Investmentgesellschaft. Damit könnten Ansprüche aus Handlungen der Investmentgesellschaft, die von der Depotbank als fehlerhaft eingeschätzt werden, schon im Vorfeld vermieden werden[548].

aa) Kritik am fehlenden Weisungsrecht

Aufgrund des im Gesetz fehlenden Weisungsrechts der Depotbank wird in der Literatur bemängelt, dass es sich bei der Kontrollbefugnis der Depotbank lediglich um eine rein formale Kontrolle handelt[549]. Soweit die Depotbank Schädigungen des Sondervermögens erkennt, hat sie keinerlei Möglichkeit, ihren Eintritt zu verhindern, da für diesen Fall das Verweigerungsrecht wirkungslos und sie zur Anwendung von Weisungen nicht berechtigt sei. Es bestehe daher die Gefahr, dass Schädigungen der Fonds nicht verhindert werden und infolge der nur geringen Haftungsgrundlage sanktionslos bleiben[550]. Naheliegend sei daher die Überlegung, dass der Depotbank gleichzeitig mit dem Recht auf die Geltendmachung von Ersatzansprüchen deren Verhinderung durch Eingriff in Geschäftsführungsmaßnahmen möglich sein müsste[551]. Das Gesetz bestimme die Depotbank insoweit nur zum Garanten der Sperrung, der die wirtschaftlichen Auswirkungen rechtswidriger Maßnahmen auf das Sondervermögen verhindern kann. Eine Einschränkung der ausschließlich der KAG übertragenen Geschäftsführungsbefugnis ist hingegen nicht ersichtlich[552]. Die Aufgabenzuteilung setzt zwar ein Kontrollrecht, aber nicht ein vorheriges Eingriffsrecht voraus.

bb) Stellungnahme

Eine derartige Weisungsbefugnis würde die Depotbank in ihrer Stellung als Kontrollorgan stärken und die Kontrollfunktion schon sehr früh, nämlich bereits im Prozess der Geschäftsführung ansetzen lassen. Gegen diese Weisungsbefugnis spricht jedoch die Konzeption des Gesetzes: Nach dem KAGG ist allein die KAG für die Geschäftsführung zuständig[553]. Die für die Geschäftsführung erforderlichen Willensakte sollen daher nur durch die KAG selbst gesetzt werden. Eine Beteiligung der Depotbank an dieser Willensbildung ist im Gesetz nicht

---

[548] *Müller, G.*, S. 142.
[549] *Vom Berge und Herrendorff*, S.83; *Müller, G.* S. 141; *Müller, K.*, DB 1975, 485, 488; *Thiel*, S. 158; *Jakob*, S. 224.
[550] *Ebner v. Eschenbach*, S. 96; *Müller, K.*, DB 1975, 485, 488; *Thiel*, S. 169.
[551] Vgl. *Schäcker*, S. 125.
[552] *Müller, G.*, S. 141; *Müller, K.*, DB 1975, 485, 488.
[553] § 10 KAGG (§ 9 Abs. 1 InvG).

vorgesehen. Eigene geschäftspolitische Entscheidungen darf die Depotbank nicht treffen, auch wenn sie die Anlagepolitik der KAG nicht billigt[554]. Der Gesetzgeber hat sich gegen ein Weisungsrecht der Depotbank gegenüber der KAG entschieden und ihr lediglich das bereits erläuterte beschränkte Widerspruchsrecht eingeräumt.

Hierfür spricht auch, dass der KAG bei weitergehenden Weisungsrechten der Depotbank die für die Anlageentscheidungen notwendige Flexibilität genommen wird[555]. Die Geschäftsführung würde in ihrer Art stark beeinträchtigt werden, wenn mit der Depotbank ein zweites Institut über die Anlageentscheidungen zu befinden hätte. Ein Mitsprache- oder Widerspruchsrecht bei jeder Entscheidung zur Geschäftsführung würde das Anlagemanagement nahezu handlungsunfähig machen[556]. Um dies zu verhindern, bleibt das Anlagemanagement nach die Konzeption des KAGG allein der Investmentgesellschaft vorbehalten.

Weisungsrechte sieht das Gesetz in den §§ 12 Abs. 2 S. 2, 12 a Abs. KAGG (§§ 22 Abs. 1 S. 2, 25 S. 2 InvG) somit nur für die KAG vor. Die Depotbank kann Geschäftsführungsakte der KAG nicht durch Weisungen veranlassen, selbst, wenn sie zu der Feststellung gelangt, dass die Unterlassung einer bestimmten Geschäftsführungsmaßnahme den Tatbestand einer Verletzung des Investmentvertrags erfüllt[557]. Sie kann der Investmentgesellschaft beispielsweise nicht die Weisung erteilen, bestimmte Wertpapiere zu veräußern, weil ein unterlassener Verkauf eindeutig eine Pflichtverletzung darstellen würde. Hier hat die Depotbank nur die Möglichkeit, die KAG darauf hinzuweisen, dass die Unterlassung der betreffenden Geschäftsführungsmaßnahme eine Pflichtverletzung darstellt und Haftungsansprüche auslösen kann[558]. Entsprechend ihrer Zweckbestimmung hat die Depotbank daher lediglich eine formelle Überwachungsfunktion, jedoch kein sachliches Mitspracherecht bei der Führung der Geschäfte durch die KAG[559].

---

[554] *Baur*, Investmentgesetze, § 12 Rn. 33; *Consbruch*, BB 1957, 337, 339.

[555] *König*, S. 122; *Schäcker*, S. 125.

[556] *König*, S. 122.

[557] *Baur*, Investmentgesetze, § 12 Rn. 34.

[558] *Kümpel*, Rn. 12.158; *Baur*, Investmentgesetze, § 12 Rn. 34; *Müller, K.*, DB 1975, 485, 488; jeweils noch zur pVV; *Schödermeier / Baltzer* in: Brinkhaus / Scherer KAGG § 12 Rn. 15.

[559] *Neuburger*, Die AG 1957, 97, 98; *Schwennicke*, WiB 1997, 608, 610; *Schödermeier / Baltzer* in: Brinkhaus / Scherer KAGG § 12 Rn. 11.

d) *Zusammenfassung zum Weisungs- und Verweigerungsrecht*

Zusammenfassend lässt sich damit feststellen, dass der Depotbank im Gegensatz zur KAG kein eigenes Weisungsrecht zusteht. Nur bei Verstößen der KAG gegen das Gesetz oder die Vertragsbedingungen muss die Depotbank trotz des Weisungsrechts der KAG[560] die Entscheidungen nicht ausführen, sondern kann ein beschränktes Verweigerungsrecht ausüben.

3.) Inkompatibilität

Im Rahmen der Frage nach der gesetzlichen Wirkung der Schutzfunktion der Depotbank ist noch auf eine weitere wichtige gesetzliche Regelung hinzuweisen. Zur Vermeidung einer unzulässigen Beeinflussung der Depotbank durch die KAG oder umgekehrt, sind für die Geschäftsleiter, Prokuristen und zum gesamten Geschäftsbetrieb ermächtigte Handlungsbevollmächtigte der Depotbank Inkompatibilitätsvorschriften aufgestellt. Die genannten Personen dürfen gemäß § 12 Abs. 1 S. 5 KAGG (§ 22 Abs. 2 InvG) nicht gleichzeitig Angestellte der KAG sein. Diese Inkompatibilität ist Ausdruck einer notwendigen Unabhängigkeit bei der Wahrnehmung der Aufgabe als Depotbank[561]. Die Umsetzung der Inkompatibilität in der Praxis ist auch entscheidend für das vom Gesetz geschaffene Schutzsystem der „checks and balances". Nur bei der Wahrung einer gewissen Distanz zwischen KAG und Depotbank kann die für einen wirksamen Anlegerschutz erforderliche Kräfteverteilung innerhalb des Investment-Dreiecks funktionieren.

4.) Zwischenergebnis

Die Wirkung der von der Depotbank gegenüber der KAG im Rahmen ihrer vom Gesetz vorgesehenen Kontrollfunktion zugunsten der Anteilsinhaber auszuübenden Kompetenzen ist aufgrund der Begrenzung der Kontrolle auf die Recht- und Pflichtmäßigkeit des Handelns der KAG und aufgrund des Fehlens eines eigenen Weisungsrechts der Depotbank gegenüber der KAG eingeschränkt. Auch das auf Gesetzes- oder Vertragsverstöße beschränkte Verweigerungsrecht der Depotbank verringert die Auswirkungen der gesetzlich vorgesehenen Schutzfunktion.

---

[560] §§ 12 Abs. 2 S. 2, 12 a Abs. 2 S. 2 KAGG (§§ 22 Abs. 1 S. 2; 25 S. 2 InvG).
[561] *Baur*, Investmentgesetze, § 12 Rn. 25.

Die Depotbank kann die im Rahmen der Kontrollfunktion an sie gestellten Anforderungen aus Anlegerschutzgesichtspunkten daher nur bedingt erfüllen, da sie bereits in ihren vom Gesetz vorgesehenen Schutzfunktionen eingeschränkt wird. Allerdings haben die vorherigen Ausführungen auch gezeigt, dass sich die Einschränkungen zum Teil nicht vermeiden lassen, um die Geschäftstätigkeit der KAG nicht zu beeinträchtigen. Das vom Gesetz zwischen KAG und Depotbank aufgebaute System der „checks and balances" wird durch die eingeschränkte Kontrollfunktion nicht beseitigt, da der Depotbank trotzdem die für die Anteilsinhaber so wichtige Schutzfunktion zukommt. Die Berücksichtigung des Anlegerschutzes zeigt sich dabei auch in der in § 12 Abs. 1 S. 5 KAGG (§ 22 Abs. 2 InvG) beinhalteten Inkompatibilitätsregelung.

Allerdings bleibt die Frage zu beantworten, inwieweit die Depotbank in der Praxis einem effektiven Anlegerschutz gerecht wird. Hierbei ist zu untersuchen, ob es Ansatzpunkte dafür gibt, die gegen eine effektive Umsetzung der zwar eingeschränkten, aber notwendig vorzunehmenden Kontrollfunktionen gegenüber der KAG sprechen.

III.) Effektivität der Schutzfunktion der Depotbank in der Praxis

Im Rahmen dieses Abschnitts soll eine kritische Betrachtung der Effektivität der Schutzfunktion der Depotbank bezogen auf die Umsetzung in der Praxis erfolgen. Ansatzpunkte hierfür werden im folgenden gesellschaftsrechtliche Verflechtungen zwischen Depotbank und KAG sowie die aufgrund von Interessenkollisionen bestehenden Gefahren sein. Ein wirksamer und effektiver Schutz der Anteilsinhaber kann in dem Moment in Frage gestellt werden, in dem die im vorherigen Abschnitt angesprochene Distanz zwischen Depotbanken und Investmentgesellschaften in der Praxis nicht gewahrt werden sollte. Bei einer zu großen Annäherung zwischen Investmentgesellschaften und Depotbanken können sich für die Anleger Gefahren ergeben.

1.) Gesellschaftsrechtliche Verflechtungen

Die KAG und die Depotbank sind zwar zwei voneinander zu trennende, selbständige Rechtssubjekte. Dies setzt die im KAGG vorgesehene Trennung von Verwalter und Verwahrer auch voraus. Es darf aber insofern nicht übersehen werden, dass Depotbank und KAG in der Praxis häufig gesellschaftsrechtlich miteinander verflochten sind und daher nicht auszuschließen ist, dass zugunsten der gemeinsamen Interessen die Rechte der Anteilsinhaber vernachlässigt werden[562].

So ist die Depotbank häufig Muttergesellschaft der KAG oder gehört zu deren Gesellschafterkreis[563]. Die gesellschaftsrechtliche Verflechtung zwischen der Depotbank und der KAG ist in Deutschland eher die Regel als die Ausnahme[564]. Hierzu lässt sich das vom BVI herausgegebene Jahrbuch Investment 2000 heranziehen, aus dem unter anderem die Mitgliedsgesellschaften des BVI sowie die Vorstände und Geschäftsführungen der einzelnen Investmentgesellschaften ersichtlich sind. Aus dem Verzeichnis der Mitglieder des BVI lässt sich auch die jeweilige von den Investmentgesellschaften benannte Depotbank entnehmen[565]. So ist Depotbank der Commerzbank-Tocher ADIG mbH die Commerzbank AG[566]. Die Bankgesellschaft Berlin Investment GmbH hat die Bankgesellschaft Berlin AG zur Depotbank benannt[567]. Bei der BfG Investment-Fonds Gesellschaft mbH ist Depotbank die BfG Bank AG[568], bei der Credit Suisse Assit Management KAG mbH ist es die Credit Suisse First Bosten AG[569].

Diese Verflechtung ist auch bei weiteren durchaus großen Investmentgesellschaften in Deutschland gegeben: Bei der Deka mbH ist die DGZ DekaBank[570], bei der Dresdner Bank-Tochter DIT Gesellschaft für Wertpapieranlagen mbH die Dresdner Bank AG[571] und bei der Deutsche Bank-Tocher DWS Investment GmbH die Deutsche Bank AG[572] die jeweils zugehörige Depotbank. Als weitere Beispiele sind die Oppenheim KAG mbH sowie die M.M. Warburg Invest KAG mbH zu nennen. Hier sind die jeweils aufgeführten Depotbanken die Sal. Oppenheim jr. & Cie. KGaA[573] bzw. die M.M. Warburg & Co KGaA[574].

---

[562] *Canaris*, Rn. 2331, 2461; *König*, S. 126; *Köster*, S. 108; *Engenhardt*, S. 57 f. mit Verweis auf Bundesministerium der Finanzen (Studienkommission 1979), S. 69; *Reuter*, S. 156; *Adams*, ZIP 1996, 1590, 1599; *Einmahl*, ZIP 2002, 381, 383; *Roth*, S. 156 spricht sogar von einer „Bankenhörigkeit".

[563] *Mauser*, S. 182; *Engenhardt*, S. 58; *Schwark*, S. 322; *Hartmann*, S. 117; *Jakob*, S. 222; *Baur* in: BuB, Rn. 9/151 und 9/319; *Baur*, Investmentgesetze § 12 Rn. 13; *Müller, G.*, S. 182.

[564] *Förster / Hertrampf*, Rn. 282; *Gläbe* S. 153; *Köster*, S. 108.

[565] In den Jahrbüchern Investment 2001, 2002 und 2003 ist eine derartige Aufstellung nicht enthalten.

[566] Investment 2000, S. 137.

[567] Investment 2000, S. 141.

[568] Investment 2000, S. 141.

[569] Investment 2000, S. 144.

[570] Investment 2000, S. 145.

[571] Investment 2000, S. 148.

[572] Investment 2000, S. 150.

[573] Investment 2000, S. 161.

[574] Investment 2000, S. 171.

In einer anderen Arbeit wurde festgestellt, dass mehr als 96 % des gesamten Publikums-Fondsvolumens von Depotbanken verwaltet werden, die mittelbar oder unmittelbar an der jeweiligen Investmentgesellschaft beteiligt sind[575]. Diese in Deutschland übliche Verflechtung von Investmentgesellschaften und Universalbanken(-gruppen) gilt als ein Nährboden von Interessenkonflikten[576].

2.) Gefahren durch Interessenkollisionen

Durch Kollisionen der eigenen, wirtschaftlichen Interessen von Investmentgesellschaften und Depotbanken mit den Interessen, die sie zugunsten der Anteilsinhaber wahrzunehmen haben, können Gefahren für den Schutz der Anteilsinhaber entstehen. Im Unterschied zu den Ausführungen unter B[577], wo die Risiken der Anlage in Investmentfonds und die diese begrenzenden Pflichten von KAG und Depotbank dargestellt worden sind, geht es hier um Gefahren, die vom gesetzlichen Schutzsystem gerade nicht mehr umfasst sind. Bei den oben untersuchten Risiken haben Depotbank und KAG jeweils im Interesse der Anteilsinhaber einzeln oder gemeinsam ihre gesetzlichen Pflichten wahrgenommen. Im folgenden sollen die Gefahren dargestellt werden, die entstehen, wenn die Interessen der KAG bzw. der Depotbank nicht mit denen der Anteilsinhaber übereinstimmen und somit kollidieren. Es entsteht dann ein Interessenkonflikt zwischen den Beteiligten des Investment-Dreiecks.
Die Investmentgesellschaften sind gemäß § 1 Abs. 1 KAGG zur Anlage der Investmentfonds nach dem Grundsatz der Risikomischung und gemäß § 10 Abs. 1 S. 1 KAGG (§ 9 Abs. 1 S. 1 InvG) zur sorgfältigen Verwahrung der Sondervermögen verpflichtet. Zudem nehmen sie die Interessen der Anteilsinhaber gegenüber der Depotbank wahr[578]. Die Depotbanken wiederum dienen dem Schutzinteresse der Anteilsinhaber und haben gemäß § 12 c Abs. 2 S. 1 Nr. 1 KAGG (§ 28 Abs. 1 Nr. 1 InvG) die Rechtsverfolgung von Ansprüchen der Anteilsinhaber gegenüber der KAG wahrzunehmen. KAG und Depotbank haben also jeweils Interessen zum Schutz der Anteilsinhaber wahrzunehmen.
Mit der Auflage von Investmentfonds verfolgen Banken und Investmentgesellschaften aber auch eigene wirtschaftliche Interessen. Diese Interesse können nun mit den nach dem KAGG zugunsten der Anteilsinhaber wahrzunehmenden

---

[575] *König*, S. 127 und Anhang Tabelle 19.

[576] *Köndgen* in: Schimansky / Bunte / Lwowski § 113 Rn. 129; *Jakob*, S. 222; *Roth*, S. 156; *Baums*, S. 124, 133 ff.; *Gläbe*, S. 153; *König*, S. 126; *Engenhardt*, S. 57 f. mit Verweis auf Bundesministerium der Finanzen (Studienkommission 1979), S. 69.

[577] S. 51 ff.

[578] § 12 c Abs. 3 KAGG (§ 28 Abs. 2 InvG).

Interessen kollidieren. Durch personelle Verflechtungen oder bei faktischer Abhängigkeit der Institute untereinander können sich in diesen Fällen Interessenkollisionen bei der Ausgestaltung des Portefeuille der Investmentfonds ergeben[579]. Der Anlegerschutz wäre dann gefährdet.

An dieser Stelle ist zunächst danach zu fragen, welche Personengruppen insbesondere für die Gefährdung des Anlegerschutzes in Betracht kommen, bevor dann auf mögliche Gefahren eingegangen wird. Gefahren können von den Personen innerhalb des Investmentgeschäfts ausgehen, bei denen grundsätzlich die Möglichkeit besteht, dass sie ihre Eigeninteressen dem Interesse der Kapitalanleger vorziehen: Dies können die leitenden Angestellten und Aufsichtsratsmitglieder innerhalb eines Investmentkomplexes, die KAG selbst und die Gesellschafter der KAG sein[580].

a) Gefahr durch leitende Angestellte und Aufsichtsratsmitglieder

Die bei der ersten Personengruppe, den leitenden Angestellten und Aufsichtsratsmitgliedern, auftretenden Interessenkonflikte werden teilweise durch gesetzliche Vorschriften unter Kontrolle gehalten. So verbietet § 5 KAGG den Mitgliedern des Vorstandes und des Aufsichtsrats Geschäfte für eigene Rechnung zu Lasten des Fondsvermögens. Des Weiteren soll das bereits dargestellte Verbot der personellen Überkreuzverflechtung leitender Angestellter der KAG und der Depotbank in § 12 Abs. 1 S. 5 KAGG (§ 22 Abs. 2 InvG)[581] mögliche Gefahren aus der Gruppe der leitenden Angestellten und Aufsichtsratsmitglieder eines Investmentkomplexes verhindern. Eine Gefährdung durch diese Personengruppe ist somit vom Gesetzgeber erkannt und geregelt worden und daher von nur geringer Bedeutung.

b) Gefahr durch die KAG

Bei der KAG selbst wird durch die Beschränkung ihres zulässigen Tätigkeitsbereichs auf das Investmentgeschäft und dessen notwendigen Hilfsgeschäfte[582] das Entstehen von Interessenkollisionen verhindert, die entstehen würden, wenn der KAG außer dem Investmentgeschäft noch die Wahrnehmung weiterer Geschäftsarten gestattet wäre.

---

[579] *Schwark*, S. 322 f.; *Köster*, S. 108.
[580] *Köster*, S. 104.
[581] Siehe dazu S. 107.
[582] Siehe § 1 Abs. 1, 6 KAGG (§§ 6 Abs. 1 S. 1; 7 Abs. 2 InvG).

c) Gefahr durch die Gesellschafter der KAG

Von erheblicher Bedeutung sind die Interessenkonflikte, die dadurch entstehen, dass die Gesellschafter einer KAG Einfluss auf deren Geschäftspolitik zu eigennützigen Zwecken nehmen können. Die hier auftretenden Interessenkonflikte sind praktisch nicht geregelt[583]. Gesellschafter der Investmentgesellschaften sind wie bereits bei den gesellschaftsrechtlichen Verflechtungen dargestellt überwiegend die Depotbanken selbst[584].

Gefahren für die Anteilsinhaber drohen dann, wenn die KAG und die Depotbank finanziell oder personell miteinander verflochten sind und dadurch deren gegenseitige Kontrolle ausgeschaltet oder zumindest beeinträchtigt werden kann[585]. Aufgrund der wirtschaftlichen Verflechtung besteht die Möglichkeit der Einflussnahme auf die Zusammensetzung des Managements und die Geschäftspolitik der Investmentgesellschaft.
Insbesondere für Anteilsinhaber von Fonds, die in ihrem Portfolio zum großen Teil Wertpapiere beinhalten, können sich spezifische Gefahren dadurch ergeben, dass durch Auskaufen oder Abladen von Wertpapieren die Performance der betroffenen Fonds geschmälert wird[586] oder dass Kurspflegeaufgaben auf konzernangehörige Investmentgesellschaften übertragen werden.

aa) Abladen von Wertpapieren

So besteht die Gefahr, dass die Kreditinstitute weniger gute Wertpapiere, die sie nicht länger in ihrem eigenen Aktienbestand halten wollen oder an deren Absatz sie aufgrund einer Kreditbeziehung besonderes Interesse habe, an die von ihnen beherrschte Investmentgesellschaft verkaufen bzw. diese anweisen, Aktien einer bestimmten Gesellschaft zu erwerben[587].
Des Weiteren wird bei Emissionen die Gefahr der Unterbringung ansonsten nicht platzierbarer Aktien gesehen: Bei Emissionen mit unzureichendem Zeichnungsvolumen könnten konzernangehörige Investmentgesellschaften dazu veranlasst werden, nicht platzierte Aktien in das Vermögen verwalteter Fonds zu übernehmen[588]. Ist ein Kreditinstitut bei einer Wertpapieremission als Konsorti-

[583] *Köster*, S. 105.
[584] Siehe S. 108 ff.
[585] *Mauser*, S. 33; *Jakob*, S. 224.
[586] *Mauser* S. 33; *Köster*, S. 109.
[587] *Engenhardt*, S. 58 f.; *König*, S. 57; *Werner / Machunsky*, S. 58.
[588] *Köster*, S. 109, 112; *Baums / Theissen*, S. 1; *Baums / König* in: Festschrift für Kropff, S. 19; *Adams*, ZIP 1996, 1590, 1599; *Jakob*, S. 223, der diese Gefahren besonders für das Universalbanksystem skizziert.

113

alführer tätig, hat es ein besonderes Interesse an einer vollständigen Platzierung. Sollte dieses Ziel gefährdet sein, so bietet es sich an, die Restbestände auf die abhängigen Investmentgesellschaften zu verteilen. Adams spricht diesbezüglich von einer „Emissionsmüllentsorgungsmaßnahme"[589], Baums / König von „Dumping the trash"[590]. Das an sich von der Anteilseignerbank zu tragende Risiko aus ihrem Emissionsgeschäft wird dann auf die Anleger verschoben. Diese Gefahr des Abladens von Wertpapieren kann daneben bei der Durchführung einer Kapitalerhöhung bestehen. Auch bei einer Kapitalerhöhung könnten nicht platzierte Restbestände in den Fonds „geparkt" werden[591].

Die Wohlverhaltenspflichten der §§ 31, 32 WpHG werden in diesen Fällen zumindest im Rahmen des Vertriebs von Investmentanteilen in der Regel nicht berührt. Der Vertrieb von Investmentanteilen, die nach § 2 Abs. 1 S. 2 WpHG zwar als Wertpapiere gelten, stellt lediglich dann eine in den §§ 31, 32 WpHG vorausgesetzte Wertpapierdienstleistung dar, wenn er im Wege einer der in § 2 Abs. 3 Nr. 1-6 WpHG erfassten Transaktionsformen erfolgt. Die der Ausführung eines Investmentprogramms und nicht der kommissionsweisen Erfüllung von Kundenaufträgen dienenden Anlagegeschäfte der Investmentgesellschaften und ihrer Verwahr- oder Verwaltungsgesellschaften sind dagegen keine Wertpapierdienstleistung i.d.S., auch wenn diese im eigenen Namen für gemeinschaftliche Rechnung der Anteilsinhaber[592] vorgenommen werden[593].

In all den genannten Fällen würde die Bank die KAG zur Unterstützung eigener Geschäfte dazu anhalten, die entsprechenden Finanzinstrumente zu kaufen, obwohl eine andere Kapitalanlage einen potentiell höheren Nutzen für das Sondervermögen stiften würde[594]. Die Investmentgesellschaften würden dann das Provisionsgeschäft der Banken zu Lasten der Anteilsinhaber fördern.

---

[589] *Adams*, ZIP 1996, 1590, 1599.

[590] *Baums / König* in Festschrift für Kropff, S. 21 f.

[591] *Engenhardt*, S. 58.

[592] § 1 Abs. 1 KAGG (§ 9 Abs.1 InvG).

[593] *Assmann* in: Assmann / Schneider, § 2 Rn 46; *Archner*, Die Bank 2001, S. 800, 803; *Lenenbach*, Rn 11.4; zur Rechtslage des WpHG a.F: *Assmann* in: Assmann / Schneider, 1. Aufl., § 2 Rn 17; *Baur* in: Investmentgesetze, Vor § 1 Rn 56; Beschlussempfehlung und Bericht des Finanzausschusses zum 2. FFG, BT-Drucks. 12/7918 v. 15.06.1994, S. 100; a.A.: *Schäfer*, WpHG, § 2 Rn 35, der die Verwaltung von Investmentfonds § 2 Abs. 3 Nr. 6 WpHG zuordnet.

[594] *Jakob*, S. 223; *Köster*, S. 110, 111; *Thiel*, S. 93.

114

bb) Auskaufen von Wertpapieren

Ebenso besteht die Gefahr des umgekehrten Falles. So ist darauf hingewiesen worden, dass die Kreditinstitute auch Wertpapiere mit guten Ertragsaussichten zum eigenen Vorteil aus „ihren" Investmentfondsgesellschaften entnehmen[595] könnten. Die ertragsreichen Wertpapiere würden dann aus den Fonds herausgekauft werden.

cc) Übertragung von Kurspflegeaufgaben

Eine weitere Gefahr kann in der Übertragung von Kurspflegeaufgaben bestehen: Konzernangehörige Investmentgesellschaften könnten dazu veranlasst werden, bei nicht zufriedenstellender Kursentwicklung Aktien der Depotbank an der Börse zu präferieren, um auf diese Weise den Kurs zu stützen[596].

dd) Übertragung der Risiken auf die Anleger

All diese Wertpapierdispositionen können zu einer Benachteiligung der Investmentsparer führen, da sowohl eine Schmälerung der Rendite eintritt, als auch eine Erhöhung des Risikos innerhalb des jeweiligen Investmentfonds. Bei einer Verwirklichung der unterschiedlichen Gefahren tragen dann jeweils die Anteilsinhaber der Fonds das Risiko. Das wirtschaftlich eigentlich von den Banken zu tragende Risiko würde quasi auf die Anleger übertragen werden. Diese würden von den befürchteten Maßnahmen auch keine Kenntnis erlangen, da sie derartige Vorgänge nicht überprüfen können und werden. Ökonomisch betrachtet liegen hier also hidden information vor. Es kann dann zu in der ökonomischen Analyse dargestellten hidden action kommen[597]. Somit besteht bei einer im Investment-Dreieck vorliegenden Prinzipal-Agenten-Beziehung die Gefahr, dass der Prinzipal nicht sicher sein kann, ob der Agent die verborgenen Informationen im Sinne des Prinzipals nutzt oder eigennützig handelt. Die Anteilsinhaber sind demzufolge dem Risiko des moral hazard ausgesetzt.

---

[595] *Engenhardt*, S. 58; *Werner / Machunsky*, S. 58.
[596] *Engenhardt*, S. 59; *Roth*, S. 160; *Baums / Theissen*, S. 1; *Werner /* Machunsky, S. 58; *König*, S. 57, 77-86; *Köster*, S. 105.
[597] Siehe S. 93.

115

ee) Ergebnisse von Untersuchungen zu den Gefahren

An den Investmentgesellschaften wurde schon früh kritisiert, dass sie nicht nur immer im Interesse der Anleger handelten, sondern auch Eigeninteressen, genauer gesagt, Interessen ihrer Gesellschafterbanken vertreten[598]. Dieser Vorwurf wurde vor allem jenen Investmentgesellschaften gemacht, die besonders eng mit einer bestimmten Bank verbunden sind, die gleichzeitig als Depotbank für die Fonds fungiert und deren Vertreter sowohl in den Aufsichtsgremien wie auch in den für die Anlageentscheidungen wichtigen Beratungsgremien sitzen[599]. In den bisherigen Untersuchungen, die sich mit den aufgezeigten Gefahren sehr detailliert auseinandergesetzt haben, deuten die Ergebnisse allerdings nicht darauf hin, dass sich die möglichen Gefahren bei den unterschiedlichen Fonds tatsächlich realisieren. So konnte nicht festgestellt werden, dass es zu einer missbräuchlichen Nutzung von Informationen kommt[600]. Es ergaben sich auch keine Anhaltspunkte dafür, dass die Investmentgesellschaften Kurspflegeaufgaben übernehmen[601]. Allerdings wird dabei auf die unbefriedigende Datenbasis, bedingt durch die Vorschriften über die Rechnungslegung der Fonds verwiesen, die eine genauere Untersuchung nicht ermöglichten[602]. Ein „Dumping the trash" konnte bei Auswertung der Daten ebenfalls nicht festgestellt werden[603]. Einen wissenschaftlichen Nachweis für die tatsächliche Verwirklichung der aufgezeigten Gefahren gibt es also nicht.

Die Hypothesen konnten aber auch nicht widerlegt werden, so dass nicht auszuschließen ist, dass es in Einzelfällen dazu kommen kann[604]. Im Rahmen dieser Arbeit soll keine erneute empirische Untersuchung zu den beschriebenen Gefahren vorgenommen werden. Es ist aber darauf hinzuweisen, dass die Gefahr der Unterbringung nicht platzierbarer Aktien in Wertpapierfonds durchaus besteht und das auch die Realisierung der anderen genannten Gefahren theoretisch durchaus möglich ist. Daraus folgt, dass das Schutzsystem innerhalb des Investment-Dreiecks noch verbessert werden kann.
Gegen ein „Dumping the trash" spricht zwar der gleichfalls hiermit für das Fondsgeschäft wie für das Emissionsgeschäft verbundene Reputationsverlust der Investmentgesellschaften bzw. der jeweiligen Fonds[605]. Die Fonds stehen in

[598] *Meilen*, ZfK 1978, 536.
[599] *Meilen*, ZfK 1978, 536; *Köster*, S. 107 ff.
[600] *Baums / Theissen*, S. 16.
[601] *Baums / Theissen*, S. 17.
[602] *Baums / Theissen*, S. 19.
[603] *Baums / König* in Festschrift für Kropff, S. 21; *König*, S. 91.
[604] *Baums / König* in Festschrift für Kropff, S. 22.
[605] *Baums / König* in Festschrift für Kropff, S. 21.

einem regen Wettbewerb untereinander. So wird auch darauf hingewiesen, dass jede Gesellschafterbank einer KAG ein natürliches Interesse daran hat, dass weder die Depotbank noch eine andere Gesellschafterbank einen besonderen Nutzen zu Lasten des Fondsvermögens ziehen und daher ein Interessenkonflikt nicht vorhanden sei[606].

Allerdings wirkt die Drohung des Reputationsverlustes nur, wo eine Information des Marktes hierüber zu befürchten ist. Das ist bei einer Verteilung der E-mission über zahlreiche Fonds hinweg jedoch nicht ohne weiteres zu erwarten. Dass zumindest Anreize bestehen, nicht in vollem Umfang unterzubringende Emissionen über die bankabhängigen Fonds zu verteilen oder Fondsmittel zur Kurspflege einzusetzen, lässt sich jedenfalls kaum bestreiten[607]. Derartige Gefahren sind daher für die Untersuchung der Effektivität der Schutzfunktion der Depotbank in der Praxis durchaus in Betracht zu ziehen.

3.) Bewertung der Effektivität der Schutzfunktion der Depotbank in der Praxis

Im Rahmen der folgenden Bewertung sollen Überlegungen zu den Konsequenzen der gesellschaftsrechtlichen Verflechtungen und Gefahren durch die Interessenkollisionen für die Umsetzung des Anlegerschutzes im Rahmen des Investment-Dreiecks vorgenommen werden.

a) Konsequenzen für das unabhängige Handeln der KAG

Die Verflechtungen von Investmentgesellschaften und Depotbanken können Auswirkungen auf das Handeln der Investmentgesellschaften haben. Dies würde dem vom Gesetz vorausgesetzten unabhängigen Handeln der KAG zuwiderlaufen. Nach § 10 Abs. 1 S. 2 KAGG (§ 9 Abs. 1 S. 2, Abs. 2 S. 1 InvG) hat die KAG bei der Wahrnehmung ihrer Aufgaben unabhängig von der Depotbank und ausschließlich im Interesse der Anteilsinhaber zu handeln. Diese Unabhängigkeit der KAG schließt eine gesellschaftsrechtliche Verflechtung zwischen der Depotbank und der KAG zwar nicht aus. Sie verlangt aber von der Geschäftsführung einer KAG, dass sie sich auch in den Fällen, in denen die Depotbank zugleich Mehrheitsgesellschafterin ist, dieser gegenüber im Interesse der Anleger durchzusetzen vermag. Das verlangt das Handeln im Interesse der

---

[606] *Tormann*, ZfK 1979, 137.
[607] *Baums / König* in Festschrift für Kropff, S. 23.

117

Anteilsinhaber gemäß § 10 Abs. 1 S. 2 KAGG (§ 9 Abs. 1 S. 2, Abs. 2 S. 1 InvG).

Es ist jedoch nicht zu erwarten, dass sich die Geschäftsführung einer Fondsgesellschaft in kritischen Fragen gegen das Interesse der Anteilseignerbank und deren Management stellt[608]. Dies darf aber nicht dazu führen, dass die Geschäftspolitik der KAG von der Depotbank diktiert wird, so dass die Verantwortung bei der Depotbank liegt. Das KAGG bestimmt in § 10 Abs. 1 (§ 9 Abs. 1 InvG), dass die Verwaltung und somit auch die Anlage der Sondervermögen allein von der KAG vorzunehmen sind. Eine Verwaltungsfunktion der Depotbank findet sich nicht im Gesetz. Das selbständige Handeln der KAG wird auch nicht durch die Kontrollfunktion der Depotbank ausgeschlossen[609]. Die Unabhängigkeit der KAG in ihren Geschäftshandlungen und in ihrem Handeln für die Anteilsinhaber muss daher gewährleistet sein und darf durch mögliche gesellschaftsrechtliche Verflechtungen nicht beeinträchtigt werden.

b) Konsequenzen für den Anlegerschutz

Die gesellschaftsrechtlichen Verflechtungen und die damit verbundenen Interessenkollisionen von Investmentgesellschaften und Depotbanken können daneben Auswirkungen für die Ausgestaltung des Anlegerschutzes haben, da auch der Depotbankvertrag und die Kontrollfunktion der Depotbank von den Auswirkungen betroffen sein können.

Der Depotbankvertrag wird zwischen der KAG und der Depotbank ausgehandelt und abgeschlossen[610]. Im Regelfall veranlasst der Mehrheitsgesellschafter die KAG, dass diese den erforderlichen Vertrag mit dem Mehrheitsgesellschafter selbst abschließt[611]. Abgesehen davon, dass unter solchen Bedingungen ein für die Kapitalanleger günstiger Depotbankvertrag kaum ausgehandelt wird, fragt es sich, wie eine Depotbank gemäß ihrer Kontrollfunktion verhindern soll, dass die Mehrheitsgesellschafter der KAG, also die Depotbank selbst, keinen missbräuchlichen Einfluss auf die Geschäftspolitik der KAG nimmt. Dies gilt es zu bedenken, wenn man die - an sich - weitreichenden Kontrollbefugnisse der Depotbank unter dem Gesichtspunkt des Schutzes der Kapitalanleger prüft[612].

Baums / König, Arbeitspapier 13/96, S. 14.

Baur, Investmentgesetze, § 10 Rn. 30.

Siehe dazu schon S. 46 ff.

Köster, S. 116.

Köster, S. 116.

c) Konsequenzen für die Klagemöglichkeiten der Anleger

Auswirkungen sind des Weiteren denkbar bei den nach geltendem Recht vorhandenen Klagemöglichkeiten der Anleger. Theoretisch möglich und auch vom Gesetz in § 12 c KAGG (§ 28 InvG) vorgesehen sind Ansprüche der Anteilsinhaber gegen die KAG oder die Depotbank. Es ist allerdings unwahrscheinlich, dass die Depotbank wie vorgesehen Ansprüche der Anteilsinhaber gegen die KAG verfolgt, wenn die betreffenden Schädigungshandlungen ihren eigenen Interessen diente, zumal sie wegen Vernachlässigung ihrer Aufsichtspflichten selbst in den Vorgang einbezogen sein kann[613]. Daher wird bemängelt, dass die Depotbank eher die Neigung hat, die Investmentgesellschaft zu decken als bloßzustellen[614].

Zur Erhebung einer Klage wird es daher wohl nur schwer kommen, da die Öffentlichkeit meistens das Ansehen der KAG mit dem der Depotbank gleichstellt und diese hierdurch eine Schädigung ihres guten Rufs befürchten müsste[615]. Mögliche Eigenmächtigkeiten der Verwaltung und Meinungsdifferenzen dürften regelmäßig außergerichtlich, quasi innerbetrieblich, geklärt werden[616]. Einen besseren Anlegerschutz bietet daher nach einer Ansicht in der Literatur die Ausgestaltung des Klagerechts als Sanktionsmittel der Staatsaufsicht und der Anleger wie in den USA[617].

d) Literaturansichten zur Effektivität des Schutzsystems

Teile der Literatur äußern sich kritisch zu den gesellschaftsrechtlichen Verflechtungen im deutschen Investmentwesen und den damit verbundenen Gefahren[618]. Dabei wird vertreten, dass gegen die Depotbank als Kontrolleur ihre mangelnde Unabhängigkeit spricht, da sie relativ eng mit der Investmentgesellschaft verbunden sei[619]. Das vom Gesetzgeber tatsächlich geschaffene Trennsystem zwischen KAG und Depotbank sei in der Praxis vielmehr zu einem dünnwandigen Formalismus denaturiert worden[620]. Die in § 12 Abs. 2 S. 1 KAGG (§ 22 Abs. 1 S. 1 InvG) getroffene Inkompatibilitätsregelung - „bei

---

[613] *Thiel*, S. 170; *Reuter*, S. 157; *Lusser*, S. 175 f.; *Moll*, S. 54; *Gläbe*, S. 153; *Baum*, S. 158; *König*, S. 189.

[614] *Roth*, S. 158, 165; *König*, S. 189.

[615] *Thiel*, S. 170.

[616] *Thiel*, S. 170; *Müller, G.*, S. 148.

[617] Vgl. *Thiel*, S. 170.

[618] *Gläbe*, S. 232 f.; *Schwark*, S. 322 f.; *Reuter*, S. 156 f.; *Mauser*, S. 33; *Jakob*, S. 223 f; *Hartmann*, S. 117.

[619] *Hartmann*, S. 117; *Jakob*, S. 224; *Thiel*, S. 170; *Köster*, S. 113.

[620] *Köster* S. 117; *Jakob*, S. 224.

Wahrung ihrer Aufgaben handelt die Depotbank unabhängig von der KAG und ausschließlich im Interesse der Anteilsinhaber" - gehe insofern an der Wirklichkeit vorbei[621].

Eine andere Ansicht sieht weder die Gefahr einer beeinträchtigten Kontrolle noch die Gefahr des Missbrauchs: Begründet wird dies damit, dass beide Institutionen rein formal zwei verschiedene juristische Personen seien[622]. Diese Ansicht führt weiter an, dass die Investmentgesellschaften meist von einer Vielzahl von Banken gegründet werden, zu denen auch das depothaltende Kreditinstitut gehöre[623]. Bereits dadurch, dass die Depotbank nur eine von mehreren Gesellschafterbanken ist, werde gewährleistet, dass sie der KAG weitgehend neutral gegenüberstehe. Eine andere Beurteilung mag nach dieser Ansicht unter Umständen dann geboten sein, wenn die Depotbank gleichzeitig die einzige Gesellschafterin der KAG ist. Personelle Verflechtungen und damit leicht verbundene Interessenkollisionen seien hier noch eher denkbar[624]. Es wäre daher eine Vorschrift wünschenswert gewesen, die die Gründung einer KAG durch nur ein Kreditinstitut, welches dann gleichzeitig die Funktion der Depotbank übernimmt, untersagt[625].

e) Stellungnahme

Aus den unter a)-c) aufgezeigten Konsequenzen ist ersichtlich, dass man die zum Zwecke der Schutzfunktion zugunsten der Anteilsinhaber vorgenommene Zuständigkeits- und „Gewaltenteilung" zwischen Depotbank und KAG und die dadurch zu erzielende Sicherheit nicht überschätzen sollte. Denn trotz des Verbotes personeller Verflechtungen zwischen den Angestellten gemäß § 12 Abs. 1 S. 5 KAGG (§ 22 Abs. 2 InvG) und trotz der Möglichkeit zu einer Einflussnahme auf die Auswahl der Depotbank durch die Bankaufsichtsbehörde gemäß § 12 Abs. 3 KAGG (§ 21 Abs. 1 InvG) ist eine völlige wirtschaftliche und personelle Unabhängigkeit der KAG und der Depotbank voneinander nicht gewährleistet, zumal die Mitglieder der KAG ja ohnehin in aller Regel Banken sind.

Die Bankenabhängigkeit der KAG wird durch die obligatorische Einschaltung einer Depotbank de facto sogar noch gefördert; denn einer KAG, die nicht von Banken getragen wird, dürfte es häufig sehr schwer fallen, die erforderliche Depotbank überhaupt zu finden[626]. Das gesetzliche Erfordernis der Depotbank

---

[621] *Jakob*, S. 224; *Thiel*, S. 90.
[622] *Vom Berge und Herrendorff*, S. 91.
[623] *Vom Berge und Herrendorff*, S. 92; kritisch dazu: *Roth*, S. 163.
[624] *Vom Berge und Herrendorff*, S. 92.
[625] *Vom Berge und Herrendorff*, S. 92.
[626] Hierzu *Canaris*, Rn. 2335; *Roth*, S. 164 f.

spielt daher weniger die Rolle des Bollwerks gegen die Übermacht des Managements als vielmehr die eines Garanten der Übermacht der Banken[627]. Daher ist zu befürchten, dass letztlich die Interessen der Depotbank nicht ohne Einfluss auf die Geschäftspolitik der Investmentgesellschaften bleiben dürften. Die von einem Teil der Literatur gewünschte Möglichkeit der Untersagung der Gründung einer KAG durch nur ein Kreditinstitut ist sicherlich sinnvoll für einen weitreichenden Schutz der Anteilsinhaber. Das Vorhandensein von klaren Mehrheitsverhältnissen könnte aber auch eine solche Vorschrift nicht verhindern.

Allerdings sind die Gefahren der mangelnden Kontrolle und des Missbrauch nicht schon deshalb ausgeschlossen, weil es sich bei Depotbank und KAG rein formal um zwei verschiedene juristische Personen handelt. Zudem sind heute die Großbanken an den Wertpapierfondsgesellschaften zum Teil mit bis zu 90% bzw. 100% beteiligt[628]. Dies hat auch die Darstellung zu den gesellschaftsrechtlichen Verflechtungen[629] gezeigt.

Die Eigeninteressen der KAG sind zumindest insoweit auch die der Depotbank, als diese als Gesellschafterin der Investmentgesellschaft unmittelbar an den Vorteilen (Gewinn) partizipiert. Die Depotbank bekommt zudem die Verwahrung und Erfüllung der anderen Aufgaben vergütet und erhält Provisionen für die Abwicklung der Anlagegeschäfte[630]. All diese Vorteile zusammen mit der Beteiligung an den Gewinnen der Investmentgesellschaft aus der Fondsverwaltung sind ja schließlich für die Banken der bestimmende Grund gewesen, Investmentfonds zu gründen. Depotbanken und Investmentgesellschaften sind daher durch ihre wirtschaftlichen Interessen miteinander verbunden. Das Schutzsystem des Investment-Dreiecks basiert aber auf eben diesen beiden Instituten, insbesondere auf dem Vorhandensein der Depotbank in ihrer Rolle als wichtiges Kontrollorgan. Das Näheverhältnis von Investmentgesellschaften und beteiligten Depotbanken beeinträchtigt daher die Effektivität des Schutzes der Anteilsinhaber in der Praxis.

Je enger die Verbindung zwischen Depotbank und KAG ist, desto größer ist die Gefahr, dass nicht nur die notwendige Distanz verloren geht, sondern dass sogar von dieser Seite zusätzliche Benachteiligungen der Anteilsinhaber drohen. Soweit die Depotbank eine beherrschende Gesellschafterposition innehat, ist ihre

---

[627] *Roth*, S. 164 f.
[628] *Engenhardt*, S. 58; So hält z.B. die Deutsche Bank AG 93 % an der Deutschen Gesellschaft für Wertpapiersparen mbH (DWS) und die Dresdner Bank AG 100% an dem Deutschen Investment Trust, Gesellschaft für Wertpapieranlagen mbH (DIT).
[629] Siehe S. 108 ff.
[630] Siehe § 12 c Abs. 1 S. 2 KAGG (§ 29 Abs. 2 InvG).

Aufgabe notgedrungen Selbstkontrolle[631]. Im Hinblick auf die bestehenden Interessenkonflikte ist also regelmäßig eine neutrale Überwachung ausgeschlossen[632].

Die üblichen Verflechtungen bewirken, dass die für eine taugliche Kontrolle unbedingt erforderliche Unabhängigkeit und Neutralität des Kontrollorgans Depotbank angezweifelt werden können. Die für einen effektiven Schutz notwendige konsequente Wahrnehmung der Schutzinteressen der Anteilsinhaber ist dann nicht gewährleistet.

V.) Ergebnis zur Analyse des Schutzsystems des Investment-Dreiecks

Die Analyse des innerhalb des Investment-Dreiecks vom Gesetz vorgegebenen Schutzsystems hat gezeigt, dass der Depotbank durch die Wahrnehmung der Schutz- und Treuhandfunktion ein bedeutendes Gewicht für den Schutz der Anteilsinhaber zukommt, um einen Ausgleich für deren Stellung gegenüber der KAG herbeizuführen. Die ihr zugewiesenen Aufgaben und die sich aus § 12 c KAGG (§§ 27, 28 InvG) ergebende allgemeine Kontroll- und Interessenwahrungspflicht stellen ein aufeinander abgestimmtes Schutzsystem zur Sicherung des Sondervermögens und damit zur Wahrung der Interessen der Anteilsinhaber dar. Das Gesetz etabliert damit zum Schutz der Anleger ein System der „checks and balances" zwischen Verwalter und Verwahrer.

Die ökonomische Analyse hat gezeigt, dass das Prinzipal-Agenten-Modell auf dieses Schutzsystem des Investment-Dreiecks anwendbar ist. Die Anteilsinhaber als Prinzipale stehen dabei der Investmentgesellschaft als Agent gegenüber und sind zur Wahrnehmung ihres Schutzes auf die Kontrolle der Depotbank gegenüber der KAG angewiesen.

Allerdings ist die gesetzliche Wirkung der von der Depotbank gegenüber der KAG auszuübenden Kompetenzen aufgrund der Begrenzung der Kontrolle auf die Recht- und Pflichtmäßigkeit des Handelns der KAG und aufgrund des Fehlens eines eigenen Weisungsrechts der Depotbank gegenüber der KAG eingeschränkt. Auch das auf Gesetzes- oder Vertragsverstöße beschränkte Verweigerungsrecht der Depotbank verringert die Auswirkungen der gesetzlich vorgesehenen Schutzfunktion. Die Depotbank kann daher die im Rahmen der Kontrollfunktion an sie gestellten Anforderungen aus Anlegerschutzgesichtspunkten nur bedingt erfüllen.

---

[631] Vgl. auch *Moll*, S. 52; *Thiel*, S. 170.
[632] Vgl. auch *Moll*, S. 52; *Roth*, S. 164 f.; *Thiel*, S. 170.

Bei der Umsetzung des Schutzsystems in der Praxis beeinträchtigen das Näheverhältnis von Investmentgesellschaften und beteiligten Depotbanken und die
daraus resultierenden Gefahren die Effektivität des Schutzes der Anteilsinhaber
und führen dazu, dass eine konsequente Wahrnehmung der Schutzinteressen der
Anteilsinhaber nicht gewährleistet ist.

Im Ergebnis wird daher das vom Gesetzgeber geschaffene Schutzsystem der
„checks and balances" auf Grund der von den gesellschaftsrechtlichen Verflechtungen und der von den damit verbundenen Interessenkollisionen ausgehenden
Gefahren sowie der wenig wirksamen Eingriffsmöglichkeiten der Depotbank
nicht effektiv umgesetzt.

Es stellt sich somit die Frage nach einem Schutz der Anleger vor den aufgezeigten Gefahren durch mögliche Haftungsansprüche gegenüber der Depotbank.
Dieser Frage soll im anschließenden dritten Teil der Arbeit nachgegangen werden, welcher sich mit der Haftung der Depotbank als Kontrollorgan auseinan-
dersetzt.

123

-DRITTER TEIL-

Haftung der Depotbank

Eine Ergänzung des Schutzes der Anleger könnte sich aus der zivilrechtlichen Haftung ergeben. Im folgenden soll untersucht werden, inwieweit den Anlegern Schadensersatzansprüche gegenüber der Depotbank zustehen könnten.

Das Haftungsrecht beinhaltet die Haftungsbegründung, also die Frage, ob ein schädigendes Ereignis zu einem Schadensersatzanspruch dem Grunde nach führt. Für eine Haftung bei der Anlage in Investmentfonds kommen mehrere Beteiligte in Betracht. Im Rahmen dieser Arbeit soll die Untersuchung auf die Haftung der Depotbank gegenüber den Anteilsinhabern begrenzt werden. Neben der Depotbank ist unter anderem eine Haftung der KAG[633], von Vertriebspersonen wie Vertriebsbanken und sonstigen Vertriebsstellen[634], Anlageberatern[635], Anlagevermittlern[636] und Wirtschaftsprüfern[637] denkbar. Die Haftung der Depotbank richtet sich nach ihren jeweiligen Pflichten gegenüber den Anlegern. Wie bereits dargestellt, ergeben sich diese insbesondere aus dem KAGG oder dem Depotbankvertrag.

Für die Anteilsinhaber ist die Frage der Haftung der Depotbank deshalb relevant, weil sie neben Ansprüchen gegenüber der KAG auch Ansprüche gegenüber dieser Institution im Investment-Dreieck geltend machen können. Den Anteilsinhabern steht somit ein weiterer Schuldner gegenüber. Dies ist vor allem in den Fällen wichtig, in denen gegenüber der KAG keine Haftungsansprüche bestehen, weil Pflichten, die verletzt sein könnten, nicht in den Aufgabenbereich der KAG, sondern gerade in den der Depotbank fallen. Von der Haftung sollen hier daher vor allem die im Rahmen der Risikostruktur aufgezeigten Substanzerhaltungs-, Abwicklungs-, Informations- und Interessenvertretungsrisiken erfasst werden.

Es gilt im folgenden zu untersuchen, aus welchen Haftungsgrundlagen sich Ansprüche für die Anteilsinhaber gegenüber der Depotbank ergeben könnten.

---

[633] Siehe dazu *Baur* in BuB, Rn. 9/647 ff.; *Baur*, Investmentgesetze, § 20 Rn. 39; *Köndgen* in: Schimansky / Bunte / Lwowski, § 113 Rn. 138; *König*, S. 133 ff.; *Kümpel*, Rn. 12.147.
[634] Siehe dazu *Baur* in: BuB, Rn. 9/622 ff.
[635] Siehe dazu *Schäfer*, S. 8 ff.; *Baur*, Investmentgesetze, § 20 Rn. 39; *Baur* in: BuB, Rn. 9/660 f.
[636] Siehe dazu *Schäfer*, S. 8 ff.; *Baur* in BuB, Rn. 9/670; *Baur*, Investmentgesetze, § 20 Rn. 40.
[637] Siehe dazu *König*, S. 156 ff.

124

A.) Haftungsgrundlagen

I.) Prospekthaftung nach dem KAGG

In Betracht kommt zunächst eine Haftung der Depotbank nach § 20 KAGG (§ 127 InvG). Bei dieser Prospekthaftung nach dem KAGG kann der Erwerber von Anteilsscheinen nach § 20 Abs. 1 KAGG (§ 127 Abs. 1 InvG) bei Unrichtigkeit oder Unvollständigkeit der Angaben im Verkaufsprospekt von der KAG oder von demjenigen, der die Anteilsscheine im eigenen Namen verkauft hat, die Übernahme der Anteilsscheine gegen Erstattung des von ihm gezahlten Betrags verlangen. Nach § 20 Abs. 4 KAGG (§ 127 Abs. 4 InvG) ist zudem auch derjenige zur Haftung nach § 20 Abs. 1 KAGG (§ 127 Abs. 1 InvG) verpflichtet, der gewerbsmäßig den Verkauf der Anteilsscheine vermittelt oder die Anteilsscheine im fremden Namen verkauft hat, wenn er die Unrichtigkeit oder die Unvollständigkeit des Verkaufsprospekts gekannt hat.

Die Definition des Verkaufsprospekts und der damit zusammenhängenden Verkaufsunterlagen richtet sich dabei nach § 19 KAGG (§§ 42, 121 InvG). Nach § 20 Abs. 2 KAGG (§ 127 Abs. 2 InvG) erstreckt sich die Prospekthaftung auch auf die dem Verkaufsprospekt beizulegenden Berichte wie die zuletzt veröffentlichten Halbjahresberichte. Die Voraussetzung eines unrichtigen oder unvollständigen Prospekts soll an dieser Stelle als gegeben vorausgesetzt sein[638]. Zu prüfen ist vielmehr, ob die Depotbank zu dem Personenkreis zu rechnen ist, der solche Fehler zu vertreten hat. Es stellt sich also die Frage nach dem Adressaten der Prospekthaftung gemäß § 20 KAGG (§ 127 InvG).

Als Adressat der Prospekthaftung nach § 20 KAGG (§ 127 InvG) kommt vor allem die KAG in Betracht[639]. Im Regelfall liegt die Verantwortung für einen einwandfreien Verkaufsprospekt ausschließlich bei der KAG, da diese die Unterlagen zu erstellen hat[640]. Der Anspruch richtet sich daher meistens gegen die KAG selbst[641]. Mit der KAG können aber auch diejenigen Personen als Gesamtschuldner haften, die die Anteile im eigenen Namen gewerbsmäßig verkaufen (§ 20 Abs. 1 KAGG (§ 127 Abs. 1 InvG)) oder gewerbsmäßig den Verkauf der Anteilsscheine vermitteln oder im fremden Namen vorgenommen haben (§ 20 Abs. 4 KAGG(§ 127 Abs. 4 InvG)).

---

[638] Zu den Voraussetzungen siehe *Assmann* in: Assmann / Schütze, § 7 Rn. 187 ff.; *Köndgen* in: Schimansky / Bunte / Lwowski, § 113 Rn. 82 f.; *Baur*, Investmentgesetze, § 20 Rn. 4 ff.

[639] *Köndgen* in: Schimansky / Bunte / Lwowski, § 113 Rn. 81, 86; *Förster*, S. 206; *Horst*, S. 27.

[640] *Schmidt*, S. 67 Fn 3; siehe auch § 19 I 1 „Verkaufsprospekt der Kapitalanlagegesellschaft".

[641] *Schmidt*, S. 90; *König*, S. 139 ff.; *Baur*, Investmentgesetze, § 20 Rn. 19.

Für die Personen, die die Anteilsscheine im eigenen Namen verkauft haben, kommen in der Praxis Kreditinstitute, die die Anteilsscheine als Kommissionäre (§ 383 HGB) oder Eigenhändler verkaufen, in Betracht[642]. Unter die Personen, die die Anteilsscheine gewerbsmäßig vermitteln oder im fremden Namen verkaufen, fallen dagegen Handelsvertreter (§§ 84 ff. HGB) und Handelsmakler (§§ 93 ff. HGB)[643]. Durch § 20 Abs. 4 KAGG (§ 127 Abs. 4 InvG) werden damit vor allem die Vertriebsgesellschaften und die selbständigen Anlageberater erfasst[644]. Vermittler können auch die Versicherungsunternehmen sein[645]. Ebenfalls hier zu nennen sind die Verkaufsagenten[646]. Die Verkaufsagenten der Vertriebsgesellschaften sind allerdings als deren Erfüllungsgehilfen (§ 278 BGB) anzusehen und haften somit nicht selbständig nach § 20 Abs. 4 KAGG (§ 127 Abs. 4 InvG)[647].

Als Adressaten der Verpflichtung zur Aushändigung eines Verkaufsprospekts kommen im Fall des KAGG somit neben der KAG all jene in Betracht, die den Erwerb von Investmentanteilen herbeiführen[648], Kreditinstitute jedoch nur insoweit, als sie als öffentlich anbietende und werbende Vertriebsstellen der Anteile angesehen werden können[649]. Nach den Erfahrungen der deutschen Investmentgesellschaften werden ca. 90 % der Investmentanteile über Banken und Sparkassen verkauft[650]. In den Absatz von Investmentanteilen werden zunehmend auch Anbieter von anderen Vermögensanlagen eingeschaltet, die mit den Investmentanteilen ihr bisheriges Angebot ergänzen. Zu nennen sind hier die schon erwähnten Versicherungsgesellschaften und daneben noch Bausparkassen und auch Fondsboutiquen.

Nicht ausdrücklich genannt wird im Gesetz oder den Kommentierungen hingegen die Depotbank. Dies liegt sicherlich auch daran, dass diese nicht als typische Vertriebsstelle anzusehen ist. Die Depotbank hat im Investmentwesen grundsätzlich andere Aufgaben wahrzunehmen, als sich mit der Werbung und dem Absatz der jeweiligen Fondsanteile zu beschäftigen[651]. Der typische Verkaufsweg von Investmentanteilen vollzieht sich dergestalt, dass sich die Anle-

---

[642] *Zeller*, in: WuB I G 8. - 3.97, S. 418; *Baur*, Investmentgesetze § 20 Rn. 19.

[643] *König*, S. 142.

[644] *Assmann* in: Assmann / Schütze, § 7 Rn. 155; *Baur*, Investmentgesetze, § 20 Rn. 29; *König*, S. 142; *Förster*, S. 205.

[645] *Baur*, Investmentgesetze, § 20 Rn. 29.

[646] *Baur*, Investmentgesetze, § 20 Rn. 19.

[647] *Baur*, Investmentgesetze, § 20 Rn. 29.

[648] Vgl. Begründung zu § 12 AuslInvestmentG, BT-Drucks. V/3494, S. 23; *Förster*, S. 205.

[649] *Assmann* in: Assmann / Schütze, § 7 Rn. 184.

[650] *Baur* in: Assmann / Schütze, § 18 Rn. 154.

[651] Zu den Aufgaben der Depotbank siehe bereits unter [A I 1].

ger an eine Bank oder Sparkasse oder auch an Versicherer bzw. deren Makler wenden, weil sie Vermögen anlegen möchten. Von den in den Verkauf eingeschalteten Personen werden dann gegebenenfalls Investmentanteile zum Erwerb empfohlen. In aller Regel wendet sich hingegen kein Anleger direkt an eine Depotbank, um die Anteile zu erwerben.

Dies besagt jedoch nicht, dass damit eine Haftung der Depotbank nach § 20 KAGG (§ 127 InvG) grundsätzlich ausgeschlossen ist. Eine Haftung der Depotbank kommt jedoch nur dann in Betracht, wenn diese den Erwerb der Investmentanteile herbeigeführt hat und als öffentlich anbietende und werbende Vertriebsstelle angesehen werden kann. Nach einer Ansicht in den Literatur soll ungeachtet einer entgegenstehenden Äußerung im Gesetzgebungsverfahren[652] und entgegen einiger Literaturstimmen[653] als Adressat des § 20 KAGG (§ 127 InvG) sinnvollerweise nur die KAG selbst in Betracht kommen[654]. Die Rechtsprechung hatte die Frage der Haftung einer Depotbank nach § 20 KAGG (§ 127 InvG) bisher erst in wenigen Fällen zu entscheiden. Das OLG Frankfurt a.M. hat die Frage allerdings jeweils offengelassen, sie aber zumindest nicht von vornherein verneint[655]. In den Urteilen wurde die Frage, ob die Depotbank einen unrichtigen oder unvollständigen Prospekt nach § 20 KAGG (§ 127 InvG) zu vertreten hat, deshalb offengelassen, weil die Verjährung nach § 20 Abs. 5 KAGG (§ 127 Abs. 5 InvG) bereits eingetreten war und eine Entscheidung der strittigen Frage daher nicht erforderlich war.

Zeller führt in seinen Anmerkungen zum Urteil des OLG Frankfurt a.M. vom 19.12.1996 aus, dass ein Gericht die Verantwortlichkeit einer Depotbank nach § 20 KAGG (§ 127 InvG) wohl zu verneinen hätte, da diese normalerweise weder Prospektherausgeberin noch Initiator eines Fonds ist[656]. Er ergänzt seine Vermutung allerdings mit dem Hinweis auf die jeweilige Prüfung des Einzelfalls. Baur[657] ist der Ansicht, dass neben den Pflichten gegenüber den Anteilsinhabern auch Pflichten der Depotbank gegenüber Anteilerwerbern denkbar sind, soweit sie unmittelbar in den Verkauf eingeschaltet ist und in dem nach § 19 Abs. 1 S. 1 KAGG (§ 121 Abs. 1 S. 1 InvG) dem Erwerber zur Verfügung zu stellenden

---

[652] Amtliche Begründung zu § 12 AIG, BT-Drucks. V/3494, S. 23.

[653] *Assmann* in: Assmann / Schütze, § 7 Rn. 184; *Baur*, Investmentgesetze, § 19 Rn. 13; *Baur* in Assmann / Schütze, § 18 Rn. 155.

[654] *Köndgen* in: Schimansky / Bunte / Lwowski § 113 Rn. 81.

[655] OLG Frankfurt a.M., Urteil v. 19.12.1996, WM 1997, 364, 366; sowie OLG Frankfurt a.M., Urteil v. 26.10.2000 - 16 U 90/99, S. 7 (unveröffentlicht); der BGH hat sich in BGH WM 2001, 2053 mit dieser Frage nicht auseinander gesetzt.

[656] *Zellner*, WuB I G 8.-3.97, S. 418 ff.

[657] *Baur* in: BuB, Rn. 9/551 und Rn. 9/657.

Verkaufsprospekt benannt wird[658]. Häufig ist die Depotbank Promoter und Hauptgesellschafter der KAG. Leitende Mitarbeiter der Depotbank sind Mitglieder des Aufsichtsrats der KAG oder Mitglieder eines - beratenden - Anlageausschusses[659]. Demnach wird die Depotbank auch nicht ganz unbeteiligt am Verkaufsprospekt für den jeweiligen Investmentfonds sein. Sie ist daher auch i.d.R. im Verkaufsprospekt genannt.

Die anspruchsverpflichtete Person muss aber aktiv in den Verkauf eingeschaltet sein[660]. Die spezielle investmentrechtliche Prospekthaftung des § 20 KAGG (§ 127 InvG) setzt somit voraus, dass die Depotbank neben der Nennung im Verkaufsprospekt zugleich die Anteilsscheine gewerbsmäßig verkauft, den Verkauf der Anteilsscheine vermittelt oder die Anteilsscheine im fremden Namen verkauft hat. Nur unter diesen Voraussetzungen ist eine Haftung der Depotbank möglich.

Zu beachten ist allerdings, dass die Prospekthaftung nach § 20 Abs. 1 KAGG (§ 127 Abs. 1 InvG) im Fall des Abs. 4 dahin gemildert ist, dass sie nur dann ausgelöst wird, wenn die dort genannten Personen positive Kenntnis von der Unrichtigkeit oder Unvollständigkeit gehabt haben. Beruhte die Unkenntnis der in § 20 Abs. 4 KAGG (§ 127 Abs. 4 InvG) genannten Personen auf Fahrlässigkeit, mag es auch eine grobe Fahrlässigkeit sein, so wird deren Prospekthaftung nicht ausgelöst. Eine Inanspruchnahme nach § 20 Abs. 4 KAGG (§ 127 Abs. 4 InvG) dürfte deshalb in der Praxis im allgemeinen nicht in Betracht kommen[661].

Unter den angegebenen Voraussetzungen ist demnach eine Haftung der Depotbank nach § 20 KAGG (§ 127 InvG) im Einzelfall zwar durchaus möglich. Das Vorliegen dieser Voraussetzungen dürfte in der Praxis allerdings eher selten vorkommen. In praktischer Hinsicht ist die Problematik fehlerhafter Verkaufsprospekte zudem weitgehend durch die vom BVI mit Zustimmung der Bankaufsichtsbehörde entwickelten Bausteine für die Verkaufsprospekte entschärft worden[662]. Demzufolge ist nach weiteren Haftungsgrundlagen, nach denen eine Haftung der Depotbank gegenüber den Anteilsinhabern möglich ist, zu suchen.

---

[658] § 19 Abs. 2 S. 3 Nr. 2 KAGG (§ 42 Abs. 1 S. 3 Nr. 22 InvG).
[659] *Baur* in: BuB, Rn. 9/651; 9/657.
[660] *Beckmann* in: Investment-Handbuch 425, § 20 Rn. 17.
[661] *Baur*, Investmentgesetze, § 20 Rn. 30.
[662] *Baur* in: Assmann / Schütze, § 18 Rn. 178.

II.) Haftung nach dem Wertpapier - Verkaufsprospektegesetz

Eine weitere Haftungsgrundlage könnte sich aus dem Wertpapier-Verkaufsprospektegesetz (WPVerkPG) ergeben. So bestimmt § 1 WPVerkPG, dass der Anbieter von Wertpapieren, die erstmals im Inland öffentlich angeboten werden und nicht zum Handel an einer inländischen Börse zugelassen sind, einen Prospekt veröffentlichen muss. Zudem gelten nach § 13 WPVerkPG für die dem WPVerkPG unterliegenden Prospekte, wie auch für die Börsenprospekte die Haftungsregelungen der §§ 45 ff. BörsG.

Allerdings muss hier nicht der Frage nachgegangen werden, ob die Regelungen des WPVerkPG neben den Investmentgesellschaften auch für die Depotbank gelten, da das WPVerkPG hier nicht anwendbar ist: In § 3 WPVerkPG sind Ausnahmen im Hinblick auf bestimmte Emittenten geregelt. Danach ist das WPVerkPG gemäß § 3 Nr. 3 WPVerkPG nicht anwendbar bei Investmentfonds[663].

Die Befreiung von Anteilsscheinen inländischer Investmentgesellschaften von der Prospektpflicht wird auch als selbstverständlich angesehen, da eine spezialgesetzliche Prospektpflicht nach dem KAGG besteht[664]. So enthält bereits § 19 KAGG (§ 121 InvG) die Verpflichtung, die Anleger vor Erwerb der entsprechenden Anteilsscheine zu informieren. Dabei besteht die Informationspflicht darin, entsprechende Informationsschriften auszuhändigen. Daneben noch eine Pflicht zur Veröffentlichung dieser Informationsschrift zu verlangen, wodurch nur eine Möglichkeit zur Information geschaffen würde, während § 19 Abs. 1 KAGG (§ 121 Abs. 1 InvG) bereits verlangt, dass die Information tatsächlich den einzelnen Anlegern zur Verfügung gestellt wird, hat der Gesetzgeber zu Recht nicht für erforderlich gehalten[665]. Somit kann das WPVerkPG diesbezüglich nicht als Haftungsgrundlage für Ansprüche gegen die Depotbank herangezogen werden.

III.) Haftung nach § 2 Abs. 2 der Allgemeinen Vertragsbedingungen

§ 2 Abs. 2 der Allgemeinen Vertragsbedingungen für Wertpapier-Sondervermögen[666] bestimmt, dass der Depotbank die nach dem KAGG und den Vertragsbedingungen ausschließlich im Interesse der Anteilsinhaber vorge-

---

[663] Siehe dazu auch *Carl / Machunsky*, S. 43; *Keßler / Appel*, S. 47; *Baur*, Investmentgesetze, § 19 Rn. 2.

[664] *Carl / Machunsky*, S. 43; *Keßler / Appel*, S. 47.

[665] *Groß*, zu § 3 VerkProspG, Rn. 14.

[666] Zu den Fundstellen siehe bereits Fn. 268.

schriebenen Überwachungs- und Kontrollaufgaben obliegen. Eine gleichlautende Bestimmung findet sich auch in den Allgemeinen Vertragsbedingungen der jeweils anderen Fondstypen[667]. Man könnte überlegen, hieraus einen Anspruch der Anteilsinhaber abzuleiten. § 2 Abs. 2 der Allgemeinen Vertragsbedingungen für Wertpapier-Sondervermögen schafft jedoch keine eigenständige Anspruchsgrundlage für die Anteilsinhaber bei Verstößen der Depotbank gegen die im KAGG und in den Vertragsbedingungen vorgeschriebenen Überwachungs- und Kontrollaufgaben[668]. Die Pflichten der Depotbank und damit auch die Anspruchsgrundlagen ergeben sich unmittelbar aus dem KAGG und aus der Beauftragung der Depotbank durch die KAG. § 2 Abs. 2 und ebenso § 2 Abs. 3, der die Aufgaben der Depotbank konkretisiert, haben nur den Charakter von Feststellungen[669]. Gleiches muss dann für die Allgemeinen Vertragbedingungen der jeweils anderen Fondstypen gelten. Auch diese Vorschriften haben lediglich Feststellungscharakter und lassen aus sich heraus keine Ansprüche der Anteilsinhaber ableiten.

IV.) Haftung aus §§ 280 ff. BGB wegen einer Pflichtverletzung aus einem Schuldverhältnis

Eine weitere Anspruchsgrundlage könnte sich den Anteilsinhabern aus § 280 Abs. 1 BGB bzw. §§ 280 Abs. 1, 3 i.V.m. 281 Abs. 1 S. 1 BGB oder §§ 280 Abs. 1, 3 i.V.m. 282 BGB ergeben. § 280 BGB stellt dabei die Grundnorm für die Ansprüche auf Schadensersatz wegen einer schuldhaften Pflichtverletzung aus einem Schuldverhältnis dar. Die möglichen Pflichtverletzungen der Depotbank sollen im folgenden näher untersucht werden. Denkbar sind dabei zunächst Pflichtverletzungen aus dem zwischen den Anteilsinhabern und der Depotbank bestehenden gesetzlichen Schuldverhältnis[670] oder aus einer vertraglichen Beziehung zwischen diesen Parteien. Im nächsten Abschnitt sollen dann die Ansprüche untersucht werden, die sich aus vorvertraglichen Beziehungen ergeben können.

Bei einem Anspruch auf Ersatz des durch eine Pflichtverletzung entstandenen Schadens ist grundsätzlich § 280 Abs. 1 BGB als Anspruchsgrundlage heranzuziehen. Wird Schadensersatz statt der Leistung verlangt, so sind bei einer Schlechterfüllung einer Haupt- oder Nebenleistungspflicht die §§ 280 Abs. 1, 3 i.V.m. 281 Abs. 1 S. 1 1.HS 2.Alt. BGB, bei der Verletzung einer nicht leis-

---

[667] Auch dort jeweils in § 2 Abs. 2 der Allgemeinen Vertragsbedingungen.

[668] *Baur* in: BuB, Rn. 9/322.

[669] *Baur* in: BuB, Rn. 9/322.

[670] Siehe dazu S. 41 ff.

tungsbezogenen Nebenpflicht aus § 241 Abs. 2 BGB die §§ 280 Abs. 1, 3 i.V.m. 282 BGB relevant. Hat der Schuldner bei einer nicht leistungsbezogenen Nebenpflichtverletzung weiterhin ein Interesse an der Leistung, so kann er Schadensersatz neben der Leistung direkt aus § 280 Abs. 1 BGB verlangen.

Bevor diese Regelungen durch die Schuldrechtsreform mit Wirkung zum 01.01.2002 in Kraft getreten sind, wurden derartige Schadensersatzansprüche nach den Grundsätzen der positiven Vertragsverletzung (pVV) geltend gemacht. Nach dem neuen Schuldrecht wird nur noch an die „Pflichtverletzung" angeknüpft. Im folgenden soll es daher auch nicht darum gehen, die einzelnen Normenketten durchzuprüfen, um jede Pflichtverletzung zuzuordnen. Vielmehr sollen die einzelnen Haftungsvoraussetzungen ausgeklammert werden. So verlangt § 281 Abs. 1 S. 1 BGB neben dem bestehenden Schuldverhältnis und der zu vertretenen Pflichtverletzung eine angemessen Fristsetzung. § 282 BGB gewährt den Schadensersatz statt der Leistung, wenn diese nicht mehr zumutbar ist.

Vom Vorliegen dieser Haftungsvoraussetzungen soll an dieser Stelle ausgegangen werden. Die Differenzierung der unterschiedlichen Normenketten unterbleibt daher in der folgenden Untersuchung, da es nur auf die stets erforderliche Pflichtverletzung i.S.d. § 280 Abs. 1 BGB ankommen soll. Zu untersuchen ist jeweils nur das Vorliegen einer möglichen Pflichtverletzung, also die objektive Verletzung einer sich aus dem jeweiligen Schuldverhältnis ergebenden Pflicht. Es ist demnach danach zu fragen, inwieweit sich eine Haftung aus §§ 280 ff. BGB durch eine Pflichtverletzung der Depotbank ergeben kann.

1.) Haftung wegen Verletzung gesetzlicher Schutzpflichten

Denkbar ist eine Haftung der Depotbank aus §§ 280 ff. BGB wegen einer Verletzung ihrer gesetzlichen Schutzpflichten. Die gesetzlichen Schutzpflichten umfassen dabei insbesondere die gegenüber den Anteilsinhabern bestehenden Kontroll- und Verwahrungspflichten.

Die daraus eventuell resultierenden Schadensersatzansprüche sind neben einem möglichen Anspruch aus § 20 KAGG (§ 127 InvG) anwendbar[671]. Es besteht hier kein Konkurrenzverhältnis zwischen diesen Ansprüchen, da die Prospekthaftung die Verletzung vorvertraglicher Aufklärungspflichten betrifft. Nach den §§ 280 ff. BGB hingegen sollen die Pflichtverletzungen erfasst werden, die aus dem gesetzlichen Schuldverhältnis oder ergänzend aus dem Depotbankvertrag resultieren. Rechtsgrundlage für den Anspruch ist daher § 280 BGB und das

---

[671] *Baur*, Investmentgesetze, § 20 Rn. 33, noch zur pVV.

zwischen der Depotbank und den Anteilsinhabern bestehende gesetzliche Schuldverhältnis[672][673].

Zu untersuchen ist nun die Verletzung einer der Depotbank obliegenden Schutzpflicht. Die Schutzpflichten, bezüglich derer die Depotbank eine Pflichtverletzung begehen kann, ergeben sich dabei insbesondere aus den §§ 12 - 12 c KAGG (§§ 20 ff. InvG). Die Aufgaben und Pflichten der Depotbank und vor allem der jeweilige Inhalt sind bereits im zweiten Teil der Arbeit unter Abschnitt (A I 1) dargestellt worden. Daher beschränkt sich dieser Teil der Arbeit auf die Nennung der wichtigsten Schutzpflichten, deren Verletzung zu einem Schadensersatzanspruch aus den §§ 280 ff. BGB führen kann.

a) Pflichtverletzungen im Rahmen der Kontrollfunktion

Die wichtigsten Pflichten, deren Verletzungen zu einer Haftung führen können, resultieren aus der Überwachungs- und Kontrollfunktion der Depotbank. Zu nennen ist hier vor allem die Vorschrift des § 12 b KAGG (§ 27 InvG), der die Überwachungs- und Kontrollaufgaben, die der Depotbank nach § 12 a KAGG (§§ 20 ff. InvG) obliegen, ergänzt.

So sind Pflichtverletzungen in Verbindung mit der Ausgabe und Rücknahme der Anteilsscheine denkbar. Mit dieser Aufgabe ist die Depotbank bereits nach § 12 Abs. 1 S. 1 KAGG (§ 23 Abs. 1 S. 1 InvG) zu beauftragen. § 12 b Nr. 1 KAGG (§ 27 Abs. 1 Nr. 1 InvG) verpflichtet die Depotbank des Weiteren, dafür Sorge zu tragen, dass die Abwicklung dieser Aufgabe den Vorschriften des Gesetzes und den Vertragsbedingungen entspricht. Solange die Depotbank die Ausgabe und Rücknahme der Anteilsscheine selbst durchführt, hat sie sich quasi selbst dabei zu kontrollieren. Sie kann aber auch Dritte in die Durchführung dieser Aufgaben einschalten, z.B. Kreditinstitute als Konsignationslagerstellen[674].

Hierbei sind durchaus Fehler denkbar, für die dann die Depotbank haftbar gemacht werden kann: So muss bei der Ausgabe der Anteilsscheine der Ausgabepreis abzüglich des Ausgabeaufschlags unverzüglich dem Sperrkonto des Sondervermögens zugeführt werden[675]. Treten hierbei Verzögerungen ein, dann bedeutet dies einen Zinsnachteil für das Sondervermögen.

---

[672] OLG Frankfurt a.M. WM 1997, 364, 367; OLG Frankfurt a.M., Urteil v. 26.10.2000 – 16 U 90/99, S. 13 (unveröffentlicht); *Canaris*, Rn. 2481; *Wendt*, S. 72; *Köndgen* in: Schimansky / Bunte / Lwowski, § 113 Rn. 138.

[673] Zur Dogmatik siehe bereits S. 41 ff.

[674] Siehe dazu *Baur*, Investmentgesetze, § 12 Rn. 17.

[675] § 12 a Abs. 1 S. 3; § 21 Abs. 1 S. 2 KAGG (§ 23 Abs. 2 S. 2 InvG).

Es ist auch möglich, dass der Gegenwert dem Sondervermögen gar nicht zugeflossen ist, so dass es zu Fehlbeträgen auf den Sonderkonten kommt. In diesem Fall hat die Depotbank die KAG zu veranlassen, den fehlenden Betrag aus ihrem eigenen Vermögen in das Sondervermögen einzulegen[676]. Erfüllt die Depotbank diese Aufgaben nicht und trifft sie ein Verschulden, dann haftet sie gegenüber den Anteilsinhabern.

Eine Pflichtverletzung ist daneben denkbar bei der Kontrolle der Bewertungsgrundlagen nach § 12 b Nr. 1 KAGG (§ 27 Abs. 1 Nr. 1 InvG). So hat die Depotbank im Rahmen dieser Aufgabe die veröffentlichten Wertpapierkurse und die von Dritten erstellten Bewertungsgrundlagen zu überwachen. Im Rahmen dieser Tätigkeit kontrolliert sie unter anderem die maßgebenden Veröffentlichungsblätter und auch die von der Börse autorisierten Bildschirmanzeigen[677]. Werden hierbei Fehler in Form von Falschinformationen oder fehlenden Angaben übersehen, dann ist auch dabei eine Haftung möglich.

§ 12 b Nr. 2 KAGG (§ 27 Abs. 1 Nr. 2 InvG) wird ebenfalls als eine echte Verpflichtung der Depotbank angesehen[678]. Danach muss sie eine Leistung aus dem Sondervermögen davon abhängig machen, dass der Gegenwert in ihre Verwahrung gelangt. Geschäfte, die das Sondervermögen betreffen, sind grundsätzlich Zug-um-Zug-Geschäfte. Es muss daher sichergestellt werden, dass das Sondervermögen bei Geldzahlungen, Veräußerungen von Wertpapieren oder Veräußerung eines Grundstücks nicht dadurch geschädigt wird, dass der Gegenwert nach erfolgter Leistung nicht oder nicht rechtzeitig dem Sondervermögen zugeführt wird[679]. Unterlaufen der Depotbank Fehler bei der Kontrolle der Gegenleistung oder bei einer unzureichenden Beachtung der Fristen bei Übernahme des Gegenwertes einer Transaktion in das Sondervermögen, dann haftet sie gegenüber den Anteilsinhabern.

Ein Haftungsfall ist darüber hinaus denkbar im Rahmen der Verpflichtung des § 12 b Nr. 3 KAGG (§ 27 Abs. 1 Nr. 3 InvG), der der Depotbank auferlegt, dafür Sorge zu tragen, dass die Erträge des Sondervermögens gemäß den Vorschriften des KAGG und den Vertragsbedingungen verwendet werden. Die Depotbank muss dabei die Art und Zusammensetzung der Erträge kontrollieren sowie die in den Vertragsbedingungen genannten Ausschüttungsfristen beachten. Unterlaufen ihr bei der Ausschüttung Fehler, dann haftet sie wegen der Verletzung dieser Pflichten.

---

[676] § 21 Abs. 1 S. 4 KAGG.
[677] *Baur*, Investmentgesetze, § 12 b Rn. 4.
[678] *Geßler*, WM 1957, Sonderbeilage Nr. 4, S. 21.
[679] *Baur*, Investmentgesetze, § 12 b Rn. 5.

133

Für den Ausschüttungsvorgang können auch Zahlstellen von der KAG und der Depotbank eingeschaltet werden[680]. Die Depotbank trägt hierbei die Verantwortung dafür, dass die Ausschüttung auch die Anteilsinhaber erreicht[681]. Sollten Ausschüttungserträge die Anteilsinhaber nicht erreichen und ist dies auf eine mangelnde Überwachung des Vorgangs durch die Depotbank zurückzuführen, so stellt dies einen weiteren Fall der Haftung aus §§ 280 ff. BGB dar.

Ebenfalls eine Pflichtverletzung, die der Überwachungs- und Kontrollfunktion zuzuordnen ist, stellt die Nichteinhaltung der Tageskurse oder Marktpreise bei Transaktionen zum Erwerb oder zur Veräußerung von Wertpapieren[682] dar. Die gesetzliche Kursbegrenzung ist als Sollvorschrift anzusehen. Ein Verstoß macht das betroffene Rechtsgeschäft nicht nichtig, sondern ruft Ersatzansprüche gegen die KAG oder die Depotbank hervor[683]. Die Vorschrift richtet sich zwar in erster Linie an die KAG, sie kann aber auch die Depotbank betreffen.

Die Depotbank handelt zudem dann pflichtwidrig, wenn sie im Rahmen ihrer Kontrolle bei gesetzes- oder vertragswidrigen Entscheidungen der KAG nicht widerspricht[684]. Dies ergibt sich aus § 12 Abs. 2 S. 2 KAGG (§ 22 Abs. 1 S. 2 InvG) und kann durchaus zu Schäden des Sondervermögens und somit auch zu solchen der Anteilsinhaber führen.
Daneben kann sich eine Pflichtverletzung der Depotbank aus § 9 b Abs. 1 S. 6 KAGG (§ 27 Abs. 1 Nr. 4 InvG) bei fehlender Sorge für die rechtswirksame Bestellung von Sicherheiten bei Wertpapierdarlehen und der fehlenden Kontrolle des Vorhandenseins von Sicherheiten ergeben.

Die genannten Beispiele verdeutlichen nochmals die wichtige Kontrollfunktion der Depotbank. Sollte die Depotbank also ihre sich daraus gegenüber den Anteilsinhabern ergebenden Pflichten verletzen, dann führt dies bei Vorliegen der weiteren Voraussetzungen zu einem Schadensersatzanspruch aus den §§ 280 ff. BGB.

[680] *Baur*, Investmentgesetze, § 12 Rn. 19.
[681] *Baur*, Investmentgesetze, § 12 b Rn. 7.
[682] Siehe § 12 a Abs. 5 KAGG (§ 36 Abs. 2 InvG).
[683] *Baur*, Investmentgesetze, § 12 a Rn. 21; *Schödermeier / Baltzer* in: Brinkhaus / Scherer KAGG § 12 a Rn. 28.
[684] *König*, S. 153.

b) Pflichtverletzungen im Rahmen der Verwahrungs- und Anteilscheinverwaltungsfunktion

Relevante Pflichtverletzungen der Depotbank sind weiter denkbar bei der Verwahrungs- und der Anteilsscheinverwaltungsfunktion. Hier sind Fehler der Depotbank möglich bei der Durchführung der Zahlung des Rücknahmepreises bei der Rücknahme von Anteilen sowie der Ausschüttung der Gewinnanteile an die Anteilsinhaber nach § 12 a Abs. 2 KAGG (§ 22 S. 2 InvG). So liegt ein Haftungsfall dann vor, wenn die Depotbank Zahlungen (Ausschüttungen, Rückzahlungen) auf ungültige Anteilsscheine vorgenommen hat[685]. Ein Schadensersatzanspruch aus §§ 280 ff. BGB kommt daneben in Betracht, wenn die Depotbank durch Leistung an einen Nichtberechtigten nicht frei wird oder sonst Vermögensgegenstände dem Sondervermögen zu Unrecht entzogen werden[686].

Als weitere Pflichtverletzung im Rahmen der Verwahrungsfunktion ist eine unzulässige Entnahme von Vergütungen und Aufwendungsersatz aus dem Sondervermögen denkbar[687]. Hierbei ist nicht ausschließlich an Missbrauchsfälle zu denken, sondern auch an andere gesetzlich oder vertraglich nicht vorgesehene Entnahmen von Vergütungen. Auch in einem solchen Fall würde die Depotbank haften, sofern sie die unzulässige Entnahme zu vertreten hat. Somit ist auch eine Haftung der Depotbank wegen der Verletzung von Pflichten, die aus der Verwahrungsfunktion resultieren, möglich.

c) Weitere Pflichtverletzungen

Zu den bislang aufgeführten allgemeinen Pflichten, deren Verletzung zu Haftungsansprüchen der Anteilsinhaber aus §§ 280 ff. BGB führen kann, kommen einige im KAGG verteilte ergänzende Spezialpflichten der jeweiligen Sondervermögensarten, für die dies ebenfalls zutrifft. So verweisen die Vorschriften der §§ 7 a Abs. 1, 25 a, 26, 31 Abs. 9, 37 e sowie 37 l KAGG (§§ 66, 83, 87 Abs. 1 InvG) jeweils auf die sinngemäße Geltung der Vorschriften des Dritten Abschnitts des KAGG und somit auch auf die §§ 12 ff. KAGG (§§ 20 ff. InvG).

Ansonsten finden sich insbesondere in den §§ 7 a-d KAGG (§ 48 InvG) bei den Geldmarkt-Sondervermögen, den §§ 25 a-d, 25 g KAGG bei den Beteiligungs-Sondervermögen, den §§ 26, 27, 27 a-d, 31, 37 KAGG (§§ 66 ff. InvG) bei den Grundstücks-Sondervermögen, § 25 l KAGG (§ 61 InvG) bei den Investment-

---

[685] *Baur*, Investmentgesetze, § 12 c Rn. 11.

[686] *Klenk*, S. 95.

[687] Ergibt sich aus § 12 c Abs. 1 KAGG (§ 29 Abs. 2 InvG).

fondsanteil-Sondervermögen, den §§ 37 b, 37 d-37 f. KAGG (§§ 83 ff. InvG) bei den Gemischten Wertpapier- und Grundstücks-Sondervermögen sowie den §§ 37 i, 37 k, 37 l KAGG (§§ 87 ff. InvG) bei den Altersvorsorge-Sondervermögen Vorschriften zu Anlagewerten, Anlagegrenzen, Bewertung, Veräußerung und Belastung der Sondervermögen. Die im Rahmen dieser Pflichten möglichen Verletzungshandlungen entsprechen den oben erläuterten Beispielen. Als Besonderheit der Grundstücks-Sondervermögen sei an dieser Stelle nur die Vorschrift des § 31 Abs. 4 S. 2 KAGG (§ 27 Abs. 3 InvG) genannt, wonach die Depotbank zu überwachen hat, dass eine Verfügungsbeschränkung der KAG gemäß § 31 Abs. 2 S. 1 KAGG (§ 26 Abs. 1 Nr. 3 InvG) in das Grundbuch eingetragen wird. Ist diese Verfügungsbeschränkung nicht eingetragen, so stellt dies ebenfalls eine Pflichtverletzung dar, die zu einer Haftung der Depotbank führen kann.

d) Sphärentheorie

Im Rahmen der Prüfung der Schadensersatzansprüche wegen der Verletzung von gesetzlichen Schutzpflichten ist allerdings zu beachten, dass bei den Pflichten, die auch der KAG obliegen, eine Pflichtverletzung der KAG möglich ist. Es ist hierbei also das jeweilige Verschulden genau zuzuordnen.
Dies betrifft die Pflichten, die von beiden Instituten wahrzunehmen sind, so beispielsweise die Wertermittlung des Sondervermögens nach § 21 Abs. 2-4 KAGG (§ 36 Abs. 1-4 InvG). In diesem Fall handelt es sich um eine Verpflichtung, bei der eine Mitwirkung der KAG im Gesetz verlangt wird[688]. Entsprechend ihrem Anteil an der Fehlerhaftigkeit der Wertermittlung haftet deshalb gegebenenfalls auch die KAG. Hinsichtlich der Haftungsteilung gilt die sogenannte Sphärentheorie, nach der allein derjenige haftet, in dessen Bereich der schadensverursachende Fehler fällt[689]. In solchen Fällen ist also zu differenzieren, ob ein schadensverursachendes Verhalten in den Bereich der Depotbank oder in den der KAG fällt.

Ist beispielsweise die Anteilpreisberechnung fehlerhaft, haftet die Depotbank in vollem Umfang bei fehlerhafter Eingabe von Wertpapierkursen, bei versehentlicher Nichterfassung von Körperschaftssteuervergütungen oder von vorläufigen Ergebnissen aus abgeschlossenen Devisentermingeschäften, bei unvollständiger Erfassung von Bezugsrechten, bei fehlerhafter Zinsberechnung oder bei doppel-

---

[688] Nach § 21 Abs. 2 S. 3 KAGG (§ 36 Abs. 1 S. 2 InvG).
[689] *Baur* in BuB, Rn. 9/655; *Baur*, Investmentgesetze, § 21 Rn. 28.

ter Erfassung von Zinsforderungen[690]. Die KAG hingegen haftet bei fehlerhafter Abrechnung von Wertpapierumsätzen und bei unzureichender Unterrichtung der Depotbank über wertermittlungsrelevante Geschäfte für das Sondervermögen[691].

Die Ausführungen haben gezeigt, dass den Anteilsinhabern gegenüber der Depotbank ein Schadensersatzanspruch aus § 280 Abs. 1 BGB zusteht, wenn diese die ihr obliegenden gesetzlichen Schutzpflichten verletzt. Pflichtverletzungen der Depotbank können sich dabei insbesondere im Rahmen der Kontroll- und Überwachungsfunktion sowie der Verwahrungsfunktion ergeben.

Bei den gesetzlichen Pflichten, die eine Mitwirkung der KAG vorsehen, ist jedoch zu beachten, welche Institution die Pflichtverletzung zu vertreten hat.

2.) Haftung aus §§ 280 ff. BGB wegen Aufklärungspflichtverletzungen aus individuellem Anlageberatungsvertrag

In Betracht kommen daneben Pflichtverletzungen aus Aufklärungspflichten der Depotbank, die aus einem individuellen Anlageberatungsvertrag resultieren. Die Verletzung dieser Pflichten wurden bis zur Einführung der Schuldrechtsreform im Rahmen der pVV geltend gemacht[692] und wird jetzt ebenfalls durch die Regelung des § 280 BGB erfasst[693].

In der Praxis der Anlageberatung durch die Bank ist häufig ein selbständiger Beratungsvertrag Grundlage zivilrechtlicher Haftung der Bank[694]. Bei einem solchen Beratungsvertrag verpflichtet sich der Berater zur Auskunftserteilung und Beratung. Der Abschluss eines Beratungsvertrags ist grundsätzlich formfrei. Er kann ausdrücklich, aber auch stillschweigend erfolgen[695]. Voraussetzung für das Vorliegen eines stillschweigend geschlossenen Beratungsvertrags ist ein Rechtsbindungswille der Parteien, wobei hiervon schon ausgegangen werden kann, wenn die Auskunft für den Kunden offensichtlich von erheblicher Bedeutung ist und dieser sie zur Grundlage seiner Vermögensdisposition ma-

---

[690] *Baur*, Investmentgesetze, § 12 c Rn. 11, § 21 Rn. 28.

[691] *Baur* in: BuB, Rn. 9/655.

[692] Siehe hierzu und mit Nachweisen zur Rspr. *Schäfer*, S. 9.

[693] *Schödermeier / Baltzer* in: Brinkhaus / Scherer KAGG § 12 Rn. 16.

[694] BGHZ 74, 103 ff.; BGH WM 1982, 1201; BGHZ 100, 117 ff.; BGHZ 123, 126 ff.; BGH WM 1993, 1238; WM 1997, 662; *Balzer*, WM 2000, 441, 442; *Schäfer*, S. 9; *Krimphove*, S. 5; *Ellenberger*, WM 2001, Sonderbeilage Nr. 1, S. 3.

[695] *Balzer*, WM 2000, 441, 442; *Horn*, ZBB 1997, 139, 143; *v. Stebut*, ZIP 1992, 1698, 1701; *Krimphove*, S. 5; *Schäfer* in: Schwintowski / Schäfer, § 18 Rn. 4; *Schäfer*, S. 9; *Siol* in: Schimansky / Bunte / Lwowski, § 43 Rn. 6; *Ellenberger*, WM 2001, Sonderbeilage Nr. 1, S. 3.

chen will[696]. Tritt ein Anlageinteressent an eine Bank oder einen Anlageberater heran, um über die Anlage eines Geldbetrages beraten zu werden, so wird das darin liegende Angebot auf Abschluss eines Beratungsvertrags stillschweigend durch die Aufnahme des Beratungsgesprächs angenommen[697].

Auch im Rahmen der Anlagevermittlung kommt zwischen dem Anlageinteressenten und dem Anlagevermittler ein Auskunftsvertrag mit Haftungsfolgen zumindest stillschweigend zustande, wenn der Interessent deutlich macht, dass er, auf eine bestimmte Anlageentscheidung bezogen, die besonderen Kenntnisse und Verbindungen des Vermittlers in Anspruch nehmen will und der Anlagevermittler die gewünschte Tätigkeit beginnt[698]. Der zwischen dem Anlageinteressenten und dem Anlagevermittler zustande gekommene Auskunftsvertrag verpflichtet dann den Vermittler zu richtiger und vollständiger Information über diejenigen tatsächlichen Umstände, die für den Anlageentschluss des Interessenten von besonderer Bedeutung sind[699].

In beiden Fällen, sowohl bei der Anlageberatung als auch bei der Anlagevermittlung wird allerdings jeweils vorausgesetzt, dass es auch zu einem Beratungsgespräch gekommen ist[700]. Der Kunde muss an die Bank oder eine andere Institution oder Person herantreten und es muss ihm dann ein eigener Rat in einem Beratungsgespräch erteilt werden.
Es ist daher schwierig, einen Anspruch aus einem selbständigen Beratungsvertrag zwischen einem Anleger und der Depotbank anzuerkennen. Bei den typischen Anlageberatungs- oder Anlagevermittlungsfällen tritt der Interessent an eine Bank (oder Sparkasse) heran, um über die Anlage eines Geldbetrages beraten zu werden[701]. Diese Bank ist i.d.R. aber gerade nicht die Depotbank, sondern eine Vertriebsstelle, die die Fondsanteile der Investmentgesellschaft vertreibt und in diesem Rahmen auch beratend tätig wird. Es fehlt somit regelmäßig schon an einem geschäftlichen Kontakt zwischen Anleger und Depotbank. Beim typischen Kauf von Investmentanteilen erteilt der Anleger die Kaufaufträge vielmehr ohne vorherigen Kontakt mit der Depotbank gezielt und von sich aus gerade auf die verfahrensgegenständlichen Fondsanteile bezogen. Dies ha-

---

[696] BGHZ 74, 103, 106; OLG Frankfurt a.M. WM 1997, 364, 368; *Balzer*, WM 2000, 441, 442; *Krimphove*, S. 5; *Schäfer* in: Schwintowski / Schäfer, § 18 Rn. 5.
[697] BGH WM 1990, 1276, 1279; BGHZ 123, 126, 128; BGH WM 1999, 137, 138; WM 2000, 1441, 1442.
[698] BGH ZIP 1993, 997 f.; ZIP 2000, 355; *Siol* in: Schimansky / Bunte / Lwowski, § 45 Rn. 5.
[699] BGH ZIP 2000, 355, 356.
[700] *Ellenberger*, WM 2001, Sonderbeilage Nr. 1, S. 3; Siehe beispielsweise Sachverhalt der „Bond-Anleihe"-Entscheidung des BGH, ZIP 1993, 1148.
[701] *Balzer*, WM 2000, 441, 443.

ben auch die Ausführungen zum Vertrieb der Investmentanteile gezeigt[702]. Aus der Zuleitung dieser Kaufaufträge durch die Depotbank ergibt sich noch nicht das Begehren des Kunden nach einer Beratung[703]. Es fehlt bei den Anlegern wie auch bei der Depotbank an einem Rechtsbindungswillen bezüglich eines Beratungsvertrags.

Denkbar wäre allerdings, dass der Anlageinteressent mit einer genauen Kauforder an die Depotbank selbst herantritt. Es ergibt sich aber keine gesetzliche Pflicht einer Bank zur Kundenberatung, wenn ihr ein unbedingter Kaufauftrag bezüglich bestimmter Wertpapiere erteilt wird[704]. In einem solchen Fall darf die Bank davon ausgehen, dass der Kunde sich über das von ihm angestrebte Anlagegeschäft bereits informiert hat und nur insoweit noch der Beratung bedarf, als er dies ausdrücklich verlangt oder als dies aus sonstigen Umständen für die Bank erkennbar wird[705]. Wenn ein Kunde daher ohne vorherige Ankündigung oder gezielt von sich aus, bestimmte Fondsanteile kauft und strikte Order erteilt, ist ein Beratungsvertrag daher zu verneinen[706]. Dies gilt selbst dann, wenn der Kunde mit der strikten Kauforder direkt an die Depotbank herantreten würde.

Nur in den Fällen, wo ein direkter geschäftlicher Kontakt mit Beratungsbedarf zwischen dem Anleger und der Depotbank gegeben ist, kann überhaupt ein individueller Beratungsvertrag in Erwägung gezogen werden. Dieser Vertrag kann dann Rechtsgrundlage für eine Aufklärungspflichtverletzung sein, die im Rahmen des § 280 BGB geltend zu machen ist. Dieser Fall dürfte in der Praxis aber kaum vorliegen.

3.) Haftung wegen unterlassener Benachrichtigungspflichten

Im Rahmen einer Haftung gemäß § 280 BGB ist noch zu untersuchen, ob sich eine Haftung wegen unterlassener Benachrichtigungspflichten über Gegebenheiten auf dem Kapitalmarkt daraus herleiten lässt, dass die Depotbank zugleich auch diejenige Bank ist, die das Wertpapierdepot des Anlegers verwaltet. Dies setzt zum einem den Umstand voraus, dass die Depotbank auch tatsächlich die Wertpapierverwaltung übernommen hat und dies keiner anderen Bank übertragen worden ist. Des Weiteren müssten sich aus diesem Umstand Benachrichti-

---

[702] Siehe S. 10 f.
[703] OLG Frankfurt a.M. WM 1997, 364, 368.
[704] BGH WM 1996, 664, 665; OLG Frankfurt a.M. WM 1997, 364, 368.
[705] BGH WM 1996, 664, 665.
[706] *Zeller*, in: WuB I G 8. - 3.94, S. 418, 420.

139

gungspflichten herleiten lassen. Erforderlich wäre daher ein entsprechender Vermögensbetreuungsvertrag, der bestimmte Benachrichtigungspflichten beinhaltet. Allein das Führen des Wertpapierdepots verpflichtet allerdings noch nicht dazu, umfassend gegenüber dem Kunden über tatsächliche Gegebenheiten auf dem Kapitalmarkt zu informieren, sofern nicht ausdrücklich etwas anderes vereinbart wird[707]. Auch hier bleibt der Kunde für seine Anlageentscheidung selbst verantwortlich und hat somit grundsätzlich das Risiko der Fehleinschätzung zu tragen[708]. Im Regelfall des Kaufs von Investmentanteilen wird ein derartiger Vermögensbetreuungsvertrag gerade nicht gegeben sein. Einen solchen Vertrag findet man eher bei der individuellen Vermögensverwaltung.

4.) Zwischenergebnis

Schadensersatzansprüche der Anteilsinhaber gegenüber der Depotbank wegen Pflichtverletzungen aus bestehenden vertraglichen Beziehungen sind nur dann gegeben, wenn die Anteilsinhaber an die Depotbank herantreten und es zum Abschluss eines Beratungsvertrags kommt. Dies stellt in der Praxis aber einen Ausnahmefall dar. Eine Haftung wegen unterlassener Benachrichtigungspflichten ist nicht ersichtlich. Schadensersatzansprüche wegen Pflichtverletzungen aus dem zwischen Depotbank und Anteilsinhabern bestehenden gesetzlichen Schuldverhältnis können sich hingegen insbesondere bei der Verletzung der aus den Kontroll- sowie Verfahrungsaufgaben resultierenden Pflichten ergeben.

V.) Haftung aus § 280 Abs. 1 i.V.m. §§ 241 Abs. 2, 311 Abs. 2, 3 BGB wegen einer Pflichtverletzung im Rahmen von vorvertraglichen Beziehungen

Neben der Verletzung von Pflichten im Rahmen eines bestehenden Schuldverhältnisses sind auch Pflichtverletzungen im Rahmen von vorvertraglichen Beziehungen möglich. Die daraus resultierenden Haftungsfälle wurden bis zum 01.01.2002 durch das Rechtsinstitut der culpa in contrahende (c.i.c.) erfasst und sind jetzt in den §§ 241 Abs. 2, 311 Abs. 2 BGB normiert. Anspruchsgrundlage für den Ersatz des durch die Pflichtverletzung entstehenden Schadens ist eben-

---

[707] OLG Schleswig WM 1996, 1487, 1488.
[708] OLG Karlsruhe WM 1992, 577; OLG Frankfurt a.M. WM 1996, 665; OLG Schleswig WM 1996, 1487, 1488.

falls § 280 Abs. 1 BGB. Auch im Rahmen dieser Prüfung soll bis auf die Pflichtverletzung vom Vorliegen der weiteren Haftungsvoraussetzungen ausgegangen werden. Es bleibt dann jeweils zu fragen, inwieweit die Depotbank im Rahmen von vorvertraglichen Beziehungen Schutz- oder Aufklärungspflichten verletzen kann, die dann zur Haftung gemäß § 280 Abs. 1 i.V.m. §§ 241 Abs. 2, 311 Abs. 2, 3 BGB führen.

1.) Allgemeine zivilrechtliche Prospekthaftung

In Betracht kommt dabei zunächst ein Anspruch der Anteilsinhaber gegenüber der Depotbank aus § 280 Abs. 1 BGB nach den Grundsätzen der allgemeinen zivilrechtliche Prospekthaftung.

a) Anwendbarkeit der allgemeinen zivilrechtlichen Prospekthaftung

Bevor jedoch auf die Voraussetzungen der allgemeinen zivilrechtlichen Prospekthaftung eingegangen wird, ist zunächst die Frage zu klären, ob diese hier überhaupt anwendbar ist. Es ist umstritten, inwieweit neben der speziellen investmentrechtlichen Prospekthaftung noch Raum für eine Anwendung der allgemeinen zivilrechtlichen Prospekthaftung bleibt. Nach einem Teil der Literatur schließt die Prospekthaftung des § 20 KAGG (§ 127 InvG) eine allgemeine zivilrechtliche Prospekthaftung nicht aus[709]. Trotz des wesentlich geringeren Verschuldensmaßstabs und anderer Verjährungsregelungen sind nach dieser Ansicht auch Ansprüche nach der allgemeinen zivilrechtlichen Prospekthaftung neben § 20 KAGG (§ 127 InvG) als lex specialis anwendbar, so dass der Käufer von Investmentanteilen nicht gehindert ist, neben dem Anspruch aus § 20 KAGG (§ 127 InvG) unter anderem auch einen Anspruch aus Verschulden bei Vertragsschluss geltend zu machen[710]. Die allgemeine zivilrechtliche Prospekthaftung wird durch die engere gesetzliche Prospekthaftung nicht ausgeschlossen, sondern kompensiert und ergänzt deren als unzureichend empfundenen Regelungsbereich[711].

---

[709] *Baur*, Investmentgesetze, § 20 Rn. 33 mit Verweis auf BGH WM 1978, 611, 612; *Baur* in: BuB, Rn. 9/534 und 9/657; *Beckmann* in: Investment-Handbuch 425, § 20 Rn. 6; *Horst*, S. 33; *Gschoßmann*, S. 156.

[710] *Horst*, S. 33; *Baur*, Investmentgesetze, § 20 Rn. 3.

[711] *Gschoßmann*, S. 156.

Zur Regelung der Verjährung kann jedoch hinzugefügt werden, dass sich die in der Literatur angesprochenen Abweichungen noch auf die Gesetzeslage bis zum 01.01.2002 bezogen. Für die Regelung des § 280 Abs. 1 BGB, der i.V.m. den §§ 241 Abs. 2, 311 Abs. 2 BGB die Fälle der bis zur Schuldrechtsreform angewandten c.i.c. erfasst, gilt jetzt die regelmäßige Verjährungsfrist von drei Jahren gemäß § 195 BGB, wobei die Verjährungsfrist nach § 199 Abs. 1 BGB mit dem Schluss des Jahres beginnt, in dem der Anspruch entstanden ist und der Gläubiger von den den Anspruch begründenden Umständen und der Person des Schuldners Kenntnis erlangt hat. Die Regelung des § 199 Abs. 2 BGB, die bei Verletzung bestimmter Rechtsgüter eine 30jährige Verjährungsfrist für Schadensersatzansprüchen vorsieht, ist nicht erfüllt, da in den hier zu prüfenden Haftungsfällen keine Verletzungen des Lebens, des Körpers, der Gesundheit oder der Freiheit vorliegen.

Nach der investmentrechtliche Regelung des § 20 Abs. 5 KAGG (§ 127 Abs. 5 InvG) verjähren die Ansprüche innerhalb von einem Jahr ab Kenntnis des Anlegers von den Prospektmängeln, spätestens aber in drei Jahren nach Erwerb der Kapitalanlage, hier also der Anteile am Investmentfonds. Somit besteht zwischen den verschiedenen Prospekthaftungsansprüchen nicht mehr so ein gravierender Unterschied, wie er noch nach alter Rechtslage mit der Anwendung der 30jährigen Verjährungsfrist des alten § 195 BGB für die Fälle gegeben war, in denen die Verhandlungen über die Kapitalanlage unter Inanspruchnahme persönlichen Vertrauens oder aus eigenem wirtschaftlichen Interesse heraus geführt wurden[712].

Soweit Prospektbeteiligte oder Initiatoren typisiertes Vertrauen in Anspruch genommen hatten und soweit es kaufrechtlich geprägte Anlagen waren, orientierte sich die Verjährung nach alter Rechtslage zumindest bei der Prospekthaftung im engeren Sinn ohnehin an der spezialgesetzlichen Prospekthaftung[713]. Ein wesentlicher Unterschied zwischen der allgemeinen zivilrechtlichen und der spezialgesetzlichen Prospekthaftung besteht nach neuer Rechtslage somit nur noch in der Form des Verschuldens.

Die Rechtsprechung hat in den die Prospekthaftung einer Depotbank nach dem KAGG betreffenden Fällen den damals noch zu prüfenden Anspruch aus c.i.c. wegen in Anspruch genommenen Vertrauens parallel zu dem Anspruch aus § 20 KAGG (§ 127 InvG) geprüft[714].

---

[712] Zur Rechtsprechung des BGH siehe BGHZ 83, 222, 226 f.; 111, 314, 321 ff.; BGH WM 1984, 889; 1990, 145; 1990, 1469, 1470; 1994, 1371, 1373; siehe auch die Rechtsprechungsübersichten bei *Kiethe*, ZIP 2000, 216, 223 f; *Schäfer*, S. 49 ff.

[713] BGHZ 70, 356, 361; 83, 222, 226 f.; 111; 314, 321 ff.; BGH WM 1984, 889.

[714] OLG Frankfurt a.M. WM 1997, 364, 366 f; OLG Frankfurt a.M., Urteil v. 26.10.2000 – 16 U 90/99, S. 7 (unveröffentlicht).

Eine Ansicht in der Literatur vertritt hingegen, dass Ansprüche nach den Grundsätzen der allgemeinen zivilrechtlichen Prospekthaftung nicht neben der investmentrechtlichen Prospekthaftung anwendbar sind, sondern aufgrund der Spezialität verdrängt werden[715]. Danach schließt die investmentrechtliche Prospekthaftung zwar die Geltendmachung von Ersatzansprüchen aufgrund allgemeiner Anspruchsgrundlagen des Bürgerlichen Rechts nicht aus[716]. Die allgemeine zivilrechtliche Vertrauenshaftung soll jedoch hinter der auf grobes Verschulden beschränkten Vertrauenshaftung des Investmentrechts zurücktreten[717]. Für die allgemeine zivilrechtliche Prospekthaftung ist dieser Meinung zufolge erst dann Raum, wenn keine der spezialgesetzlich geregelten Prospekthaftungsbestimmungen eingreift[718]. Dies ist in den Fällen gegeben, in denen sich die verschuldete Unrichtigkeit oder Unvollständigkeit auf eine Publikation bezieht, die keinen Verkaufsprospekt i.S.d. § 19 KAGG (§§ 42, 121 InvG) darstellt[719].

Die Streitfrage der Konkurrenzen hat nicht nur rein akademischen Wert: Unterschiede ergeben sich zwischen den verschiedenen Ansprüchen insbesondere hinsichtlich des Verschuldens. Die Haftungsansprüche nach § 20 KAGG (§ 127 InvG) und nach § 280 Abs. 1 BGB setzen beide Verschulden voraus. Allerdings erstreckt sich die zivilrechtliche Prospekthaftung gemäß § 276 BGB auf Vorsatz und jede Form der Fahrlässigkeit, während nach § 20 Abs. 3 KAGG (§ 127 Abs. 3 InvG) eine Beschränkung auf grobe Fahrlässigkeit vorgesehen ist. Für die Personen, die nach § 20 Abs. 4 KAGG (§ 127 Abs. 4 InvG) haften, ist die Regelung sogar noch großzügiger: Nach § 20 Abs. 4 S. 1 KAGG (§ 127 Abs. 4 S. 1 InvG) tritt die Haftung nur ein, wenn die dort genannten Personen positive Kenntnis von der Fehlerhaftigkeit des Prospekts hatten. Dies sind im Rahmen des Verschuldens wesentliche Unterschiede zur Haftung nach § 280 Abs. 1 BGB.

Da neben dem Erfordernis des fehlerhaften Prospekts auch die Rechtsfolgen identisch sind, würde sich eine parallele Anwendung der zivilrechtlichen und der investmentrechtlichen Prospekthaftung insbesondere dann auswirken, wenn die Unrichtigkeit oder Unvollständigkeit des Verkaufsprospekts auf einfacher Fahrlässigkeit beruht. Es wird daher argumentiert, dass die investmentrechtliche Prospekthaftung in diesem Fall bedeutungslos werden würde[720].

---

[715] *König*, S. 144; *Köndgen* in: Schimansky / Bunte / Lwowski, § 113 Rn. 87; *Köndgen*, Die AG 1983, 85 (I), 120 (II), 130; *Kiethe*, ZIP 2000, 216, 218; ohne Begründung *Assmann* in: Assmann / Schütze, § 7 Rn. 196.

[716] *Assmann* in: Assmann / Schütze, § 7 Rn. 196.

[717] *Köndgen*, Die AG 1983, 85 (I), 120 (II), 130.

[718] *Kiethe*, ZIP 2000, 216, 218.

[719] *König*, S. 144.

[720] *König*, S. 143.

Einer Ansicht zufolge ist es fraglich, ob diese Konsequenz von der Rechtsprechung, die die zivilrechtliche Prospekthaftung maßgeblich bestimmt hat, beabsichtigt war. Denn zu jenem Zeitpunkt war die investmentrechtliche Prospekthaftung bereits in den Text des KAGG und des AuslInvestmG aufgenommen worden[721]. Trotz der damit bestehenden Möglichkeit einer weitreichenden Analogie schlug die Rechtsprechung aber einen parallelen Weg ein. Abgesehen von dem vornehmlichen Anwendungsbereich, der Lückenschließung im Anlegerschutz auf dem sogenannten grauen Kapitalmarkt, könnte man bezogen auf das Investmentrecht die zivilrechtliche Prospekthaftung nach der Ansicht von König daher als eine verdrängende Rechtsfortbildung ansehen[722]. König kritisiert zudem, dass sich Baur[723], der die andere Ansicht vertritt, vor allem auf ein Urteil des BGH stützt, dem zwar zu entnehmen ist, dass eine parallele Anwendung der zivilrechtlichen und der investmentrechtlichen Prospekthaftung zulässig ist, dabei aber der Ansicht von König zufolge verkannt wird, dass sich die Entscheidungsgründe des Gerichts auf das Problem der Anwendung der zivilrechtlichen Prospekthaftung auf einen gerade nicht von § 20 KAGG erfassten Fall bezogen[724].

Trotzdem sprechen die besseren Argumente für eine parallele Anwendung. Der BGH[725] hat in seiner Entscheidung den Weg der parallelen Anwendbarkeit von investmentrechtlicher und zivilrechtlicher Prospekthaftung gewählt, ohne auf Analogien zurückzugreifen. Es ist zwar richtig, dass diese Entscheidung auf die Prospekthaftung zum AuslInvestmG ergangen ist. Dies bedeutet aber nicht, dass für das KAGG eine andere Regelung gelten muss. Betrachtet man die Prospekthaftungsvorschriften von § 20 KAGG (§ 127 InvG) sowie § 12 AuslInvestmG (§ 127 InvG), so stellt man fest, dass sie fast wortgleich sind. Beide Vorschriften weisen keine sachlichen Unterschiede auf[726]. Somit ist es durchaus gerechtfertigt, die genannte Entscheidung des BGH auch auf § 20 KAGG (§ 127 InvG) zu übertragen.

In der Begründung zur Prospekthaftung des AuslInvestmG heißt es, dass es nicht ausreichend erscheint, den Sparer allein auf die allgemeinen Rechtsbehelfe des bürgerlichen Rechts zu verweisen[727]. Das bedeutet, dass weitere spezialgesetzliche Rechtsbehelfe erforderlich erscheinen und auch von der Gesetzgebung erwünscht waren. Dies muss auch für das KAGG gelten. Schließlich dient

---

[721] *König*, S. 143.

[722] *König*, S. 144.

[723] *Baur*, § 20 Rn. 33, mit Verweis auf BGH, WM 1978, 611, 612.

[724] *König*, S. 144 Fn 422.

[725] BGH WM 1978, 611, 612.

[726] *Baur*, Investmentgesetze, § 12 AuslInvestmG Rn. 3.

[727] BT-Drucks. V / 3494, S. 23.

es vornehmlich dem Anlegerschutz. Diesem Erfordernis wird aber nicht Rechnung getragen, wenn man eine parallele Anwendung von investmentrechtlicher und zivilrechtlicher Prospekthaftung ablehnt. Der Schutz des Anlegers wird nur dann gewährleistet, wenn er Zugriff sowohl zur investmentrechtlichen als auch zur zivilrechtlichen Prospekthaftung hat.

Auch die neuere Rechtsprechung hat in den bislang zur Haftung einer Depotbank nach dem KAGG ergangenen Fällen beide Ansprüche nebeneinander geprüft[728]. Das OLG Frankfurt a.M. hat den Anspruch aus § 20 KAGG (§ 127 InvG) lediglich an der Verjährung scheitern lassen und im Anschluss daran nach alter Rechtslage den Anspruch aus c.i.c. wegen in Anspruch genommene Vertrauens geprüft[729].

Hiergegen lässt sich nun wie schon von der oben angeführten Literaturmeinung vortragen, dass man den spezialgesetzliche Verschuldensmaßstab nicht durch den Rückgriff auf die zivilrechtliche Prospekthaftung übergehen darf. Zusätzlich zu den bereits genannten Argumenten kann etwas anderes aber dann gelten, wenn die Haftung auf einen anderen Tatbestand als den der unrichtigen Prospektangaben gestützt wird.

Bei der allgemeinen zivilrechtlichen Prospekthaftung ist zwischen der Prospekthaftung im weiteren Sinn und der im engeren Sinn zu differenzieren. Beide Haftungsansprüche erfordern zwar jeweils einen unrichtigen Prospekt. Im Rahmen der allgemeinen zivilrechtlichen Prospekthaftung im weiteren Sinn begründet sich die Haftung aber aus der Inanspruchnahme besonderen persönlichen Vertrauens einem bestimmten Verhandlungspartner gegenüber unter Verwendung von Prospekten[730]. Bei der Prospekthaftung im engeren Sinn ist Grundlage für die unterschiedlichen Gruppen der Haftungsfälle das typisierte Vertrauen der Anleger auf die Richtigkeit und Vollständigkeit der von bestimmten Prospektverantwortlichen gemachten Angaben[731]. In beiden Fällen wird die Haftung daher auf einen anderen Tatbestand als den der unrichtigen Prospektangaben gestützt. Somit weicht der Tatbestand von dem des § 20 KAGG (§ 127 InvG) ab.

---

[728] OLG Frankfurt a.M. WM 1997, 364, 366 f.; OLG Frankfurt a.M., Urt. v. 26.10.2000 – 16 U 90/99, S. 8 (unveröffentlicht), in der Revision wurde diese Frage vom BGH nicht entschieden in BGH WM 2001, 2053.

[729] OLG Frankfurt a.M. WM 1987, 364, 366; OLG Frankfurt a.M., Urt. v. 26.10.2000 – 16 U 90/99, S. 8 (unveröffentlicht).

[730] *Siol* in: Schimansky / Bunte / Lwowski, § 45 Rn. 40; *Schäfer / Müller* Rn. 22; *Assmann* in: Assmann / Schütze, § 7 Rn. 100 ; *Schäfer*, S. 11; *v. Heymann*, S. 186.

[731] *Siol* in: Schimansky / Bunte / Lwowski, § 45 Rn. 31 ff.; *Assmann* in: Assmann / Schütze, § 7 Rn. 114.

Deshalb wird hier der Ansicht gefolgt, dass die investmentrechtliche Prospekt-haftung des § 20 KAGG (§ 127 InvG) die Anwendbarkeit der allgemeinen zivil-rechtlichen Prospekthaftung zumindest in den Fällen nicht ausschließt, in denen sich die Haftung auf einen anderen Tatbestand als den der unrichtigen Pros-pektangaben stützt. Von der zivilrechtlichen Prospekthaftung werden dann ins-besondere die Fälle der Inanspruchnahme besonderen persönlichen Vertrauens erfasst.

b) Voraussetzungen der allgemeinen zivilrechtlichen Prospekthaftung

Es ist dann nach den Voraussetzungen der allgemeinen zivilrechtlichen Pros-pekthaftung zu fragen und vor allem danach, ob eine Haftung der Depotbank nach diesen Grundsätzen möglich ist. Bei der vorwiegend durch die Rechtspre-chung entwickelten allgemeinen zivilrechtlichen Prospekthaftung wird unter-schieden zwischen einer Haftung aufgrund der aktiven Gestaltung und Beein-flussung des Prospektinhalts (Prospekthaftung im engeren Sinn) und der Haf-tung wegen Schlechterfüllung unabhängig von dem Prospekt begründeter vor-vertraglicher Aufklärungs- und Informationspflichten aufgrund der Verwen-dung eines fremden Prospekts (Prospekthaftung im weiteren Sinn)[732]. Entspre-chend der haftungsbegründenden Handlung ist die Prospekthaftung im engeren Sinn daher eine Haftung aufgrund der Prospekterstellung. Die Prospekthaftung im weiteren Sinn ist demgegenüber eine Haftung aufgrund der Prospektverwen-dung, mittels derer sich der Haftende den falschen Prospektinhalt zu eigen macht und bei der er zudem einer Aufklärungspflicht obliegt[733].

Die Prospekthaftung setzt als haftungsbegründende Pflichtverletzung einen mangelhaften Prospekt voraus, dass heißt einen Prospekt, der unrichtige, un-vollständige oder irreführende Angaben enthält[734]. Die falschen oder fehlenden Prospektangaben müssen den Anleger bei seiner Anlageentscheidung beein-flusst haben, so dass er sich bei Kenntnis der wahren Sachlage gegen den Er-werb der Anlage entschieden hätte[735]. Darüber hinaus muss die Anlageentschei-dung zu dem geltend gemachten Schaden geführt haben[736]. Es handelt sich um

---

[732] *Siol* in: Schimansky / Bunte / Lwowski, § 45 Rn. 30; *Kiethe*, ZIP 2000, 216; *Lüdicke*, S. 89; *Schäfer / Müller*, Rn. 21 f.

[733] *Siol* in: Schimansky / Bunte / Lwowski, § 45 Rn. 40; *Kiethe*, ZIP 2000, 216; *Assmann* in: Assmann / Schütze, § 7 Rn. 100; *Lüdicke*, S. 89.

[734] BGHZ 79, 337, 348; 111, 314; BGH WM 1993, 1787.

[735] BGHZ 71, 284, 291 f.; 74, 103, 112; 79, 337, 346.

[736] BGHZ 71, 284, 292.

eine verschuldensabhängige Haftung, wobei allerdings leicht fahrlässiges Verhalten zur Haftungsbegründung regelmäßig ausreicht[737]. Dies einmal vorausgesetzt, ist auch hier bei der Frage nach der Haftung der Depotbank stets entscheidend, ob diese dem Adressatenkreis der allgemeinen zivilrechtlichen Prospekthaftung zuzurechnen ist. Hierbei ist, wie dargestellt, zwischen der Haftung im engeren und im weiteren Sinn zu differenzieren.

aa) Haftung nach den Grundsätzen der Prospekthaftung im weiteren Sinn

(1) Voraussetzungen

Der Prospekthaftung im weiteren Sinn unterfallen all jene, denen auf vertraglicher oder quasivertraglicher Grundlage aufgrund der Inanspruchnahme persönlichen Vertrauens eine Aufklärungspflicht obliegt und die sich in der Erfüllung derselben eines Prospekts bedienen und inhaltlich zu eigen machen oder einen aus ihrer Person hergeleiteten zusätzlichen Vertrauenstatbestand schaffen, um so ihren Verhandlungspartnern eine zusätzliche, wenn nicht gar die ausschlaggebende Gewähr für die Richtigkeit der in dem Werbeprospekt oder anderweit über die Kapitalanlage gemachten Angaben bieten[738].

Eine Haftung der Depotbank nach diesen Grundsätzen ist überhaupt nur dann möglich, wenn sie mit dem Anleger in Kontakt tritt und sich dabei des Prospekts bedient. An diesem direkten Kontakt und der Verwendung des Prospekts dürfte es jedoch in den meisten Fällen fehlen, da dies normalerweise, wie schon bei der Haftung nach § 20 KAGG (§ 127 InvG) beschrieben, nicht Aufgabe der Depotbanken ist. Bei der Abwicklung des Investmentgeschäfts verwenden die unterschiedlichen Vertriebsstellen die Verkaufsprospekte. Nur, wenn eine Verhandlungssituation unter Mitwirkung der Depotbank gegeben ist, bei der der geforderte zusätzliche Vertrauenstatbestand geschaffen werden kann, ist eine Prospekthaftung im weiteren Sinn möglich.

Denkbar ist eine Haftung der Depotbank daher, wenn sie beim Verkauf der Fondsanteile vermittelnd tätig war. Baur bezeichnet diesen Fall als Haftung der Depotbank als Emissionshelfer[739]. Ihre Haftung kann in diesem Fall aus zwei Gründen entstehen. Zum einen, wenn sie sich die Prospektangaben zur Erfül-

---

[737] BGHZ 71, 284, 292; 79, 337.

[738] BGHZ 74, 103, 109; *Assmann* in: Assmann / Schütze, § 7 Rn. 100; *Schäfer*, S. 11; *Siol* in: Schimansky / Bunte / Lwowski, § 45 Rn. 40; *v. Heymann*, S. 186; *Schäfer / Müller* Rn. 22; *Förster*, S. 81.

[739] *Baur* in: BuB; Rn. 9/658.

lung eigener Aufklärungspflichten „zu eigen" macht[740] oder wenn sie einen zusätzlichen persönlichen Vertrauenstatbestand geschaffen hat, der sie als Garanten für die Richtigkeit eines Prospekts erscheinen lässt[741]. Einer weiteren Ansicht zufolge ist es kaum vorstellbar, dass eine Depotbank, die ein Fondskonzept entwickelt sowie Fondsanteile vermittelt und vertreibt, keinerlei vorvertragliche Aufklärungspflichten haben soll[742].

Es fragt sich jedoch, woraus sich ein zusätzlicher persönlicher Vertrauenstatbestand begründen soll. Grundsätzlich haftet auch derjenige, der außerhalb eines Vertragsverhältnisses im Rahmen von Vertragsverhandlungen persönliches Vertrauen in Anspruch nimmt. Ein solches besonderes Vertrauen liegt nur vor, wenn es über den Rahmen des normalen Verhandlungsvertrauens, das bei der Anbahnung von Geschäftsbeziehungen meist gegeben ist, hinaus geht[743]. Das ist der Fall, wenn jemand mit Hinweis auf seine außergewöhnliche Sachkunde oder seine besondere persönliche Zuverlässigkeit dem Verhandlungspartner eine zusätzliche, von ihm persönlich ausgehende Gewähr für das Gelingen des in Aussicht genommenen Geschäfts bietet[744]. Es kommt dabei auch nicht darauf an, ob der Anleger subjektiv auf die Depotbank vertraut hat, sondern darauf, ob diese ein Verhalten an den Tag gelegt hat, das objektiv geeignet war, bei einem potentiellen Anleger ein besonderes Vertrauen hervorzurufen[745].

Schwierig ist allerdings, herauszuarbeiten, aufgrund welcher Handlung die Depotbank dieses besondere Vertrauen in Anspruch nehmen soll. Sind Vertragsverhandlungen zwischen Depotbank und Anleger gegeben, beispielsweise, wenn die Depotbank mit in den Vertrieb der Fondsanteile eingeschaltet ist, kommt eine Haftung bei Vorliegen der weiteren Voraussetzungen des § 280 Abs. 1 BGB durchaus in Betracht. Die Depotbank müsste dann im Rahmen des Vertriebs der Fondsanteile Erklärungen abgeben, durch die sie ein Vertrauen erwecken kann, welches zu einer Haftung führt. Dies kann dadurch geschehen, dass sie sich an die Anleger wendet, und sich als erfahrene und seriöse Partnerin bezeichnet[746]. Des Weiteren kann die Depotbank durch die Behauptung besonderes Vertrauen in Anspruch nehmen, die Anlage in dem Optionsscheinfonds

---

[740] Vgl. BGHZ 79, 337, 348; *Baur*, Investmentgesetze, § 20 Rn. 41.

[741] BGHZ 79, 337, 348; BGH WM 1984, 1075, 1076; 1986, 517, 518 f.; 1992, 901, 906; *Baur* in: BuB, Rn. 9/658; *Assmann* in: Assmann / Schütze, § 7 Rn. 124; *Förster*, S. 81.

[742] *V. Stebut*, EWiR 1997, 311, 312.

[743] BGHZ 74, 103, 108; OLG Frankfurt a.M. WM 1997, 364, 366.

[744] BGH WM 1986, 517, 518.

[745] OLG Frankfurt a.M. WM 1997, 364, 366; OLG Frankfurt a.M., Urteil v. 26.10.2000 – 16 U 90/99, S. 8 (unveröffentlicht).

[746] Vgl. BGHZ 74, 103, 110.

148

selbst geprüft zu haben[747]. Haftungsbegründend kann auch die Aussage sein, von ihr beauftragte Experten hätten die Anlage überprüft oder sie selbst habe bei der Auswahl der Anlage besondere Sorgfalt walten lassen[748]. Diese Aussage dürfte aber selten vorliegen, da die KAG für die Auswahl der Fondszusammensetzungen zuständig und verantwortlich ist.

Zu beachten ist weiter, ob die Depotbank gegebenenfalls in sonstiger Weise für den Fonds besonders geworben hat. § 311 Abs. 3 BGB sieht vor, dass ein Schuldverhältnis mit den Pflichten nach § 241 Abs. 2 BGB auch zu Personen entstehen kann, die nicht selbst Vertragspartner werden sollen. Dies ist dadurch möglich, dass die Depotbank mit ihren Kompetenzen oder mit ihren geschäftlichen Verbindungen für den Kauf der Fondsanteile Werbung betreibt[749]. Eine derartige Werbung dürfte in der Praxis allerdings die Ausnahme darstellen. Auch in den vom BGH und dem OLG Frankfurt a.M. zu entscheidenden Fällen der Haftung einer Depotbank ist diese in dem aufgelegten Verkaufsprospekt lediglich als das bezeichnet worden, was sie ist, nämlich die obligatorische Depotbank für diesen Investmentfonds[750]. Die Auswahl einer Depotbank bedarf zwar nach § 12 Abs. 3 S. 1 KAGG (§ 21 Abs. 1 S. 1 InvG) der Genehmigung der Bankaufsichtsbehörde und setzt eine besondere Qualifikation des Bankinstituts voraus[751]. Wenn eine Depotbank für einen aufgelegten Fonds zur Depotbank berufen wird, bedeutet das aber lediglich, dass sie diese Voraussetzungen erfüllt hat. Ein besonderes Vertrauen daraus herzuleiten, ist nicht gerechtfertigt; insbesondere bedeutet dies nicht, dass die Depotbank dadurch ein besonderes Vertrauen „in Anspruch genommen" hat[752].
Dies ist auch plausibel, da die Beauftragung einer Depotbank durch die KAG gesetzlich vorgeschrieben wird[753]. Wie schon oben ausgeführt[754], soll diese dem Schutz der Anteilsinhaber dienen. Dieser Schutzgedanke kann aber nicht so weit überdehnt werden, dass bereits die alleinige Nennung der Depotbank im Prospekt[755] zur Schaffung einer derartigen Vertrauensgrundlage führt, die einen Haftungsanspruch nach den Grundsätzen der Prospekthaftung im weiteren Sinn

[747] OLG Frankfurt a.M. WM 1997, 364, 366; *Siol* in: Schimansky / Bunte / Lwowski, § 45 Rn. 43.
[748] OLG Frankfurt a.M. WM 1997, 364, 366; OLG Frankfurt a.M., Urteil v. 26.10.2000 – 16 U 90/99, S. 9 (unveröffentlicht).
[749] OLG Frankfurt a.M. WM 1997, 364, 366.
[750] OLG Frankfurt a.M. WM 1997, 364, 366; OLG Frankfurt a.M., Urt. v. 26.10.2000 – 16 U 90/99, S. 4, 9 (unveröffentlicht), Revisionsentscheidung BGH WM 2001, 2053 ff.
[751] Siehe § 12 Abs. 3 S. 2 KAGG.
[752] OLG Frankfurt a.M. WM 1997, 364, 366.
[753] Siehe § 12 Abs. 1 KAGG (§ 20 Abs. 1 InvG).
[754] Siehe S. 85 ff.
[755] Die Nennung ist nach § 19 Abs. 2 Nr. 2 KAGG erforderlich.

begründet. Zu Recht urteilte das OLG Frankfurt daher, dass eine andere Auffassung auch wirtschaftlich nicht vertretbar sei: Wenn mit der Übernahme der Position einer Optionsbank eine derartige Vertrauenshaftung verbunden wäre, dann wäre mit Sicherheit kein Kreditinstitut mehr bereit, diese Funktion zu übernehmen[756].

An dieser Entscheidung wurde kritisiert, dass sich Ansprüche geschädigter Anleger jedenfalls nicht wegen der wirtschaftlichen Unvertretbarkeit einer Haftung von Depotbanken bei Verletzung von Informations- und Aufklärungspflichten verneinen lassen, da die Verbindung von Depotbanken mit Investmentgesellschaften sowie der Vertrieb der Fondsanteile und die Depotverwaltung freiwillig und im wirtschaftlichen Eigeninteresse erfolgen[757]. Dies ist sicherlich richtig. Die enge Zusammenarbeit und Verbindung von Depotbanken und den Investmentgesellschaften[758] erfolgen freiwillig und durchaus im wirtschaftlichen Eigeninteresse. Trotzdem führt diese Tatsache noch nicht dazu, dass die Beauftragung und Nennung der Depotbank alleiniges Argument für eine Haftungsbegründung sein kann. Diese Beauftragung erfolgt nicht freiwillig, sondern wird gesetzlich in § 12 Abs. 1 S. 1 KAGG (§ 20 Abs. 1 S. 1 InvG) gefordert. Im übrigen hätte der Gesetzgeber bei den Aufgaben einer Depotbank einen entsprechenden Hinweis in das Gesetz aufgenommen, wenn er von einer solchen Auswirkung des Bestellungsakts ausgegangen wäre. Dies hat er aber nicht getan.

Fraglich ist allerdings, ob die Situation anders zu beurteilen ist, wenn die Depotbank über ihre gesetzlich vorgesehene Rolle als Depotbank hinausgeht. Im Rahmen der Analyse des Schutzsystems ist festgestellt worden, dass der vom Gesetzgeber geschaffene Schutzgedanke in der Praxis durch die gesellschaftsrechtlichen Verflechtungen von KAG und Depotbank und die dabei möglicherweise auftretenden Interessenkollisionen nicht effektiv umgesetzt wird und es dadurch zu einer Übermachtstellung der Depotbank kommen kann. Folge dieser Situation kann dann eine wirtschaftliche Einflussnahme der Depotbank auf die KAG sein[759]. In einem solchen Fall wird man nicht mehr auf die vom Gesetz gewollte Situation verweisen und die Schaffung einer Vertrauensgrundlage als ungerechtfertigt ablehnen können.

Allerdings ist es selbst im Falle des Vorliegens einer wirtschaftlichen Einflussnahme der Depotbank auf die KAG nicht selbstverständlich, die Voraussetzungen der Prospekthaftung im weiteren Sinn als gegeben anzunehmen. Die De-

---

[756] OLG Frankfurt a.M. WM 1997, 364, 366.
[757] *V. Stebut*, EWiR 1997, 311, 312.
[758] Siehe dazu schon S. 108 ff.
[759] Siehe dazu die Ausführungen S. 112 ff.

potbank müsste auch in einer solchen Situation ihren Verhandlungspartnern gegenüber eine zusätzliche Gewähr für die Richtigkeit der in dem Prospekt über die Kapitalanlage gemachten Angaben bieten, um den für eine Haftung erforderlichen zusätzlichen Vertrauenstatbestand zu schaffen. Es bedarf also zunächst wieder einer Verhandlungssituation zwischen Anleger und Depotbank, selbst wenn diese nicht, wie in § 311 Abs. 3 BGB vorgesehen, Vertragspartei werden sollte.

Darüber hinaus müsste die Depotbank aus dieser Verhandlungssituation persönliches Vertrauen der Anleger beanspruchen, um den zusätzlichen Vertrauenstatbestand zu schaffen. Dies wäre aber nur dann der Fall, wenn der Anleger Kenntnis von der Übermachtstellung der Depotbank und ihrer wirtschaftlichen Einflussnahmemöglichkeit hat und gerade deshalb auf die Depotbank als Garant für die Kapitalanlage vertraut. Daran dürfte es in den meisten Fällen fehlen. Keine Depotbank wird derartige Angaben machen. Nur, wenn eine Depotbank sich selbst als Garant aufgrund der Übermachtstellung darstellt und die Anleger deshalb ein besonderes Vertrauen in sie setzen, ist eine Haftung gemäß § 280 Abs. 1 i.V.m. §§ 241 Abs. 2, 311 Abs. 3 BGB möglich.

Es sind allerdings auch darüber hinaus durchaus Fälle denkbar, in denen die Initiative und das Konzept von der Depotbank ausgehen oder die Anlage intensiv in der Werbung oder im Anlageberatungsgespräch unter Hinweis auf die besondere Sachkunde vertrieben wird[760]. In diesen Fällen ist auch von der Schaffung einer besonderen Vertrauenssituation auszugehen und eine Haftung bei Vorliegen der weiteren Voraussetzungen zu bejahen. Bei Vorliegen der persönlichen Vertrauenssituation kann dann nicht mehr das Argument der wirtschaftlichen Unvertretbarkeit verwendet werden, weil in solchen Fällen nicht die Beauftragung der Depotbank alleiniger Grund für die Haftung ist. Ebenfalls zur Haftung wegen Verletzung eigener Aufklärungspflichten und wegen Inanspruchnahme besonderen Vertrauens führen kann das pflichtwidrige Unterlassen einer sachlich gebotenen Überprüfung und Auswahl von Kapitalanlagen[761].

(2) Zwischenergebnis

Eine Prospekthaftung im weiteren Sinn kommt dann in Betracht, wenn die Depotbank in den Vertrieb der Fondsanteile eingeschaltet ist und zudem Erklärungen gegenüber den Anlegern abgibt, die zur Schaffung der geforderten besonderen Vertrauenssituation führen. Es muss also zu einer Verhandlungssituation

---

[760] *Zeller*, WuB I G 8. - 3.97, S. 418, 420.
[761] *V. Stebut*, EWiR 1997, 311, 312.

zwischen Anlegern und Depotbank kommen, wobei die Depotbank nicht zwangsläufig selbst Vertragspartei werden muss[762]. Im Rahmen dieser Situation muss sich die Depotbank die Prospektangaben zu eigen machen oder sich als Garant für die Überprüfung der Fondsanlage darstellen.

Eine besondere Vertrauensgrundlage kann jedoch nicht allein durch die Benennung der Depotbank im Prospekt geschaffen werden. Denkbar ist hier nur, eine derartige Vertrauensgrundlage aus einer möglichen wirtschaftlichen Einflussnahme der Depotbank gegenüber der KAG abzuleiten. Erforderlich dafür wäre allerdings, dass die Depotbank sich auch gegenüber den Anlegern auf diese starke Stellung bezieht, um zusätzliches Vertrauen zu schaffen. Nur beim Vorliegen dieser Voraussetzungen können die Anteilsinhaber einen Anspruch aus § 280 Abs. 1 BGB geltend machen.

bb) Haftung nach den Grundsätzen der Prospekthaftung im engeren Sinn

(1) Voraussetzungen

Daneben ist zu untersuchen, ob eine Haftung der Depotbank nach den Grundsätzen über die Prospekthaftung im engeren Sinn möglich ist. Danach haften nicht nur die Investmentgesellschaften selbst, sondern auch alle mitwirkenden, einflussnehmenden Personen[763]. Bei der von der Rechtsprechung für die Prospekthaftung im engeren Sinn gewählten Umschreibung des Kreises der Verantwortlichen handelt es sich demnach um die Verantwortlichkeit jener, die den Prospekt erlassen oder von denen dieser ausgeht[764]. Zu denjenigen, die den Prospekts erlassen, gehören die Anlagegesellschaften selbst. Ihnen sind aber auch jene hinzuzurechnen, die - ungeachtet eigener Aufklärungspflichten - nach dem äußeren Erscheinungsbild den Eindruck erwecken, als sei ihnen der Prospekt inhaltlich zuzuschreiben[765].

Hierbei ist allerdings zu berücksichtigen, dass eine bloße namentliche Nennung von Personen oder Gesellschaften im Prospekt nicht ausreicht, um Anknüpfungspunkt für eine allgemeine zivilrechtliche Prospekthaftung im engeren Sinn

---

[762] Siehe § 311 Abs. 3 BGB.

[763] V. Stebut, ZIP 1992, 1698, 1699.

[764] Assmann in: Assmann / Schütze, § 7 Rn. 114; Siol in: Schimansky / Bunte / Lwowski, § 45 Rn. 31 ff.

[765] Assmann in: Assmann / Schütze, § 7 Rn. 114.

zu sein[766]. Die Nennung der Depotbank im Verkaufsprospekt allein begründet daher noch keine Haftung nach diesen Grundsätzen. Es muss vielmehr werbewirksam auf die berufliche Qualifizierung der Person hingewiesen worden sein. Ferner ist ihre leichte Identifizierbarkeit erforderlich. Im Normalfall ist von einer Haftung solcher Personen daher nicht auszugehen[767]. Wer jedoch die Geschicke der Initiatorengesellschaft bestimmt und mit dem von ihm veranlassten - nicht gestalteten - Prospekt auf den Anlageentschluss einer Vielzahl von Interessenten Einfluss nehmen will, haftet wegen dieser Einflussmöglichkeiten und wegen seiner Veranlassung. Es kommt nicht darauf an, ob er dem Geschädigten persönlich oder auch nur namentlich bekannt war. Voraussetzung ist praktisch nur, dass jemand durch sein nach außen in Erscheinung tretendes Mitwirken am Prospekt einen Vertrauenstatbestand geschaffen hat[768]. Die Berechtigung, diesen Personenkreis in Anspruch zu nehmen, gründet sich allgemein auf das Vertrauen, das ihm von Anlegern typischerweise entgegengebracht wird. Anknüpfungspunkt ist dabei der Einfluss auf die Gesellschaft bei der Initiierung des Prospekts[769].

Es gilt daher anhand der von der Rechtsprechung entwickelten Grundsätze zu untersuchen, ob die Depotbank zu dem Kreis derer gerechnet werden kann, die nach diesen Grundsätzen einer Haftung unterliegen. Nach den entwickelten Grundsätzen der Prospekthaftung im engeren Sinn[770] unterliegen dieser im einzelnen:

- die Prospektherausgeber und diejenigen, die für die Prospekterstellung verantwortlich sind (das Management bildende oder beherrschende Initiatoren, Gestalter, Gründer)[771];

- Personen, die hinter der Anlagegesellschaft oder dem Prospekt stehen, besonderen Einfluss in der Gesellschaft haben und Mitverantwortung tragen und zwar unabhängig davon, ob sie nach außen in Erscheinung getreten sind oder nicht[772];

---

[766] BGHZ 72, 382, 385 ff.; 79, 337, 348 f.; *Assmann* in: Assmann / Schütze, § 7 Rn. 99; *Siol* in: Schimansky / Bunte / Lwowski, § 45 Rn. 36; *Kiethe*, ZIP 2000, 216, 222.

[767] BGHZ 111, 314, 319 f.; *Lüdicke*, S. 89.

[768] BGHZ 111, 314.

[769] BGHZ 115, 213, 227.

[770] Siehe dazu auch *v. Heymann*, S. 184 f.; *Schäfer*, S. 10 f.; *Lüdicke* S. 89 f.; *Schäfer / Müller*, S. 10; *v. Stebut*, ZIP 1992, 1698, 1699; *Kiethe*, ZIP 2000, 216, 221 f.

[771] BGHZ 79, 337, 340 f.; 83, 222, 223; 115, 213, 218; BGH WM 1994, 1371, 1372; BGH NJW 1995, 1025; OLG Hamburg NZG 2000, 658.

[772] BGHZ 79, 337, 340 ff.; 115, 213, 218; BGH WM 1994, 1371, 1373; BGH NJW 1995, 1025.

- Personen, die persönliches oder typisiertes Vertrauen aus einer Art Garantenstellung in Anspruch nehmen, die kraft Amtes oder Berufes entsteht oder auf einer besonderen Sachkunde oder einer allgemein anerkannten und hervorragenden beruflichen und wirtschaftlichen Stellung beruht (Berufs- und Sachverwalterhaftung) und die durch ihr nach außen in Erscheinung tretendes Mitwirken am Prospekt einen besonderen Vertrauenstatbestand schaffen. In den von der Rechtsprechung für die Fälle des sogenannten grauen Kapitalmarkts ergangenen Entscheidungen waren dies beispielsweise Rechtsanwälte, Wirtschaftsprüfer, Steuerberater, Sachverständige, Kreditinstitute und Anlageberater[773].

Erforderlich für eine Haftung der Depotbank nach den Grundsätzen der Prospekthaftung im engeren Sinn ist nun die Einordnung in eine der von der Rechtsprechung entwickelten Gruppen:

(a) Einordnung der Depotbank in die erste Gruppe

Eine eindeutige Zuordnung der Depotbank in die erste der genannten Gruppen ist nicht möglich. Zu den Personen, die den Prospekt herausgeben oder für die Prospektgestaltung verantwortlich sind, dürfte die Depotbank i.d.R. nicht zählen. Als Prospektherausgeber ist die KAG anzusehen. Dies lässt sich aus § 19 KAGG (§ 42 InvG) ableiten. Es ist allerdings zu beachten, dass sich die Frage, wer für den Prospekt verantwortlich ist, nicht mit der Frage nach dem Adressaten des § 19 KAGG (§ 42 InvG) gleichsetzen lässt. § 19 Abs. 1 KAGG (§§ 42 Abs. 1, 121 Abs. 1 InvG) verlangt, dass dem Erwerber eines Anteilsscheins ein Verkaufsprospekt und weitere dort genannte Unterlagen zur Verfügung zu stellen sind. Zur Verfügung stellen müssen diese Unterlagen die aktiv am Verkauf beteiligten Kreditinstitute oder andere Vertriebspersonen[774]. Darunter kann auch die Depotbank fallen.

Zu fragen ist hier aber, wer für den Prospekt, für dessen Inhalt und Gestaltung verantwortlich ist. § 19 Abs. 1 S. 1 KAGG (§ 42 Abs. 1 S. 1 InvG) spricht von dem Verkaufsprospekt der KAG. § 19 Abs. 5 KAGG (§ 42 Abs. 6 InvG) enthält zudem die Verpflichtung, dass die KAG der Bankaufsichtsbehörde und der Deutschen Bundesbank den Verkaufsprospekt und seine Änderungen unverzüg-

---

[773] BGHZ 77, 172, 176 f.; 111, 314, 319 f.; BGH WM 1992, 1269, 1270; BGH NJW 1995, 1025.

[774] Vertriebsbanken und sonstige Vertriebsstellen; siehe dazu *Baur*, Investmentgesetze, § 19 Rn. 13; *Baur* in: Assmann / Schütze, § 18 Rn. 173.

lich nach erster Verwendung einzureichen hat. § 19 Abs. 2 KAGG (§ 42 Abs. 1 InvG) verlangt von der KAG, der Öffentlichkeit für von ihr verwaltete Sondervermögen einen Verkaufsprospekt zugänglich zu machen. Urheber des Prospekts ist daher die KAG.

Für diese Tatsache sprechen auch die Formulierungen in den jeweiligen Mustern der Allgemeinen Vertragsbedingungen für die diversen Sondervermögen. Dort heißt es, dass die Gesellschaft eine KAG ist und den Vorschriften über das KAGG unterliegt[775]. Daraus lässt sich schließen, das die KAG für den Prospekt verantwortlich ist. Somit ist nicht ersichtlich, dass die Depotbank zu dem Kreis der Prospektherausgeber und der Personen zählt, die für die Prospekterstellung verantwortlich sind.

(b) Einordnung der Depotbank in die zweite Gruppe

Es ist dann zu untersuchen, ob die Depotbank zu den Personen zu rechnen ist, die hinter der Anlagegesellschaft oder dem Prospekt stehen und besonderen Einfluss in der Gesellschaft haben. Mit der für die zweite Gruppe verwendeten Formel wurde der Kreis der Prospektverantwortlichen vor allem auf jene erweitert, die Mitverantwortung tragen[776].

Hierbei ist zu berücksichtigen, dass die Entscheidungen zur zivilrechtlichen Prospekthaftung vorwiegend zu der Rechtsform der GmbH & Co. KG ergangen sind. Dort waren die haftenden Personen jeweils als Gesellschafter mitverantwortlich. KAG und Depotbank sind aber grundsätzlich zwei juristisch selbständige Rechtssubjekte. Gerade diesen Umstand setzt das Anlegerschutzprinzip im Investmentrecht voraus. Es ist daher schwierig, die Depotbank als „maßgeblichen Hintermann" in diesem Sinne anzusehen.

Es darf aber auch nicht übersehen werden, dass in der Praxis Depotbank und KAG meistens kapital- und personalmäßig eng miteinander verbunden sind[777]. So ist die Depotbank häufig Muttergesellschaft der KAG oder gehört zu deren Gesellschafterkreis[778]. Im Rahmen der Analyse des Schutzsystems des Investment-Dreiecks im zweiten Teil der Arbeit ist gezeigt worden, dass trotz des Verbotes personeller Verflechtungen zwischen den Angestellten gemäß § 12 Abs. 1 S. 5 KAGG (§ 22 Abs. 2 InvG) und trotz der Möglichkeit zu einer Einflussnahme auf die Auswahl der Depotbank durch die Bankaufsichtsbehörde

---

[775] Zu den Fundstellen der Vertragsbedingungen siehe S. 48 ff.
[776] BGHZ 72, 382, 387; *Kiethe*, ZIP 2000, 216, 221.
[777] *Reuter*, S. 156; *Canaris*, Rn. 2331, 2461; *König*, S. 126.
[778] *Mauser*, S. 182; *Engenhardt*, S. 58; *Schwark*, S. 322; *Hartmann*, S. 117; *Jakob*, S. 222; *Baur* in: BuB, Rn. 9/151 und 9/319; *Baur*, Investmentgesetze § 12 Rn. 13.

155

gemäß § 12 Abs. 3 KAGG (§ 21 Abs. 1 InvG) eine völlige wirtschaftliche und personelle Unabhängigkeit der KAG und der Depotbank voneinander nicht gewährleistet ist[779]. Dies bedeutet, dass letztlich die Interessen der Depotbank nicht ohne Einfluss auf die Geschäftspolitik der Investmentgesellschaften bleiben dürften[780]. Hieraus könnte man schlussfolgern, dass die Depotbank auch an der Gestaltung des Prospekts mitwirkt oder diesen zumindest veranlasst und somit zu den Personen zu rechnen ist, die Mitverantwortung tragen. Dies ist aber eben nur eine Vermutung.

In der Literatur finden sich dazu keine Hinweise. In den Anmerkungen zum Urteil des OLG Frankfurt a.M. vom 19.12.1996 wird allerdings davon gesprochen, dass eine Depotbank haften soll, wenn sie das Fondskonzept entwickelt hat[781] und dass Fälle denkbar sind, in denen die Initiative und das Konzept von der Depotbank ausgehen[782]. Gemeint ist hier zwar jeweils das gesamte Konzept für die Auflegung des Investmentfonds, jedoch kann darin auch die Gestaltung des Verkaufsprospekts mit beinhaltet sein. In einem solchen Fall kommt dann eine Haftung der Depotbank nach den Grundsätzen der Prospekthaftung im engeren Sinn durchaus in Betracht.

In der Praxis dürften die Schwierigkeiten bei der Geltendmachung dieses Anspruchs darin liegen, der Depotbank die Mitverantwortung nachzuweisen. Zu den Beweisproblemen finden sich nähere Ausführungen im Anschluss an die Prüfungen der Haftungsgrundlagen[783].

(c) Einordnung der Depotbank in die dritte Gruppe

Es bleibt zu untersuchen, ob sich eine Haftung der Depotbank aus der Inanspruchnahme von typisiertem oder persönlichem Vertrauen ergeben kann. Das Erfordernis der Einnahme einer Art Garantenstellung wegen einer besonderen beruflichen Stellung oder als berufsmäßiger Sachkenner lässt sich dabei allerdings nicht eindeutig auf die Depotbank anwenden. Diese Gruppe der Prospekthaftung im engeren Sinn betrifft eher Einzelpersonen wie Wirtschaftsprüfer, Anlageberater oder Rechtsanwälte.

Die Depotbank könnte jedoch mit Rücksicht auf ihre besondere wirtschaftliche Stellung eine Art Garantenstellung einnehmen, wenn sie durch ein nach außen in Erscheinung tretendes Mitwirken am Prospekt einen Vertrauenstatbestand

---

[779] *Canaris*, Rn. 2335.

[780] *Förster / Hertrampf*, Rn. 282.

[781] *V. Stebut*, EWiR 1997, 311, 312.

[782] *Zeller*, WuB I G 8. - 3.97, S. 418, 420.

[783] Siehe S. 173 ff.

schafft. In Betracht kommt dabei die Nennung der Depotbank im Prospekt. Wie bereits im Rahmen der Prospekthaftung im weiteren Sinn ausgeführt, ist die Depotbank nach § 19 Abs. 2 Nr. 2 KAGG (§ 42 Abs. 1 S. 3 Nr. 22, 23 InvG) im Verkaufsprospekt als obligatorische Depotbank anzugeben. Die Depotbank nimmt auch eine besondere wirtschaftliche Stellung ein, da sie ein wichtiges Kontroll- und Ausführungsorgan der KAG darstellt.

Aus der alleinigen Nennung im Prospekt kann jedoch noch nicht auf die Schaffung eines Vertrauenstatbestands geschlossen werden, der zu einer Art Garantenstellung der Depotbank führt[784]. Zudem reicht die bloße namentliche Nennung von Personen oder Gesellschaften im Prospekt nicht aus, um Anknüpfungspunkt für eine allgemeine zivilrechtliche Prospekthaftung im engeren Sinn zu sein[785]. Es kommt auch ergänzend darauf an, in welchem Zusammenhang das geschieht und welche Erklärungen im Prospekt ihr danach zugerechnet werden können[786]. In der Regel wird die Depotbank in den Verkaufsprospekten aber nur als obligatorisch von der Investmentgesellschaft benannte Depotbank aufgeführt. Es werden dann auch in Teilen Aufgaben und Pflichten der Depotbank dargestellt, die sich aber auch aus dem Gesetz ergeben.
Daraus lässt sich jedoch keine zivilrechtliche Prospekthaftung im engeren Sinn begründen. Der Hinweis auf die Übernahme anderer banktypischer Aufgaben und Pflichten durch eine Bank in Prospekten oder Finanzierungsformularen begründet keine Gesamtverantwortung der Bank für ein Projekt oder die Prospektgestaltung[787]. Dies muss auch im Investmentrecht für die Depotbank gelten. Diese ist nicht allein verantwortlich für das Projekt und den Prospekt. Das KAGG regelt gerade eine Aufgabenaufteilung zwischen Investmentgesellschaft und Depotbank.
Daher bedarf es einer weiteren nach außen in Erscheinung tretenden Mitwirkung der Depotbank am Prospekt, die zur Schaffung der Garantenstellung führt. Im Normalfall dürfte eine derartige nach außen in Erscheinung tretende Mitwirkung jedoch nicht vorliegen.

Im Rahmen der Prospekthaftung im engeren Sinn ist noch anerkannt, dass eine Bank dann haften soll, wenn sie im Prospekt erklärt, die Anlage sei „bankgeprüft". Damit kann dem Anlageinteressenten der Eindruck vermittelt werden, die Bank habe sich ein eigenständiges positives Urteil über das Anlageobjekt gebildet und garantiere jedenfalls die im Prospekt geschilderte Geschäftsent-

[784] Zu den Begründungen siehe bereits S. 148 f. zur Prospekthaftung im weiteren Sinn.
[785] BGHZ 72, 382, 385 ff.; 79, 337, 348 f.; *Assmann* in: Assmann / Schütze, § 7 Rn. 99; *Siol* in: Schimansky / Bunte / Lwowski, § 45 Rn. 36; *Kiethe*, ZIP 2000, 216, 222.
[786] BGHZ 79, 337, 348 f.; *Siol* in: Schimansky / Bunte / Lwowski, § 45 Rn. 36.
[787] *Siol* in: Schimansky / Bunte / Lwowski, § 45 Rn. 37.

wicklung[788]. Bezogen auf das Investmentfondsgeschäft bedeutet dies, dass die Depotbank im Prospekt erkennbar eine durchgeführte Überprüfung und Empfehlung des jeweiligen Fonds publizieren müsste. Sie müsste also eine Art Gütesiegel für den Fonds garantieren. In diesem Fall würde die Depotbank dann die geforderte Garantenstellung einnehmen und auch Vertrauen der Anleger in Anspruch nehmen.

Nur, wenn im Einzelfall diese Voraussetzung gegeben ist, ist überhaupt eine Haftung nach den Grundsätzen der Prospekthaftung im engeren Sinn möglich.

(2) Zwischenergebnis

Zusammenfassend lässt sich somit feststellen, dass eine Haftung der Depotbank nach den Grundsätzen der allgemeinen zivilrechtlichen Prospekthaftung im engeren Sinn nur in bestimmten Einzelfällen möglich erscheint. Zum einen, wenn die Depotbank aufgrund ihrer Einflussnahme auf die Investmentgesellschaft Mitverantwortung für den Prospekt trägt, weil sie an der Gestaltung mitgewirkt oder diese veranlasst hat. Darüber hinaus ist ein Haftung möglich, wenn eine nach außen in Erscheinung tretende Mitwirkung der Depotbank am Prospekt gegeben ist, die zur Schaffung einer Garantenstellung und zur Inanspruchnahme von Vertrauen der Anleger führt.

2.) Haftung wegen Verletzung einer Aufklärungspflicht nach den Grundsätzen der Rechtsprechung zum Kreditgeschäft

Darüber hinaus könnte den Anlegern ein Anspruch aus § 280 Abs. 1 BGB i.V.m. §§ 241 Abs. 2, 311 Abs. 2, 3 BGB wegen der Verletzung einer Aufklärungspflicht über spezifische Risiken zustehen. Auch dieser Haftungsgrund wurde bis zur Einführung der Schuldrechtsreform im Rahmen der c.i.c. geltend gemacht. Hierzu hat die Rechtsprechung für das Kreditgeschäft der Banken, insbesondere für die Immobilienfinanzierung, mehrere Fallgruppen entwickelt. Es gilt daher zu untersuchen, ob diese auch auf die Situation im Investment-Dreieck übertragen werden können.

Die hier in Betracht kommenden Fallgruppen sind dabei folgende: Die Bank könnte (aa) in bezug auf spezielle Risiken einen konkreten Wissensvorsprung gegenüber den Anlegern besitzen, (bb) im Zusammenhang mit der Planung, der Durchführung oder dem Vertrieb des Projekts die ihr zugedachte Rolle über-

---

[788] *Siol* in: Schimansky / Bunte / Lwowski, § 45 Rn. 39.

schreiten oder (cc) einen zu den allgemeinen wirtschaftlichen Risiken des Projekts hinzutretenden besonderen Gefährdungstatbestand für den Anleger schaffen oder dessen Entstehen begünstigen.

a) Grundsatz der Haftung

Nach den von der Rechtsprechung entschiedenen Fällen, die sich vorwiegend auf finanzierte Immobilienanlagen beziehen, ist eine kreditgebende Bank grundsätzlich nicht verpflichtet, den Anleger über die Risiken der von ihm beabsichtigten Verwendung eines Darlehens aufzuklären. Eine Aufklärungs- und Warnpflicht soll vielmehr ausnahmsweise nur dann gegeben sein, wenn im Einzelfall ein besonderes Aufklärungs- und Schutzbedürfnis des Darlehensnehmers besteht und nach Treu und Glauben ein Hinweis der Bank geboten ist[789].

Diese Situation gilt es nun auf die Situation des Investment-Dreiecks zu übertragen. Im Investment-Dreieck wird kein Darlehen von Seiten der Bank an die Anleger gegeben. Bei den von der Rechtsprechung zu den finanzierten Immobilienanlagen entwickelten Fällen hatte die beratende Bank jeweils eine Finanzierungsfunktion. Trotzdem gibt es Parallelen zum Investmentrecht, da in beiden Fällen Vermögen angelegt werden soll. In beiden Fällen werden Anteile an einer bestimmten Form der Geldanlage erworben. Allerdings unterscheiden sich die im Normalfall gegebenen Situationen beider Geldanlagen vor allem in einem Punkt voneinander: Bei der finanzierten Immobilienanlage tritt der Kunde an die Bank heran oder ihm wird in einem Beratungsgespräch die Anlage empfohlen. Es kommt also in jedem Fall zu einem direkten Kontakt zwischen Kunde und Bank. Aus der Anlageberatung resultieren dann in den noch zu prüfenden Ausnahmefällen die Aufklärungspflichten.

Zu differenzieren ist dabei zwischen der anlegergerechten und der objektgerechten Beratung[790]. Die mit der Beratung verbundenen Pflichten der Bank haben sich demnach zum einen an der Person des Anlageinteressenten auszurichten. Bei dieser anlegergerechten Beratung sind vor allem der Wissensstand des

---

[789] BGH WM 1985, 221, 224; 1990, 920, 922; 1992, 901, 902; 1992, 1310, 1311; 1997, 662; 1997, 2301, 2302; 1999, 678, 679; 2000, 1245; 2000, 1265; OLG Hamburg WM 2002, 1289, 1292; OLG Frankfurt a.M. WM 2002, 1281; *von Heymann* in: Assmann / Schütze, § 6 Rn 122, 149; *Claussen*, § 6 Rn 32; *Früh* in: BuB, Rn 3/94 a ff.; *Bruchner*, WM 1999, 825, 832.

[790] BGH WM 1993, 1455; 1997, 662 f.; *Häuser / Welter* in: Assmann / Schütze, § 16 Rn. 259; *Fischer / Klanten*, Rn. 7.170 f.; *Schwintowski / Schäfer*, § 18 Rn. 20; *von Heymann*, NJW 1999, 1577, 1579 f.; *Ellenberger*, WM 2001, Sonderbeilage Nr. 1, S. 3 f.

Kunden und dessen Risikobereitschaft zu berücksichtigen, wobei es auch auf das Fachwissen und das Anlageziel ankommt[791]. Die empfohlene Anlage muss auf die persönlichen Verhältnisse des Kunden zugeschnitten sein[792]. Bei der objektgerechten Beratung kommt es darauf an, diejenigen Risiken und Eigenschaften des Anlageobjekts zu berücksichtigen, die für die Entscheidung eine wesentliche Bedeutung haben können[793]. Die Beratung hat generell inhaltlich zutreffend, vollständig und für den Kunden verständlich zu erfolgen[794].

Wie bereits im Rahmen der Prospekthaftung dargestellt, stellt das Beratungsgespräch zwischen Depotbank und Anleger im Investmentrecht allerdings einen Ausnahmefall dar. In der Regel lässt sich der Anleger von einer die Investmentanteile vertreibenden Bank oder Sparkasse oder einer anderen Vertriebsstelle beraten, nicht aber von der Depotbank. Für die Entstehung einer Aufklärungspflicht auf Seiten der Depotbank ist daher zunächst grundsätzlich erforderlich, dass diese selbst beim Vertrieb der Anteilsscheine gegenüber den Anlegern tätig war und es zu der Verhandlungssituation gekommen ist. Es muss also auch hier zum direkten Kontakt zwischen Depotbank und Anleger kommen. Nur aus der Verhandlungssituation können dann auch im Investmentrecht in Ausnahmefällen Aufklärungspflichten entstehen. Wenn man diese Voraussetzung als gegeben annimmt, dann kann man prüfen, welche der in Betracht kommenden Ausnahmefälle zur Haftung nach diesen Grundsätzen führen könnte.

b) Ausnahmen

aa) Wissensvorsprung

Ein Ausnahmefall kann dann gegeben sein, wenn die Bank in bezug auf spezielle Risiken des zu finanzierenden Vorhabens gegenüber dem Anleger einen konkreten Wissensvorsprung hat und dies auch selbst erkennen konnte[795].

---

[791] BGH NJW 1990, 2461; WM 1993, 1455, 1456; 1997, 662 f.; 2000, 1441, 1443; *Ellenberger*, WM 2001, Sonderbeilage Nr. 1, S. 3 f.; *Häuser / Welter* in: Assmann / Schütze, § 16 Rn. 259; *Fischer / Klanten*, Rn. 7.170; *Schwintowski / Schäfer*, § 18 Rn. 20; *von Heymann*, NJW 1999, 1577, 1579.

[792] BGH WM 1993, 1455, 1456; *Ellenberger*, WM 2001, Sonderbeilage Nr. 1, S. 4.

[793] BGH NJW-RR 1990, 229; WM 1993, 1455, 1456; *Fischer / Klanten*, Rn. 7.171; *Häuser / Welter* in: Assmann / Schütze, § 16 Rn. 259; *Schwintowski / Schäfer*, § 18 Rn. 20; *Ellenberger*, WM 2001, Sonderbeilage Nr. 1, S. 4; *von Heymann*, NJW 1999, 1577, 1580.

[794] BGH NJW 1990, 2461; *Fischer / Klanten*, Rn. 7.172; *Schwintowski / Schäfer*, § 18 Rn. 22; *von Heymann*, NJW 1999, 1577, 1579.

[795] BGH WM 1990, 990, 992; 1992, 133; 1992, 901, 902; 1992, 1310, 1311; 1995, 566, 568; 1997, 662; 1997, 2301, 2302; 1999, 678, 679; 2000, 1245; OLG Frankfurt a.M. WM 2002,

Der Gesichtspunkt des Wissensvorsprungs verpflichtet die Bank allerdings nur, vorhandenes, von ihr als wesentlich erkanntes Wissen zu offenbaren, nicht aber sich einen solchen Wissensvorsprung zu verschaffen[796]. Ein relevanter Wissensvorsprung ist dann gegeben, wenn die Bank weiß oder damit rechnet, dass das zu finanzierende Vorhaben scheitern wird oder dass wesentliche dafür bedeutsame Umstände, insbesondere wertbildende Faktoren durch Manipulation verschleiert wurden[797]. So oblag der Bank in bisher ergangenen Entscheidungen eine Aufklärungspflicht, wenn ihr die drohende Zahlungsunfähigkeit des Geschäftspartners des Anlegers bekannt war[798] oder wenn sie wusste, dass in den Werbeunterlagen falsche oder irreführende Angaben enthalten sind[799].

Die Depotbank hat bezogen auf das generelle Investmentgeschäft gegenüber dem Anleger grundsätzlich einen Wissensvorsprung[800], da sie als spezielle Institution über einen viel weiträumigeren Wissensstand verfügt als jeder Anleger. Aus diesem allgemeinen Wissensvorsprung kann aber keine Aufklärungspflicht resultieren. Das würde bedeuten, dass die Depotbank in jedem Fall haften würde, in dem sie einen Anleger in einer Verhandlungssituation nicht über ihr generelles Wissen aufklärt. Auch im Investmentgeschäft müsste die Bank daher ebenfalls über einen relevanten Wissensvorsprung verfügen, der sich auf spezifische Risiken der Anlage bezieht.

Bezogen auf die entschiedenen Fälle müsste die Depotbank wissen oder zumindest damit rechnen, dass das Sondervermögen eines Fonds, das sie verwahrt und dessen Verwaltung durch die Investmentgesellschaft sie kontrolliert, finanziell zu scheitern droht. Die Anlage in einen bestimmten Fonds müsste also aus ihrer Sicht mit nicht mehr hinnehmbaren Risiken verbunden sein, die über die marktüblichen, also auch die von risikofreudigen Anlagefonds hinausgehen.

Denkbar wäre auch, dass die Depotbank Kenntnis davon hat, dass beispielsweise die Anteilwerte der Sondervermögen falsch berechnet werden oder dass Auszahlungen nicht korrekt ausgeführt werden. In falscher Höhe ergangene Auszahlungen, nicht den Anlagevorschriften entsprechende Umschichtungen der Sondervermögen, eine nicht ausgeübte Kontrolle gegenüber der KAG, all dies wären wesentliche bedeutsame Umstände, insbesondere wertbildende Faktoren, von denen die Anleger Kenntnis erlangen müssen und die auch wesentlich für die Entscheidung der Anlage sind.

1281, 1283; *Siol* in: Schimansky / Bunte / Lwowski, § 44 Rn. 26; *Claussen*, § 6 Rn. 32; *Früh* in: BuB, Rn. 3/94 c; *von Heymann* in: Assmann / Schütze, § 6 Rn. 157 ff.; *Fischer / Klanten*, Rn. 5.63 f.; *Bruchner*, WM 1999, 825, 833.

[796] BGH WM 1992, 602 f.

[797] BGH WM 1988, 561, 563; 1999, 678, 679.

[798] BGH WM 1992, 1310, 1311; *Siol* in: Schimansky / Bunte / Lwowski, § 44 Rn. 27 m.w.N.

[799] BGH WM 1990, 920, 922; *Siol* in: Schimansky / Bunte / Lwowski, § 44 Rn. 27.

[800] Siehe hierzu bereits S. 76 f.

Allerdings stellen diese Beispiele Ausnahmefälle dar, die in der Praxis kaum vorliegen dürften. Nur wenn also ein vergleichbarer Wissensvorsprung über derart relevante Tatsachen vorhanden ist, kann eine Aufklärungspflicht gegenüber den Anlegern bejaht werden, deren Verletzung dann zur Haftung führt.

bb) Überschreitung der Rolle als Depotbank

Eine Aufklärungspflicht kommt nach der Rechtsprechung des BGH im Kreditgeschäft ferner in Betracht, wenn die Bank im Zusammenhang mit der Planung, der Durchführung und dem Vertrieb des Projekts über ihre neutrale Rolle als Kreditgeberin hinausgeht, so dass sie gleichsam als Partei des finanzierten Geschäfts erscheint[801].

Diese Situation auf die des Investmentgeschäfts zu übertragen, ist schwierig, da die Depotbank von vornherein im Investment-Dreieck integriert ist und bereits ihre vom Gesetz vorgesehene Rolle hat. Sie hat vor allem eine Überwachungs- und Kontrollfunktion. Die Zusammenarbeit zwischen Depotbank und KAG ist daher ohnehin grundsätzlich gegeben. Anders ist es beim Kreditgeschäft bei den finanzierten Immobilienanlagen. Hier rutscht die Bank erst durch ihr besonderes Verhalten in die Rolle der planenden und durchführenden Partei des Geschäfts. Trotzdem ist es denkbar, dass die Depotbank die ihr vom Gesetz zugedachte Rolle überschreitet. Wie schon im Rahmen der Analyse des Schutzsystems dargestellt[802], besteht die Gefahr, dass die Depotbank die wirtschaftliche Tätigkeit der KAG beeinflusst. In einem solchen Fall würde sie ihre vom Gesetz zugedachte Rolle überschreiten. Wenn die Depotbank, die eigentlich die Kontrolle über die KAG ausüben soll, die Schutzfunktion des Gesetzes dadurch gefährdet, hat sie gegenüber den Anlegern im Rahmen einer Verhandlungssituation eine Aufklärungspflicht.

Nach den von der Rechtsprechung bisher ergangenen Entscheidungen geht eine Bank über ihre Rolle als Kreditgeberin hinaus, wenn sie sich in Prospekten nicht nur als Kreditgeberin, sondern als Referenz benennen lässt[803]. Sie ist dann - unabhängig von einer etwaigen Prospekthaftung im engeren Sinn - verpflichtet, die Richtigkeit der Prospektangaben und die Bonität der Initiatoren zu prü-

---

[801] BGH WM 1988, 561, 562; 1992, 901, 902, 1992, 1310, 1311; OLG Hamburg WM 2002, 1289, 1292; OLG Frankfurt a.M. WM 2002, 1281, 1283; *Siol* in: Schimansky / Bunte / Lwowski, § 44 Rn. 28; *von Heymann* in: Assmann / Schütze, § 6 Rn. 150 ff.; *Früh* in: BuB, Rn. 3/94 c; *Claussen*, § 6 Rn. 32; *Bruchner*, WM 1999, 825, 832.

[802] Siehe S. 112 ff.

[803] BGH WM 1992, 1269.

fen und den Anleger über bestehende Bedenken aufzuklären[804]. Gleiches gilt, wenn die Bank Einfluss auf die unternehmerische Haftung, Planung oder auf die Werbung genommen oder jedenfalls den zurechenbaren Anschein einer weitergehenden Zusammenarbeit erweckt hat[805]. Weil allerdings diese Haftung ihre Wertungsgrundlage im Vertrauensprinzip hat, ist eine erkennbar nach außen in Erscheinung tretende Übernahme der Funktion des Vertriebs erforderlich[806].

Bezogen auf das Investmentgeschäft müsste die Depotbank in den Verkaufsprospekten als Referenz benannt werden, um dann zur Überprüfung der Angaben und zur Aufklärung über mögliche Bedenken verpflichtet zu werden. Es müsste also wieder der Fall gegeben sein, in dem die Depotbank nicht nur als solche im Prospekt bezeichnet ist, sondern darüber hinaus auf besondere Qualitäten hingewiesen wird[807]. Sofern sich derartige Pflichten auf Prospektangaben beziehen, liegt dann aber gerade der Fall der Prospekthaftung im weiteren Sinn vor[808]. Diese Art der Prospekthaftung wurde bereits erläutert[809], so dass es hierzu keiner weiteren Ausführungen bedarf.

Nur, wenn also die Angaben sich gerade nicht aus einem Prospekt ergeben, sondern die Depotbank anderweitig als Referenz dargestellt wird oder Einfluss auf die Planung und Werbung genommen hat, obliegt ihr eine Aufklärungspflicht nach der hier dargestellten Fallgruppe der Haftung.
Zu beachten ist dabei jedoch, dass ein solches Verhalten unschädlich ist, solange die Einflussnahme der Bank nicht publik wird, da dann ein entsprechendes Vertrauen bei den Anlegern nicht erweckt werden kann[810]. Eine Aufklärungspflicht und somit auch eine Haftung besteht ferner dann nicht, wenn das Verhalten banküblich und typischer Weise mit der Rolle der Bank verknüpft ist[811]. Daher würde ein Haftungsfall nur in dem oben erläuterten Fall bestehen, in dem die Depotbank die wirtschaftliche Tätigkeit der KAG beeinflusst. Hier würde sie ihre vom Gesetz zugedachte Rolle überschreiten und nicht depotbanküblich und in typischer Weise handeln.

---

[804] *Siol* in: Schimansky / Bunte / Lwowski, § 44 Rn. 30.
[805] BGH WM 1985, 221, 1992, 901, 904.
[806] BGH WM 1992, 901, 905; *Siol* in: Schimansky / Bunte / Lwowski, § 44 Rn. 28.
[807] Siehe dazu bereits S. 147 ff.
[808] *Siol* in: Schimansky / Bunte / Lwowski, § 44 Rn. 28, dort Fn 1.
[809] Siehe dazu S. 146 ff.
[810] *Siol* in: Schimansky / Bunte / Lwowski, § 44 Rn. 32.
[811] BGH WM 1992, 920, 922.

cc) Schaffung eines Gefährdungstatbestands

Eine Aufklärungspflicht kann des Weiteren bestehen, wenn die Bank einen zu den allgemeinen wirtschaftlichen Risiken des Geschäfts hinzutretenden besonderen Gefährdungstatbestand für den Anleger schafft oder dessen Entstehen begünstigt[812]. Eine solche Gefährdung ist zu bejahen, wenn die Bank das eigene wirtschaftliche Wagnis auf den Kunden verlagert und diesen bewusst mit einem Risiko belastet, das über die mit dem zu finanzierenden Vorhaben normalerweise verbundenen Gefahren hinausgeht[813].

Wenn man versucht, die Schaffung des Gefährdungstatbestands auf die Situation des Investment-Dreiecks zu übertragen, dann kommt man auf das eben bereits bei der vorherigen Fallgruppe gebildete Beispiel der wirtschaftlichen Einflussnahme in die Tätigkeit der KAG. In diesem Beispiel überschneiden sich die Fallgruppen daher. Die Depotbank würde gerade dadurch ein besonderes Gefährdungspotential schaffen, dass sie über ihre Rolle als Depotbank hinausgeht. Sie gefährdet dann das vom Gesetzgeber vorgesehene Schutzsystem des Investment-Dreiecks.

Dies kann dadurch geschehen, dass sie über ihre Rolle als Kontrollorgan hinaus die Geschäftspolitik und die Zusammensetzung des Managements der KAG beeinflusst. Möglich werden kann dies durch die gesellschaftsrechtlichen Verflechtungen von KAG und Depotbank[814]. Ein Gefährdungspotential kann hierbei insbesondere durch das Abladen und Auskaufen von Wertpapieren geschaffen werden. Die Gefahr der Beeinträchtigung der Entwicklung der jeweiligen Sondervermögen wird dabei auf die Anteilsinhaber übertragen. Diesbezüglich kann auf die Ausführungen zur Analyse des Schutzsystems verwiesen werden[815].
Bei Vorliegen dieses Falles kommt daher ebenfalls eine Aufklärungspflicht der Depotbank gegenüber den Anlegern in Betracht, die bei einer Pflichtverletzung zur Haftung nach § 280 Abs. 1 BGB führt.

---

[812] BGH WM 1992, 901, 902; 1992, 1310, 1311; 1997, 662; 1999, 678, 679; OLG Frankfurt a.M. WM 2002, 1281, 1283; *Siol* in: Schimansky / Bunte / Lwowski, § 44 Rn. 33; *von Heymann* in: Assmann / Schütze, § 6 Rn. 155; *Früh* in: BuB, Rn. 3/94 c; *Bruchner*, WM 1999, 825, 833.

[813] BGH WM 1992, 1310, 1311; 1999, 678, 679.

[814] Siehe hierzu bereits S. 112 ff.

[815] Siehe dazu bereits S. 114.

c) Zwischenergebnis

Im Ergebnis kann man zusammenfassen, dass eine Übertragung der für die Fälle der finanzierten Immobilienanlagen von der Rechtsprechung entwickelten Fallgruppen auf die Situation im Investment-Dreieck durchaus möglich ist. Eine Aufklärungspflicht und somit eine Haftung der Depotbank gegenüber den Anlegern kommt hierbei zum einen dann in Betracht, wenn die Depotbank die ihr vom Gesetz zugedachte Rolle überschreitet, indem sie die KAG in ihren wirtschaftlichen Entscheidungen beeinflusst oder durch dieses Verhalten zugleich ein besonderes Gefährdungspotential für die Anleger schafft. Die Depotbank nimmt in diesem Fall nicht mehr nur die Rolle eines Kontrollorgans ein, sondern greift in die wirtschaftliche Tätigkeit der Investmentgesellschaft ein. Gegeben ist diese Haftungsmöglichkeit vor allem dann, wenn die Depotbank als Referenz für die besondere Qualität der Fonds dargestellt wird oder Einfluss auf die Planung und Werbung genommen hat.

Zum anderen ist eine Haftung in den Fällen möglich, in denen die Depotbank gegenüber den Anlegern einen konkreten Wissensvorsprung bezogen auf spezifische Risiken der Anlage besitzt. Die Depotbank müsste in diesen Fällen spezielles Wissen zu nicht mehr hinnehmbaren Risiken oder wesentlichen Umstände der Fondsanlagen haben. Über derartige Risiken müsste sie dann die Anteilsinhaber aufklären.

Für alle Haftungsfälle ist jedoch stets Voraussetzung, dass es zwischen der Depotbank und den Anlegern zu einer Verhandlungssituation kommt, da ansonsten kein für die Haftung erforderliches Vertrauen der Anleger in die Depotbank geschaffen werden kann.

3.) Haftung wegen Verletzung einer Aufklärungs- und Beratungspflicht aus einer Treuhänderstellung

Eine Haftung aus § 280 Abs. 1 i.V.m. §§ 241 Abs. 2, 311 Abs. 2, 3 BGB könnte des Weiteren aufgrund der Verletzung einer Aufklärungs- oder Beratungspflicht, die sich aus einer Treuhänderstellung ergibt, resultieren. So ist ein aufklärungsbedürftiger Anleger bei Investmentzertifikaten über die Zusammensetzung des Fondsvermögens, die Anlagestrategie, im Einzelfall auch über das Kursrisiko, die teilweise erheblichen Fondsverwaltungskosten[816] und über die Differenz zwischen Verkaufs- und Ankaufspreis zu informieren[817]. Diese Auf-

---

[816] Nr. 3.2.3 BAWe-Richtlinie.
[817] Nr. 3.2.3 BAWe-Richtlinie; *Nobbe* in: Horn / Schimansky, S. 257.

klärungspflichten betreffen allerdings die beratende Bank[818]. Dies ist jedoch in der Regel nicht die Depotbank. Es ist daher schwierig, eine Aufklärungs- oder Beratungspflicht der Depotbank aus der Übernahme einer Treuhänderstellung herzuleiten.

Nach den Grundsätzen der vertraglichen Treuhandschaft ist der Treuhänder im Rahmen eines bestehenden Treuhandvertrags verpflichtet, alles zu tun, um einen Schaden vom Treugeber abzuwenden[819]. Er hat alles zu unterlassen, was den Interessen des Treugebers entgegensteht[820]. Eine Verletzung der Treuhandpflichten, die sich aus den §§ 675, 664-667 BGB ergeben, kann zu Ansprüchen des Anlegers gegen die Bank zwar nicht aus dem Inhalt der Prospekte, aber eben aus § 280 Abs. 1 i.V.m. §§ 241 Abs. 2, 311 Abs. 2, 3 BGB führen[821]. Allerdings müssten die Grundsätze der vertraglichen Treuhandschaft hier auf eine gesetzliche Treuhandschaft übertragen werden und somit auch für die Regelungen des KAGG anwendbar sein. Die im KAGG vorgesehene Übertragung insbesondere der Kontroll- und Verwahrungsfunktion auf die Depotbank führt zu einer treuhänderischen Stellung dieser gegenüber den Anteilsinhabern[822]. Es handelt sich um eine gesetzliche Treuhandschaft, die sich aus ihrer Funktion als Depotbank ergibt[823].

Eine Übertragung der Grundsätze der vertraglichen Treuhandschaft ist hier aber gerade deshalb nicht möglich, weil durch das KAGG bereits eine gesetzliche Ausgestaltung des Pflichtenkreises der Depotbank gegeben ist[824]: Im Rahmen der §§ 12 ff. KAGG (§§ 20 ff. InvG) werden die Pflichten der Depotbank gesetzlich festgelegt. Die §§ 12 ff. KAGG (§§ 20 ff. InvG) sind daher insoweit lex specialis im Verhältnis zu den §§ 664 ff. BGB[825]. Im übrigen kann das gesetzliche Schuldverhältnis zu dem einzelnen Anleger erst durch den Erwerb der Fondsanteile begründet werden, denn es setzt die Anteilsinhaberschaft voraus,

---

[818] Siehe OLG Hamm WM 1996, 1812 ff.; AG Frankfurt a.M. WM 1995, 700, 701; dazu
Bähr, EWiR 1995, 645 f.
[819] BGH WM 1986, 904, 905.
[820] BGH WM 1979, 642, 643
[821] BGH WM 1995, 344; OLG Frankfurt a.M. WM 1997, 364, 367; OLG Frankfurt a.M.,
Urteil v. 26.10.2000 – 16 U 90/99, S. 13 f. (unveröffentlicht); jeweils noch zur Haftung aus
c.i.c.
[822] *Canaris*, Rn. 2465; *Ebner v. Eschenbach*, S. 140; *Kümpel*, Rn. 12.160; *Wendt*, S. 154;
Baur, Investmentgesetze, § 12 c Rn 6.
[823] *Ebner v. Eschenbach*, S. 140; *Kümpel*, Rn. 12.160; *Baur*, Investmentgesetze, § 12 c Rn. 6;
Ohl, S. 61, 63; *Reuter*, S. 152.
[824] OLG Frankfurt a.M. WM 1997, 364, 367; OLG Frankfurt a.M., Urteil v. 26.10.2000 –
16 U 90/99, S. 13 f. (unveröffentlicht); *Kümpel*, Rn. 12.160.
[825] *Zeller*, WuB I G 8. - 3.67, S. 418, 420.

wie sich aus den §§ 12 Abs. 2, 12 c Abs. 2 S. 1 Nr. 1 KAGG (§§ 22 Abs. 1, 28 Abs. 1 S. 1 Nr. 1 InvG) entnehmen lässt. Gegenüber dem bloßen Interessenten obliegen der Depotbank daher keine Pflichten[826].

Es lassen sich daher keine Aufklärungs- oder Beratungspflichten aus der Übernahme einer Treuhänderstellung begründen. Somit kann auch kein Anspruch gegenüber der Depotbank aus der Verletzung derartiger Pflichten bestehen.

VI.) Haftung aus dem Deliktsrecht

1.) Schadensersatzanspruch aus § 823 Abs. 1 BGB:

Weiter könnten den Anteilsinhabern Ansprüche aus dem Deliktsrecht gegenüber der Depotbank zustehen. Die Anwendung der Ansprüche aus Delikt ist neben dem Prospekthaftungsanspruch aus § 20 KAGG (§ 127 InvG) nicht ausgeschlossen[827]. Zu denken ist hier zunächst an einen Schadensersatzanspruch aus § 823 Abs. 1 BGB. Es ist allerdings fraglich, welche Rechtsgüter i.S.d. § 823 Abs. 1 durch die Depotbank verletzt werden könnten.

Anzusprechen sind hier nur eine Eigentumsverletzung oder die Verletzung von Forderungsrechten. Das Vorliegen einer Eigentumsverletzung bedeutet die Einwirkung auf eine Sache derart, dass ein adäquater Schaden eintritt[828]. Als Eigentumsverletzung kommen danach in Betracht die Beeinträchtigung oder Entziehung des Eigentumsrechts, nachteilige Einwirkungen auf die Sachsubstanz sowie Einwirkungen auf eine Sache, die deren Gebrauch verhindern oder erschweren[829]. Gegenstand des Eigentumsschutzes sind jedoch nur bewegliche oder unbewegliche Sachen i.S.d. §§ 90 ff. BGB. An einer Sache i.S.d. §§ 90 ff. BGB fehlt es aber bei den Anteilen an einem Investmentfonds. Denkbar ist daher nur noch die Verletzung eines Forderungsrechts als sonstiges Recht i.S.d. § 823 Abs. 1 BGB, welches den Anteilsinhabern gegenüber der Depotbank zusteht. Nach der h.M. sind Forderungen jedoch keine sonstigen Rechte i.S.d. § 823 Abs. 1 BGB[830]. Begründet wird dies damit, dass es bei den Forderungen zum einen an der erforderlichen sozialen Offenkundigkeit fehle[831]. Zum anderen berechtigen sie nur den Gläubiger und verpflichten nur den Schuldner; für Drit-

---

[826] OLG Frankfurt a.M. WM 1997, 364, 367 f.; *Baur* in: BuB, Rn. 9/651.

[827] *Baur*, Investmentgesetze, § 20 Rn. 33.

[828] Palandt-Sprau, § 823 Rn. 8.

[829] MüKo-Wagner, § 823 Rn. 95.

[830] BGHZ 12, 308, 317; 29, 65, 73 f; Palandt-Sprau, § 823 Rn. 11; MüKo-Wagner, § 823 Rn. 154; Staudinger-Hager, § 823 Rn. B 160.

[831] Staudinger-Hager, § 823 Rn. B 160.

167

te hingegen sind sie generell unbeachtlich[832]. Somit ist auch die Verletzung eines sonstigen Rechts abzulehnen[833]. Es bestehen damit zwischen den Anteilsinhabern und der Depotbank keine Ansprüche aus § 823 Abs. 1 BGB.

2.) Schadensersatzanspruch aus § 823 Abs. 2 BGB

Zu untersuchen ist jedoch noch, ob den Anteilsinhabern gegenüber der Depotbank Schadensersatzansprüche aus § 823 Abs. 2 BGB zustehen können. Erforderlich hierfür wäre insbesondere die Verletzung eines Schutzgesetzes i.S.d. § 823 Abs. 2 BGB. Zur Definition des Schutzgesetzes sind mehrfach Versuche unternommen worden, um den Schutzgesetzcharakter nach durchgängigen Regeln zu ermitteln[834]. Diese Arbeit dient nicht dazu, dies näher zu vertiefen. Daher sei nur kurz erwähnt, dass als Schutzgesetz jede Rechtsnorm anzusehen ist, die gezielt dem Individualschutz dienen muss, wobei es genügt, wenn die Vorschrift neben der Allgemeinheit auch dem einzelnen zu dienen bestimmt ist[835]. Dabei kommt es nicht auf die Wirkung, sondern auf Inhalt und Zweck des Gesetzes nach der Intention des Gesetzgebers an. Die Schaffung eines individuellen Schadensersatzanspruchs muss erkennbar vom Gesetzgeber erstrebt sein oder zumindest im Rahmen des haftpflichtrechtlichen Gesamtsystems tragbar erscheinen[836].

Es ist anerkannt, dass die Vorschriften über die Aufgaben der Depotbank Schutzgesetze darstellen[837]. Die meisten Normen, die als Schutzgesetze in Betracht kommen, ergeben sich daher, wie schon bei den Pflichtverletzungen im Rahmen der Ausführungen zu § 280 BGB, aus den Regelungen, die die Kontrolle und Verwahrung des Sondervermögens sowie die Ausgabe und Rücknahme der Anteilsscheine betreffen. So können bei der Verletzung der gesetzlichen Pflichten durch die Depotbank für die Anteilsinhaber auch Ansprüche auf Schadensersatz aus unerlaubter Handlung entstehen, insbesondere bei Verstößen gegen § 12 a Abs. 5, § 12 b, § 12 c Abs. 1 und § 9 b Abs. 1 S. 6 KAGG (§§

---

[832] RGZ 57, 353, 356; Staudinger-Hager, § 823 Rn. B 160; MüKo-Wagner, § 823 Rn 154.
[833] *König*, S. 153.
[834] Hierzu siehe Nachweise bei Staudinger-Hager, § 823 Rn. G 16 ff.; MüKo-Wagner, § 823 Rn. 340 ff.
[835] BGHZ 69, 1, 16; 122, 1, 4; 125, 366, 374; BGH NJW 1992, 241, 242; Staudinger-Hager, § 823 Rn. G 19; Palandt-Sprau, § 823 Rn. 56 f.
[836] Palandt-Sprau, § 823 Rn. 57.
[837] *Vom Berge und Herrendorff*, S. 113; *Baur*, Investmentgesetze, § 12 Rn. 16; *Beckmann* in: Investment-Handbuch 425, § 12 c Rn. 3; *Schödermeier / Baltzer* in: Brinkhaus / Scherer KAGG § 12 Rn. 18.

36 Abs. 2, 27 Abs. 1-3, 29 InvG), die als Schutzgesetze zugunsten der Anteilsinhaber i.S.d. § 823 Abs. 2 anzusehen sind[838].

Schutzgesetz zugunsten der Anteilsinhaber i.S.d. § 823 Abs. 2 BGB ist demzufolge § 12 a Abs. 5 KAGG (§ 36 Abs. 2 InvG)[839]. Schließt die KAG ein Wertpapiergeschäft unter Verletzung des § 12 a Abs. 5 KAGG (§ 36 Abs. 2 InvG) ab, so ist die Depotbank aufgrund der ihr übertragenen Kontrollfunktion verpflichtet, die Ausführung abzulehnen[840]. Ein Verstoß gegen diese Vorschrift ruft daher Ersatzansprüche auch gegen die Depotbank hervor[841]. § 12 b KAGG (§ 27 InvG) ist insgesamt als Schutzgesetz zugunsten der Anteilsinhaber i.S.d. § 823 Abs. 2 BGB anzusehen[842]. Bei einem Verstoß insbesondere gegen die Verpflichtungen aus § 12 b Nr. 2 KAGG (§ 27 Abs. 1 Nr. 2 InvG) macht sich die Depotbank schadensersatzpflichtig[843]. Das gilt entsprechend für die nach § 12 b Nr. 1 und 3 KAGG (§ 27 Abs. 1 Nr. 1 und 3 InvG) der Depotbank ausdrücklich zugewiesenen Aufgaben. Beide sind in den Rang einer gesetzlichen Verpflichtung erhoben und keiner abweichenden Regelung durch den Vertrag zwischen der KAG und der Depotbank zugänglich[844]. Die Depotbank haftet demnach den Anteilsinhabern, soweit sie ein Verschulden trifft[845].

Ebenfalls von einer Haftung aus unerlaubter Handlung ist auszugehen bei Verstößen gegen § 12 c Abs. 1 und 2 (§§ 28, 29 InvG)[846] sowie § 21 Abs. 2-4 KAGG (§ 36 Abs. 1-4 InvG)[847]. Bei Verstößen gegen die Wertermittlung der Kurswerte ist ein mögliches Verschulden der KAG zu beachten. Hierbei ist dann wie schon bei der Haftung nach § 280 BGB dargestellt, die sogenannte Sphärentheorie zu berücksichtigen[848]. Zudem kommen immer dann, wenn die Depotbank durch Leistung an einen Nichtberechtigten nicht frei wird oder sonst Vermögensgegenstände dem Sondervermögen zu Unrecht entzogen werden,

---

[838] *Vom Berge und Herrendorff*, S. 113 ; *Geßler*, WM 1957, Sonderbeilage Nr. 4, S. 22; *Baur*, Investmentgesetze, § 12 Rn. 16; *Schödermeier / Baltzer* in: Brinkhaus / Scherer KAGG § 12 Rn. 18.

[839] *Baur*, Investmentgesetze, § 12 a Rn. 22; *Beckmann* in: Investment-Handbuch 425, § 12 c Rn. 3.

[840] *Reuter*, S. 153; *Schäcker*, S. 124 f.; *Baur*, Investmentgesetze, § 12 a Rn. 22.

[841] *Baur*, Investmentgesetze, § 12 a Rn. 21.

[842] *Baur*, Investmentgesetze, § 12 b Rn. 2; *Beckmann* in: Investment-Handbuch 425, § 12 c Rn. 3; *Schödermeier / Baltzer* in: Brinkhaus / Scherer KAGG § 12 b Rn. 13.

[843] *Vom Berge und Herrendorff*, S. 113.

[844] *Baur*, Investmentgesetze, § 12 b Rn. 2.

[845] *Baur*, Investmentgesetze, § 12 b Rn. 3.

[846] *König*, S. 153; *Baur*, Investmentgesetze, § 12 c Rn. 11; *Baur* in: BuB, Rn. 9/655.

[847] *Baur* in: BuB, Rn. 9/655.

[848] Siehe dazu bereits S. 135 f.

Schadensersatzansprüche gegen die Depotbank aus unerlaubter Handlung in Betracht[849]. Auch die Verletzung der Verpflichtung, bei gesetzes- oder vertragswidrigen Entscheidungen der KAG zu widersprechen, kann zur Haftung nach § 823 Abs. 2 BGB führen. Das Schutzgesetz ergibt sich hierbei aus einem Umkehrschluss aus § 12 Abs. 2 S. 2 KAGG (§ 22 Abs. 1 S. 2 InvG)[850]. Des Weiteren kann ein fehlerhafter Bestätigungsvermerk nach § 24 a Abs. 3 S. 4 KAGG zur Haftung der Depotbank führen, sofern nicht die KAG auch in die Verantwortung für die Richtigkeit und Vollständigkeit mit einbezogen ist[851].

Ebenfalls als Norm, deren Verletzung zur Haftung nach § 823 Abs. 2 BGB führen kann, ist § 25 g KAGG zu nennen[852]. Schutzgesetzcharakter hat zudem die Vorschrift des § 31 Abs. 3 KAGG (§ 26 Abs. 1 Nr. 3, Abs. 2 InvG): Danach muss die Depotbank bestimmten Verfügungen zustimmen und vor der Zustimmung prüfen, ob die KAG mit der Verfügung gegen die ihr obliegende Sorgfalts- und Interessenwahrungspflicht verstößt. Zum Schutze des Rechtsverkehrs ist die Zustimmung der Depotbank nach § 31 Abs. 3 S. 2 KAGG (§ 26 Abs. 2 S. 2 InvG) zwar auch dann wirksam, wenn die Zustimmung entgegen den Vorschriften des KAGG oder den Vertragsbestimmungen erteilt wurde. Die Depotbank macht sich in einem solchen Fall aber schadensersatzpflichtig[853]. Gleiches gilt bei § 37 Abs. 3 KAGG (§ 26 Abs. 1 Nr. 4 InvG) für die Zustimmung zu Belastungen von Gegenständen des Grundstücks-Sondervermögens[854].

Des Weiteren sind auch hier diejenigen ergänzenden Spezialpflichten zu nennen, die ebenfalls dem Schutz der Anteilsinhaber dienen. Diese Normen sind jedoch bereits bei der Haftung nach § 280 BGB aufgelistet worden[855], so dass hier auf die dortige Darstellung verwiesen werden kann. Bei Bejahung des Schutzgesetzcharakters ist auch bei diesen Vorschriften eine Haftung nach § 823 Abs. 2 BGB möglich.

---

[849] *Klenk*, S. 95.
[850] *König*, S. 153.
[851] *Baur*, Investmentgesetze, § 24 a Rn. 73.
[852] Siehe dazu *Baur*, Investmentgesetze, § 25 g Rn. 10.
[853] *Baur*, Investmentgesetze, § 31 Rn. 7.
[854] *Baur*, Investmentgesetze, § 31 Rn. 16.
[855] Siehe S. 134 f.

VII.) Zusammenfassung zu den Haftungsgrundlagen

Die Darstellung der Haftungsgrundlagen hat gezeigt, dass die Depotbank durchaus als Schuldnerin gegenüber den Anteilsinhabern in Betracht gezogen werden kann. So sind insbesondere Ansprüche aus § 280 Abs. 1 BGB sowie § 823 Abs. 2 BGB denkbar. Möglich ist auch ein Anspruch aus § 20 KAGG gegenüber der Depotbank, wenn diese unter den dort genannten Voraussetzungen aktiv in den Verkauf der Anteilsscheine eingeschaltet war.

Im Rahmen des § 280 Abs. 1 BGB sind Schadensersatzansprüche der Anteilsinhaber gegenüber der Depotbank wegen Pflichtverletzungen aus bestehenden vertraglichen Beziehungen allerdings nur dann gegeben, wenn die Anteilsinhaber an die Depotbank herantreten und es zum Abschluss eines Beratungsvertrags kommt. Dagegen kann sich eine Haftung nach § 280 Abs. 1 BGB bei Pflichtverletzungen aus dem zwischen Depotbank und Anteilsinhabern bestehenden gesetzlichen Schuldverhältnis insbesondere bei der Verletzung der aus den Kontroll- sowie Verwahrungsaufgaben resultierenden Pflichten ergeben.

Sofern diese gesetzlichen Schutzpflichten auch Schutzgesetze i.S.d. § 823 Abs. 2 BGB darstellen, kann daraus auch eine deliktische Haftung begründet werden. Schadensersatzansprüche aus § 280 Abs. 1 i.V.m. §§ 241 Abs. 2, 311 Abs. 2, 3 BGB sind schließlich für mehrere Fälle denkbar: Zum einen können sich diese aus der Prospekthaftung im weiteren Sinn ergeben, allerdings nur dann, wenn die Depotbank in den Vertrieb der Fondsanteile eingeschaltet ist und zudem Erklärungen gegenüber den Anlegern abgibt, die zur Schaffung der geforderten besonderen Vertrauenssituation führen. Die dazu erforderliche direkte Verhandlungssituation zwischen Depotbank und Anlegern dürfte nur selten vorliegen. Die Prospekthaftung im engeren Sinn ist ebenfalls nur in den dort dargestellten Einzelfällen möglich[856]. Daneben kommt im Rahmen der Haftung nach § 280 Abs. 1 i.V.m. §§ 241 Abs. 2, 311 Abs. 2, 3 BGB noch die Verletzung einer Aufklärungspflicht der Depotbank gegenüber den Anlegern zum einen dann in Betracht, wenn die Depotbank die ihr vom Gesetz zugedachte Rolle überschreitet, indem sie die KAG in ihren wirtschaftlichen Entscheidungen beeinflusst oder durch dieses Verhalten zugleich ein besonderes Gefährdungspotential für die Anleger schafft. Zum anderen ist eine Haftung in den Fällen möglich, in denen die Depotbank gegenüber den Anlegern einen konkreten Wissensvorsprung bezogen auf spezifische Risiken der Anlage besitzt. Für diese Haftungsfälle ist jedoch stets wieder Voraussetzung, dass es zwischen der Depotbank und den Anlegern zu einer Verhandlungssituation kommt, da ansonsten kein für die Haftung erforderliches Vertrauen der Anleger in die Depotbank geschaffen werden kann.

---

[856] Siehe S. 157.

B.) Durchsetzbarkeit der Ansprüche

Sollte ein Anspruch der Anteilsinhaber gegenüber der Depotbank begründet sein, dann stellt sich in der Praxis ein weiteres Problem: Schwierigkeiten können auch bei der Durchsetzbarkeit der Ansprüche auftreten. Dies kann beispielsweise die Geltendmachung der Ansprüche durch die Anteilsinhaber selbst betreffen, sofern diese die Leistung an sich und nicht an die Gesamtheit der Anteilsinhaber verlangen. Des Weiteren sind eventuell Haftungsfreizeichnungen bzw. Haftungsausschlüsse zu beachten. Allerdings sind Freizeichnungsversuche der Investmentgesellschaften bislang nicht bekannt geworden[857]. Gleiches gilt für die Depotbanken. Bei einer Haftungsfreizeichnung im Prospekt sind natürlich die Regelungen der §§ 305 ff. BGB bezüglich Allgemeiner Geschäftsbedingungen zu beachten. Zumindest in der Praxis des Investmentwesens ist dies aber spätestens seit der vom BVI mit Zustimmung der BaFin durchgeführten Entwicklung der einzelnen Bausteine für die Verkaufsprospekte nicht von großer Bedeutung. Auf Ausführungen hierzu kann daher an dieser Stelle verzichtet werden.

Von großer Bedeutung dürften hingegen die Schwierigkeiten der Anteilsinhaber im Rahmen der Beweisführung sein.

I.) Zum Problem der actio pro socio

Zur Geltendmachung der Ansprüche der Anteilsinhaber gegen die Depotbank verpflichtet das Gesetz in § 12 c Abs. 3 KAGG (§ 28 Abs. 2 InvG) die KAG. Für die Übertragung der Rechtsverfolgung auf die KAG sprechen nach den Begründungen des Ersten FMFG Gesichtspunkte der Praktikabilität, da eine Geltendmachung der Ansprüche durch die Gesamtheit der Anteilsinhaber im Hinblick auf die große Zahl der Berechtigten in der Praxis auf erhebliche Schwierigkeiten stoßen würde[858]. Die individuelle Rechtsdurchsetzung durch den Anteilsinhaber selbst soll durch diese gesetzliche Prozessstandschaft[859] jedoch gemäß § 12 c Abs. 3 S. 2 KAGG (§ 28 Abs. 2 S. 2 InvG) ausdrücklich nicht beschränkt werden.

---

[857] *Köndgen*, Die AG 1983, 85 (I), 120 (II), 130.

[858] Begründung zum Ersten FMFG, BT 11/5411 zu § 12 c KAGG, abgedruckt in Investment-Handbuch 582, S. 180.

[859] *Köndgen* in: Schimansky / Bunte / Lwowski, § 113 Rn. 139; *König*, S. 154; *Baur*, Investmentgesetze, § 12 c Rn. 11.

Canaris sieht zwar noch Schwierigkeiten in der Annahme einer gesetzlichen Prozessstandschaft der KAG[860]. Sein Argument, es fehle an einer entsprechenden Rechtsgrundlage, basiert jedoch auf der alten Rechtslage und ist durch die Einführung des § 12 c Abs. 3 KAGG (§ 28 Abs. 2 InvG) hinfällig geworden. Das sich für den klagenden Anteilsinhaber ergebende Problem beinhaltet vielmehr die Frage, ob er auf Leistung an sich selbst oder lediglich auf Leistung an das Sondervermögen und damit an die Gesamtheit der Anteilsinhaber klagen kann. Nach Ansicht eines Teils der Literatur[861] und des OLG Frankfurt a.M.[862] steht der Schadensersatzanspruch nicht dem einzelnen Anteilsinhaber als Individualanspruch zu, sondern lediglich der Gemeinschaft aller Anteilsinhaber. Ein einzelner Anteilsinhaber kann danach nur im Wege der sogenannten actio pro socio die Schadensersatzansprüche der Gesamtheit der Anteilsinhaber gegen die Depotbank geltend machen. Der BGH hat diese Frage bislang offen gelassen[863].

Einer anderen Ansicht zufolge soll der einzelne Anteilsinhaber seine Rechte gegenüber der Depotbank im Rahmen der §§ 420, 432 BGB selbständig und unabhängig von den übrigen Anteilsinhabern geltend machen können[864]. Dies wird zum einen damit begründet, dass die Forderung, im Wege der actio pro socio zu klagen, wegen des hohen Streitwertes eine veritable Prozessbarriere darstellt[865]. Weiter wird angeführt, dass diese Möglichkeit dadurch gegeben ist, dass der jeweilige Anteilsinhaber die der Depotbank obliegenden Leistungen, soweit sie unteilbar sind, nach § 432 BGB an alle Anteilsinhaber, soweit sie teilbar sind, nach § 420 BGB in Höhe seines Anteils am Sondervermögen an sich verlangen kann[866]. Die §§ 420, 432 BGB beziehen sich zwar nur auf eine Mehrheit von Gläubigern eines einzelnen Schuldverhältnisses, die einzelnen zwischen den Anteilsinhabern und der KAG oder der Depotbank bestehenden Rechtsverhältnisse bilden jedoch insgesamt ein einheitliches Schuldverhältnis, das Kapitalanlageverhältnis[867]. Die Schadensersatzansprüche der Anteilsinhaber gegenüber der Depotbank sollen nach dieser Ansicht den teilbaren Leistungen

---

[860] *Canaris*, Rn. 2482.

[861] *Canaris*, Rn. 2482; *Kümpel*, Rn. 12.176; *Lenenbach*, Rn 11.31; *Balzer*, EWiR 2002, 117, 118; *Baur* in: BuB, Rn. 9/656; *Schödermeier / Baltzer* in: Brinkhaus / Scherer KAGG § 12 c Rn. 18.

[862] OLG Frankfurt a.M. WM 1997, 364, 367; OLG Frankfurt a.M. Urteil v. 26.10.2001 – 16 U 90/99, S. 13 (unveröffentlicht).

[863] BGH WM 2001, 2053.

[864] *Ebner v. Eschenbach*, S. 153; *Köndgen* in: Schimansky / Bunte / Lwowski, § 113 Rn. 139; *Gläbe*, S. 177.

[865] *Köndgen* in: Schimansky / Bunte / Lwowski, § 113 Rn. 139.

[866] *Ebner v. Eschenbach*, S. 154; *Gläbe*, S. 177.

[867] *Ebner v. Eschenbach*, S. 154.

zugeordnet werden[868]. Diese Forderungen des Anteilsinhabers sind selbständig und unabhängig von den Teilforderungen der übrigen Anteilsinhaber, sie sollen daher von dem einzelnen Anteilsinhaber selbständig und unabhängig von den übrigen Anteilsinhabern geltend gemacht werden können[869].

Nach Ansicht von Köndgen dürfte diese Klage indes nur in der Form einer kollektiven Prozessführung praktikabel sein, beispielsweise durch Abtretung der geringwertigen Einzelansprüche an einen Treuhänder[870]. Eine solche Abtretung der Einzelansprüche ist aus praktischer Sicht sicherlich sinnvoll. Eine Organisation der Anteilsinhaber würde sich bei der Prozessführung stets anbieten. Die Schwierigkeit der Prozessführung hat auch der Gesetzgeber gesehen und deshalb § 12 c Abs. 3 KAGG (§ 28 Abs. 2 InvG) durch das Ersten FMFG eingeführt. Ein Hinweis auf die Geltendmachung der Ansprüche im Wege der actio pro socio lässt sich aus dem Gesetz allerdings nicht entnehmen. Die actio pro socio ist daher nicht zwingend vorausgesetzt. Allerdings kann man aus der Formulierung des § 12 c Abs. 3 S. 2 KAGG (§ 28 Abs. 2 S. 2 InvG) auch nicht schließen, dass die Geltendmachung der Ansprüche im Wege der actio pro socio generell ausgeschlossen ist.

Auch wenn sich aus dem Gesetz keine genauen Schlussfolgerungen für oder gegen die actio pro socio ziehen lassen, sprechen die besseren Argumente gegen die Geltendmachung der Klage im Wege der actio pro socio, da sich dann für den einzelnen Anteilsinhaber vor allem das Problem des sehr hohen Streitwertes nicht stellt.

II.) Zur Beweisproblematik

Weiteres praktisches Problem bei der Durchsetzbarkeit der Ansprüche ist die Frage der Beweislast. Hierbei ist zwischen den allgemein zivilrechtlichen und den spezialgesetzlichen Ansprüchen zu differenzieren.

Wie bei den Haftungsansprüchen dargestellt, ist es, zumindest in Einzelfällen denkbar, dass die Depotbank Beratungs- oder Aufklärungspflichten verletzt. Nach den allgemeinen Regeln der Beweislastverteilung trifft denjenigen, der einen Anspruch geltend macht, die Darlegungs- und Beweislast für das Vorliegen der Anspruchsvoraussetzungen[871]. Im Bereich der Anlageberatung hätte

---

[868] *Gläbe*, S. 177; *Ebner v. Eschenbach*, S. 153.

[869] *Ebner v. Eschenbach*, S. 155.

[870] *Köndgen* in: Schimansky / Bunte / Lwowski, § 113 Rn. 139.

[871] BGHZ 72, 92, 106; 87, 393, 399; BGH WM 1988, 1031; *Roth*, ZHR 1990, 513, 516; *Bruske*, S. 18; *Schäfer / Müller*, S. 34.

demzufolge der Kunde vorzutragen und zu beweisen, dass die Bank ihrer Beratungs- und Aufklärungspflicht schuldhaft nicht nachgekommen ist. Im Anschluss daran muss er darlegen, die Bank habe hierdurch seine Anlageentscheidung verursacht, die unterblieben wäre, wenn er zutreffend beraten und aufgeklärt worden wäre.

In Rechtsprechung und Literatur besteht jedoch weitgehend Einigkeit, dass dem Geschädigten im Falle eines Anspruchs aus § 280 BGB nicht einschränkungslos die Beweislast für alle Voraussetzungen des Schadensersatzanspruchs auferlegt werden kann[872]. Uneinigkeit besteht hingegen darin, in welchem Umfang Beweiserleichterungen zugunsten des Gläubigers zulässig sind und auf welche Rechtsprinzipien eine etwaige Beweislastumkehr gestützt werden kann[873]. So hat sich die Rechtsprechung in den Fällen der zivilrechtlichen Prospekthaftung und der Haftung wegen Verletzung von Aufklärungs- und Beratungspflichten schwer getan, eine einheitliche Linie festzustellen[874]. Die eingesetzten Mittel reichen von der Anwendung der §§ 282 BGB a.F.[875] und 287 ZPO[876] über den Anscheinsbeweis und den Rückgriff auf die Lebenserfahrung oder die Gefahrenkreistheorie bis hin zur Umkehr der Beweislast auf den Aufklärungspflichtigen[877]. Es findet sich jedoch die Tendenz, anstelle des Anscheinsbeweises eine Beweislastumkehr anzunehmen[878].

Bei der spezialgesetzlichen Haftung stellt sich die Beweisschwierigkeit vor allem bei möglichen Prospekthaftungsfällen der Depotbank. Ein Problem kann der Kausalnachweis zwischen den falschen oder unvollständigen Prospektangaben und der Anlageentscheidung des Anteilsinhabers sein. Dieser Kausalnachweis ist in den spezialgesetzlichen Prospekthaftungsfällen im Wege des Anscheinsbeweises zu erleichtern[879]. So muss der Kapitalanleger zunächst die Pflichtverletzung darlegen und beweisen. Gelingt ihm das, so spricht der erste Anschein für einen Kausalzusammenhang, womit der Anteilsinhaber des Beweises darüber enthoben wird, dass auch die konkrete Prospektangabe für seinen Entschluss maßgeblich war[880].

---

[872] BGH NJW 2000, 2812; 1987, 1938; *Roth*, ZHR 154 1990, 513, 520 ff.; *Lang*, WM 2000, 450, 458; *Lüdicke*, S. 92; jeweils noch zur c.i.c. und pVV.

[873] Siehe *Lang*, WM 2000, 450, 458 ff.

[874] Nachweise und Kritik bei *Stodolkowitz*, VersR 1994, 11 ff.; *Lang*, WM 2000, 450 ff.; *Grunewald*, ZIP 1994, 1162 ff.; *Schäfer / Müller*, Rn. 85 ff.

[875] Siehe hierzu *Roth*, ZHR 1990, 513, 529; *Lang*, WM 2000, 450 m.w.N.

[876] Siehe hierzu *Roth*, ZHR 1990, 513, 524 f.; *Lang*, WM 2000, 450 m.w.N.

[877] Siehe hierzu *Stodolkowitz*, VersR 1994, 11, 15.

[878] *Lüdicke*, S. 92; *Schäfer / Müller*, Rn. 87 m.w.N.; kritisch *Bruske*, S. 71, 74.

[879] *Bruske*, S. 73 f.

[880] *Bruske*, S. 73.

Zur Erschütterung des Anscheinsbeweises muss der Prospekthaftpflichtige, also die Depotbank, Gründe dafür darlegen und beweisen, dass es dem Anleger auf die konkrete Prospektangabe bei seiner Entscheidung nicht ankam. Sie muss also eine Konkretisierung auf die falsche oder unvollständige Prospektangabe herbeiführen. Gelingt ihr das, soll der Kapitalanleger nunmehr darlegen und beweisen, dass die konkrete Prospektangabe für seine Entscheidung von Bedeutung war[881]. Insoweit genügt auch der Nachweis der Mitursächlichkeit[882]. Für die Haftung nach § 20 KAGG (§ 127 InvG) ist es ausreichend, wenn ein Beteiligter die Unrichtigkeit ohne grobes Verschulden hätte erkennen müssen[883]. Nach § 20 Abs. 3 KAGG (§ 127 Abs. 3 InvG) haftet der Inanspruchgenommene jedoch nicht, wenn er nachweist, dass er weder positiv die Fehlerhaftigkeit des Prospekts gekannt hat noch seine Unkenntnis auf grober Fahrlässigkeit beruht. Es handelt sich um eine Verschuldenshaftung mit Beweislastumkehr[884]. Für den Erwerber beschränkt sich infolgedessen die Darlegungs- und Beweislast darauf, dass es sich um einen fehlerhaften Prospekt handelt und er aufgrund des Prospekts gekauft hat.

Es dürfte für den Anteilsinhaber allerdings schwierig sein, die Pflichtverletzung darzulegen und zu beweisen. Erst daran knüpft ja der Anscheinsbeweis für den Kausalnachweis an. Für den Erwerber ist es grundsätzlich schwierig und häufig sogar unmöglich zu erkennen und zu beweisen, dass ihm vorsätzlich ein fehlerhafter Prospekt zur Verfügung gestellt wurde. Der typische Anteilsinhaber dürfte in der Regel nicht mit den Verkaufsprospekten so vertraut sein, dass er mögliche Fehler zum einen erkennt und zum anderen noch nachweist. Hierzu wird ein Anteilsinhaber, der sich gerade für das Investmentsparen entschieden hat, um keine Detailkenntnisse des Kapitalmarkts erwerben zu müssen, nicht in der Lage sein. Er ist daher dazu angewiesen, bei einem bestehenden Anfangsverdacht, einen Spezialisten mit der Begutachtung beauftragen zu müssen[885]. Dies ist wiederum sehr kostenintensiv. An dieser Stelle wäre eine Organisation der Anleger durchaus hilfreich. Stimmen in der Literatur meinen, dass diese Probleme allerdings auch mit einer Organisation der Anleger nicht überwunden werden können[886].

[881] *Bruske*, S. 73.

[882] Vgl. BGH WM 1959, 1458; 1962, 1110.

[883] *Baur*, Investmentgesetze, § 20 Rn. 26.

[884] *Baur*, Investmentgesetze, § 20 Rn. 26; *Beckmann* in: Investment-Handbuch, § 20 Rn 26; *Horst*, S. 29

[885] *König*, S. 147.

[886] *Schäcker*, S. 125; *König*, S. 147.

Schwierigkeiten dürften sich zudem für die in der Regel unerfahrenen Anteilsinhaber ergeben, wenn es darum geht, der Depotbank Pflichtverletzungen nachzuweisen, die im Rahmen einer Haftung aus § 280 BGB wegen der Verletzung gesetzlicher Schutzpflichten geltend gemacht werden. Selbst bei einer anwaltlicher Vertretung geht es für die Anwälte immer noch darum, die Schutzpflichtverletzung zu erkennen und der Depotbank nachzuweisen.

Gleiches gilt für den Beweis einer Pflichtverletzung, die im Rahmen der Haftung aus § 823 Abs. 2 BGB wegen einer Schutzgesetzverletzung geltend gemacht wird. Hier ist zum einen die Kenntnis der jeweiligen Pflicht der Depotbank erforderlich und zum anderen das Erkennen der Pflichtverletzung. Dies wird den Anteilsinhabern meistens verborgen bleiben. Der typische Anleger wird sich nicht tiefgreifend mit den Gegebenheiten des Investmentwesens auseinandersetzen, da er diese Form der Geldanlage gewählt hat, damit er nicht selbst die einzelnen Anlageentscheidungen treffen muss. Er will sich nicht ständig über die Märkte informieren, sondern sein Geld anlegen und dann die Investmentgesellschaften die Entscheidungen treffen lassen. Wirklich fachkundige Anleger, die Kenntnisse über die Pflichtenverteilung zwischen KAG und Depotbank aufweisen, dürften die Ausnahme darstellen.

Somit lässt sich feststellen, dass Beweiserleichterungen für den einzelnen Anteilsinhaber in Form der Beweislastumkehr bzw. des Anscheinsbeweises gegeben sind. Er hat aber vor allem im Falle der spezialgesetzlichen Prospekthaftung immer noch vorzubringen, inwieweit der Verkaufsprospekt fehlerhaft oder unrichtig ist. Zudem ist die Beweisführung in den Fällen der gesetzlichen Pflichtverletzungen mangels Kenntnis der Pflichten bzw. Erkennen der Verletzung der jeweiligen Pflichten nicht einfach.

III.) Zusammenfassung der Probleme zur Durchsetzbarkeit der Ansprüche

Somit bleibt festzuhalten, dass das Problem der Geltendmachung der Klage im Wege der actio pro socio noch umstritten ist und daneben trotz Beweiserleichterungen noch Schwierigkeiten bei der Beweisführung für den einzelnen Anteilsinhaber auftreten können. Berechtigt ist zudem sicherlich nach wie vor die Kritik von Canaris, dass bei Pflichtverletzungen der Depotbank häufig zugleich Pflichtverletzungen der KAG vorliegen werden und daher keine Gewähr für ein angemessenes und den Interessen der Anteilsinhaber dienliches Vorgehen besteht[887].

---

[887] *Canaris*, Rn. 2482.

Des Weiteren besteht in vielen Fällen häufig kein ökonomischer Anreiz für eine Klage: Zumindest bei Publikumsfonds dürfte der auf einen einzelnen Anteilsinhaber entfallende Bruchteil des pflichtwidrig verursachten Schadens regelmäßig so gering sein, dass für eine Haftungsklage mit erheblichem Prozessrisiko kein hinreichender Anreiz besteht. So wird ein Anteilsinhaber mit einem geringen Anlagevolumen selbst bei der hohen Wahrscheinlichkeit eines positiven Verfahrensausgangs von einer Klage Abstand nehmen, da unter Umständen allein der eigene - nicht ersatzfähige - Zeitaufwand den möglichen Erlös übersteigt[888].

Die Kosten der Rechtsverfolgung und das Risiko einer Prozessniederlage werden den einzelnen Anteilsinhaber regelmäßig davon abhalten, die Ansprüche geltend zu machen. Daran wird berechtigterweise kritisiert, dass dieser Missstand unter Präventionsgesichtspunkten durchaus bedenklich ist und de lege ferenda durch Einführung einer kostenvergünstigten gesetzlichen Prozessstandschaft des einzelnen Anteilsinhabers behoben werden sollte[889]. Diese Erkenntnisse sind sicherlich auch Grund dafür, dass bislang fast keine Prozesse gegen die Depotbank eines Investmentfonds geführt worden sind[890].

C.) Ergebnis zur Haftung der Depotbank

Die Ausführungen zur Haftung der Depotbank haben gezeigt, dass die Anteilsinhaber in den Fällen Ansprüche gegenüber der Depotbank geltend machen können, in denen diese die ihr obliegenden Pflichten verletzt. Dies stellt eine wichtige Ergänzung im System des Anlegerschutzes des Investment-Dreiecks dar. Viele der Haftungsgründe dürften jedoch wie bereits im Rahmen der einzelnen Ausführungen angemerkt Ausnahmefälle darstellen. Für den Schutz der Anteilsinhaber am wichtigsten sind die im Rahmen der schuldrechtlichen und deliktischen Haftung geltend zu machenden Verletzungen derjenigen Pflichten der Depotbank, die sich aus ihrer gesetzlich vorgesehene Kontroll- und Verwahrungsfunktion ergeben. Hiermit wird nicht nur die Ausgleichsfunktion, sondern auch die Steuerungsfunktion des Schadensersatzrechts berücksichtigt, da die Depotbanken sich durch die mögliche Haftungssituation im Sinne des Anlegerschutzes verhalten werden.

---

[888] *König*, S. 147; *Geßler*, WM 1957, Sonderbeilage Nr. 4, S. 10, 12.

[889] *Köndgen* in: Schimansky / Bunte / Lwowski, § 113 Rn. 137.

[890] Einzige Ausnahme sind nach wie vor die Urteile des OLG Frankfurt a.M. vom 19.12.1996, WM 1997, 364 ff. und vom 26.10.2000 – 16 U 90/99 (unveröffentlicht) sowie die Revisionsentscheidung des BGH vom 18.09.2001, WM 2001, 2053 ff.

Die Haftung der Depotbank stellt daher durchaus einen Schutz der Anleger vor den im zweiten Teil der Arbeit aufgezeigten Gefahren dar. Allerdings muss hierbei auch berücksichtigt werden, dass sich die Durchsetzung der möglichen Haftungsansprüche auf Grund der gegebenen Beweisschwierigkeiten in der Praxis als schwer erweisen kann.

Es bleibt deshalb trotz der Würdigung der Haftung der Depotbank weiterhin zu beachten, dass das vom Gesetzgeber geschaffene Schutzsystem der „checks and balances" auf Grund der von den gesellschaftsrechtlichen Verflechtungen und der von den damit verbundenen Interessenkollisionen ausgehenden Gefahren sowie der wenig wirksamen Eingriffsmöglichkeiten der Depotbank nicht effektiv umgesetzt wird. Neben der Haftung der Depotbank ist daher nach weiteren Möglichkeiten zu suchen, die das Schutzsystem des Investment-Dreiecks noch weiter verbessern können. Dazu soll der vierte Teil der Arbeit dienen, der Ansätze zur Veränderung des Schutzsystems innerhalb des Investment-Dreiecks beinhaltet.

- VIERTER TEIL -

Ansätze zur Veränderung des Schutzsystems des Investment-Dreiecks

Am Schluss der Arbeit soll der Frage nachgegangen werden, inwiefern das Schutzsystem innerhalb des Investment-Dreiecks noch verbessert werden kann. Mit Hilfe der Vorschläge sollte auch eine Lösung des Anlegerschutzproblems möglich sein, welches durch das im zweiten Teil der Arbeit beschriebene Näheverhältnis zwischen Depotbank und Investmentgesellschaft und die damit zusammenhängenden Interessenkonflikte entsteht[891]. Hierzu sind zunächst die im zweiten Teil der Arbeit aufgeführten Überlegungen der ökonomischen Analyse zu ergänzen, um daran anschließend zu untersuchen, wie diese in der Praxis umgesetzt werden können.

A.) Ökonomische Analyse

Im Rahmen der Analyse des Schutzsystems ist bei der ökonomischen Analyse ausgearbeitet worden, dass die Grundsätze des Prinzipal-Agenten-Problems auf die Beziehungen innerhalb des Investment-Dreiecks anwendbar sind[892]. Dabei wurde festgestellt, dass sich die Anleger als Prinzipale in einer doppelstufigen Agency-Beziehung befinden, in der sie den Agenten KAG und Depotbank gegenüberstehen. Sie müssen dabei auf die Kontrolltätigkeit der Depotbank hoffen.

Das Problem innerhalb der Prinzipal-Agenten-Beziehung besteht darin, dass der Agent dazu neigt, überwiegend oder ausschließlich im eigenen Interesse zu handeln[893]. Grund hierfür ist das Vorliegen von hidden information und hidden action. Ziel des Prinzipals ist daher möglichst der Ausschluss von verborgenem Handeln (moral hazard)[894]. Zur Erreichung dieses Ziels müsste nun die Anreizstruktur des Agenten korrigiert werden. Es liegt daher im Interesse des Prinzipals, ein Anreizsystem so zu wählen, dass der Agent aus Eigennutz Entscheidungen trifft, die auch für ihn vorteilhaft sind[895]. Grundsätzlich gibt es zwei

---

[891] Siehe dazu S. 110 ff.
[892] Siehe S. 93 ff.
[893] Siehe bereits S. 93.
[894] *Oldenburg*, S. 242; *Maurer*, S. 133 zur Situation bei Spezialfonds.
[895] *Kiener*, S. 28; *Schmidt / Terberger* , S. 398.

Teilziele: Motivation des Agenten und Aufteilung des Risikos auf Prinzipal und Agent[896]. Für deren Verfolgung steht jedoch nur ein Instrument zur Verfügung, nämlich der Anreizvertrag[897]. Der Prinzipal wird deshalb bestrebt sein, ein Anreizsystem zu schaffen, das die Aktivitäten des Agenten zu regulieren vermag und das in einer für den Prinzipal günstigen Entscheidung resultiert[898].

Die Korrektur des Anreizsystems kann allerdings nicht zum Nulltarif erfolgen. Es entstehen dabei aus der Prinzipal-Agenten-Beziehung heraus Kosten, die sogenannten Agency-Kosten. Dies sind beispielsweise Kosten für ein Kontroll- oder Sanktionssystem, also Überwachungskosten[899]. Es ist natürlich schwierig für den Prinzipal, in die Tätigkeit des Agenten selbst einzugreifen, da ihm hierfür die notwendigen Kenntnisse fehlen dürften. Daher ist die beste Lösung die Einführung eines Überwachungssystems. Bezogen auf das Investment-Dreieck bedeutet dies, dass auch die Depotbank, die ja selbst die KAG kontrolliert, überwacht werden sollte. So kann etwa ein Anreizeffekt für den Agenten auch durch die Kenntnis einer späteren Kontrolle erreicht werden[900].

Die Moral-Hazard-Probleme bestünden nicht, wenn der Prinzipal den Agenten von vornherein auf eine bestimmte Verhaltensweise verpflichten könnte. Das würde aber voraussetzen, dass für den Prinzipal ex post beobachtbar und verifizierbar ist, inwieweit ein bestimmtes Ereignis auf das Verhalten des Agenten zurückgeführt werden kann[901]. Das Ergebnis unterliegt jedoch regelmäßig auch nicht separat beobachtbaren Zufallseinflüssen, so dass beispielsweise nicht mehr ohne weiteres erkennbar ist, ob ein gutes Ergebnis in dem Verhalten des Agenten oder in einem günstigen Umwelteinfluss begründet liegt[902]. Eine Möglichkeit zur Lösung des Moral-Hazard-Problems besteht daher in der Milderung der Informationsasymmetrie durch den Einsatz geeigneter Informations- und Überwachungssysteme[903].

---

[896] *Neus*, S. 269.
[897] *Neus*, S. 269.
[898] *Hartmann*, S. 60; *Kiener*, S. 19; *Wolf*, S. 21; *Martens*, S. 38.
[899] *Hartmann*, S. 60.
[900] *Kiener*, S. 28.
[901] *Martens*, S. 37 f.
[902] *Maurer*, S. 242 f.; *Martens*, S. 38.
[903] *Martens*, S. 38.

B.) Bisherige gesetzliche Änderungen des KAGG

Im Laufe der Novellierungen des KAGG sind die Kontrollbefugnisse der Depotbank ständig verschärft worden[904]. Auch die EG-Investmentrichtlinie hat nicht nur die Funktionentrennung noch ausgebaut, sondern nach dem Prinzip der Gegengewichtsbildung[905] die Position der Depotbank als Verwahrstelle gegenüber der KAG grundsätzlich aufgewertet[906], indem der Depotbank zusätzlich weitgehende Kontrollbefugnisse über die KAG übertragen wurden[907]. Auf der anderen Seite wurde die bisherige strenge Bindung der KAG an die Depotbank gelockert[908]: Die nicht in Geldinstrumenten angelegte Liquidität in Form von Bankguthaben kann gemäß § 12 a Abs. 1 KAGG auch auf Sperrkonten bei anderen Kreditinstituten unterhalten werden, soweit diese in vollem Umfang durch eine Sicherungseinrichtung geschützt sind. Allerdings bedürfen die Anlagen von Mitteln des Sondervermögens in Guthaben bei anderen Kreditinstituten sowie Verfügungen über diese Guthaben der Zustimmung der Depotbank[909], so dass hier weiterhin eine Kontrolle aufrechterhalten bleibt.

Das Investmentrecht ist durch zahlreiche Gesetzesänderungen, insbesondere durch das Erste[910], Zweite[911], Dritte[912] und Vierte[913] FMFG immer weiter entwickelt worden[914]. Gravierende Änderungen des KAGG sind zuletzt vor allem durch das Dritte und Vierte FMFG bewirkt worden:
So sollte das Dritte FMFG als wesentliches Element eines Gesamtkonzepts fungieren, welches auf die „Stärkung des Finanzplatzes Deutschland" abzielt[915]. Durch das Dritte FMFG und die damit zusammenhängenden Änderungen des KAGG sollte neben einer Stärkung der Wettbewerbsfähigkeit der Investmentgesellschaften im internationalen Umfeld die Investmentidee im Interesse der Anleger fortentwickelt und die Unterstützung der privaten Altersvorsorge durch

---

[904] *Köndgen* in: Schimansky / Bunte / Lwowski, § 113 Rn. 133.

[905] Zur Gegengewichtsbildung und der daraus folgenden Bedeutung der Depotbank für den Anlegerschutz siehe bereits S. 96 ff.

[906] *Köndgen* in: Schimansky / Bunte / Lwowski § 113 Rn. 61; im einzelnen *Grundmann* in: ZBB 91, 242, 247 f.

[907] Vgl. §§ 7 d Abs. 2; 8 d Abs. 5; 8 e Abs. 3; 8 f. Abs. 4; 9 Abs. 4; 31 KAGG.

[908] *Scheuerle*, DB 1998, S. 1099, 1101; *Baur* in: Assmann / Schütze, Erg.Band, § 18 Rn. 2.

[909] § 12 a Abs. 3 S. 2 KAGG.

[910] Erstes FMFG v. 22.02.1990, BGBl. I 1990, 266.

[911] Zweites FMFG v. 26.07.1994, BGBl. I 1994, 1749.

[912] Drittes FMFG v. 24.03.1998, BGBl. I 1998, 529.

[913] Viertes FMFG v. 01.07.2002, BGBl. I 2002, 2010, 2038 ff.

[914] *Laux*, WM 1990, 1093, 1094 ff.;*Krimphove*, JZ 1994, 23, 29; *Weber*, NJW 1994, 2849, 2858; *Pötsch*, WM 1998, 949, 958 ff.; *Fenchel*, DStR 2002, 1355 ff.

[915] BT-Drucks. 13 / 8933, S. 54 f.

Investmentfonds gefördert werden[916]. So wurden zum einen die Geschäftsmöglichkeiten bereits zugelassener Fondstypen erweitert[917]: Bei den Wertpapierfonds wurden Aktienindexfonds zugelassen[918] und der Einsatz derivativer Finanzinstrumente neu geregelt[919]. Zudem wurde den KAG der Abschluss von echten Wertpapierpensionsgeschäften gestattet[920]. Auch bei den Beteiligungs- und Grundstücks-Sondervermögen sind die Geschäftsmöglichkeiten erweitert worden. Zudem wurden durch das Dritte FMFG neue Fondstypen zugelassen, so die Altersvorsorge-Sondervermögen[921], die Dachfonds[922], die gemischten Wertpapier- und Grundstücks-Sondervermögen[923] und die geschlossenen Fonds[924].

Auch durch das am 01.07.2002 in Kraft getretene Vierte FMFG[925] ist das KAGG durch zahlreiche Änderungen ergänzt worden. Diese Änderungen sollten insbesondere der Beseitigung nicht mehr erforderlicher Anlagebeschränkungen und damit der Stärkung des Investmentstandortes Deutschland für den intensiven Wettbewerb mit anderen Finanzmärkten sowie der Verbesserung des Anlegerschutzes und der Verbraucherfreundlichkeit dienen[926]. Daher wurden erweiterte und flexiblere Handlungsmöglichkeiten für die Investmentgesellschaften geschaffen und durch die Erhöhung der Marktintegrität und der Markttransparenz der Anlegerschutz verbessert[927]:

So ist es den Investmentgesellschaften künftig auch möglich, Produkte anderer Anbieter zu vertreiben und Anlageberatung zu leisten. Hierzu wurde ein weiterer Nebentätigkeitstatbestand in § 1 Abs. 6 S. 1 Nr. 6 KAGG eingefügt. Dadurch soll es vor allem kleineren und mittleren Gesellschaften möglich sein, mit einer erweiterten Angebotspalette ihre Wettbewerbssituation gegenüber größeren Gesellschaften zu verbessern[928]. Die Investmentgesellschaften können sich

---

[916] *Pötzsch*, WM 1998, 949, 958.
[917] *Meixner*, NJW 1998, 1896, 1897 f; *Pötzsch*, WM 1998, 949, 958 ff.
[918] §§ 8 c Abs. 3 S. 1 Nr. 1-3 KAGG.
[919] §§ 8 d – 8 m KAGG.
[920] § 9 e Abs. 1 KAGG.
[921] §§ 37 h – 37 m KAGG.
[922] §§ 25 k – 25 m KAGG.
[923] §§ 37 a – 37 g KAGG.
[924] §§ 51-67 KAGG.
[925] Veröffentlicht im BGBl. I 2002, S. 2010, 2038 ff.
[926] *Fenchel*, DStR 2002, 1355, 1360.
[927] *Fenchel*, DStR 2002, 1355.
[928] *Hasselfeldt*, ZfK 2001, 1383, 1385; *Poß*, ZfK 2001, 1378; *Archner*, Die Bank 2001, 800; *Fenchel*, DStR 2002, 1355, 1361.

183

durch die erweiterten Anlagemöglichkeiten neue Ertragspotenziale erschließen und die Investmentsparer von dem verstärkten Wettbewerb profitieren[929].

Die Anlagemöglichkeiten sind insbesondere bei den Wertpapier- und Grundstücks-Sondervermögen erweitert worden. So wurde bei den Wertpapier-Sondervermögen die Möglichkeit, Wertpapierindices nachzubilden und zu diesem Zweck die Anlagegrenzen zu überschreiten, über die bisher zulässigen Aktienindices hinaus auf alle Wertpapierindices erweitert, die allgemein und von der Bankaufsichtsbehörde anerkannt sind[930]. Bei den offenen Immobilienfonds wurde die bisher stark eingeschränkte Anlage in außerhalb der Vertragsstaaten des Europäischen Wirtschaftsraums belegenen Grundstücke und Rechte vorbehaltlich einzelner Risikobegrenzungsvorschriften ermöglicht[931].

Weitere wesentliche Änderung ist die Einführung von Anteilsklassen mit unterschiedlichen Rechten in § 18 Abs. 2 S. 2 bis 6 KAGG, die es den KAG vorbehaltlich der Genehmigung durch die Bankaufsichtsbehörde grundsätzlich ermöglicht, die Anteile ein und desselben Sondervermögens mit unterschiedlichen Rechten zu versehen. Dies führt dazu, dass weniger Sondervermögen aufgelegt werden müssen, um unterschiedlichen Anlegerbedürfnissen gerecht zu werden[932]. Die Einzelheiten des erforderlichen Zuordnungs- und Abgrenzungsverfahrens werden durch eine Rechtsverordnung geregelt, zu der der Bundesminister der Finanzen ermächtigt wird[933].

Es kann somit festgestellt werden, dass das KAGG insbesondere durch das Dritte und Vierte FMFG an vielen Stellen abgeändert und so der aktuellen Finanzmarktsituationen angepasst worden ist. Die Änderungen betreffen allerdings vorwiegend weitergehende Geschäftsmöglichkeiten für die Investmentgesellschaften. Die geschaffenen neuen Anlagemöglichkeiten sind zwar durchaus positiv für die Anleger zu bewerten, da diesen damit noch weitere Möglichkeiten der Anlage in Investmentfonds zur Verfügung stehen. Auch für die Banken und Investmentgesellschaften ist dieser Schritt positiv zu werten, da diese neue Anlageformen entwickeln und auf dem Kapitalmarkt anbieten können. Allerdings ist das aufgezeigte Schutzsystem, welches durch die Kontrollfunktion der Depotbank geprägt wird, nicht verändert worden.

---

[929] *Hasselfeldt*, ZfK 2001, 1383, 1385; *Poß*, ZfK 2001, 1378.
[930] § 8 c Abs. 3 KAGG.
[931] § 27 Abs. 3, 4 KAGG.
[932] *Fenchel*, DStR 2002, 1355, 1361.
[933] § 18 Abs. 2 S. 6 KAGG.

Die Gesetzesänderungen berücksichtigen zwar durchaus auch eine Verbesserung des Anlegerschutzes: So sind wegen der Aufhebung der bisherigen Beschränkungen der Anlagemöglichkeiten bei den Grundstücks-Sondervermögen zusätzliche Transparenznormen eingefügt worden. Dem Anleger müssen die Länder, in denen das Fondsvermögen angelegt werden darf, genannt werden[934]. Ebenfalls dem Anlegerschutz soll die tägliche Ermittlung des Anteilpreises in § 34 Nr. 3 KAGG und die in § 32 Nr. 2 KAGG manifestierte zeitliche Begrenzung der Tätigkeit im Sachverständigenausschuss auf grundsätzlich fünf Jahre bei den offenen Immobilienfonds dienen.

Das Gesetz stellt zudem in § 10 Abs. 1 S. 6 und 7 KAGG nunmehr in Anlehnung an das WpHG die Grundregel auf, dass die KAG verpflichtet ist, sich um die Vermeidung von Interessenkonflikten zu bemühen, und dass unvermeidbare Konflikte unter der gebotenen Wahrung der Interessen aller Anteilsinhaber gelöst werden. Leitlinien für die Vermeidung solcher Konflikte sollen durch die Bankaufsichtsbehörde aufgestellt werden können[935]. Gedacht ist dabei allerdings vor allem an Konflikte zwischen den Anteilsinhabern verschiedener von der KAG verwalteter Sondervermögen untereinander oder zwischen den Anteilsinhabern eines Sondervermögens einerseits und Kunden der KAG, für die diese eine individuelle Portfolio- oder Grundstücksverwaltung betreibt[936]. Es bleibt offen, ob hiervon auch der im Rahmen dieser Arbeit thematisierte Interessenkonflikt zwischen KAG und Depotbank umfasst sein soll, der sich zum Nachteil der Anteilsinhaber auswirken kann. Zudem werden die Wohlverhaltensregeln der §§ 31, 32 WpHG trotz Nichtverpflichtung von den KAG in der Praxis bereits heute beachtet[937].

Eine wesentliche Änderung stellt schließlich noch die Verjährungsfrist für Ansprüche aus Prospekthaftung dar. Diese ist in § 20 Abs. 5 KAGG von sechs Monaten auf ein Jahr verlängert worden.

Diese Änderungen bewirken daher durchaus eine Verbesserung des Anlegerschutzes. Allerdings werden die im Rahmen dieser Arbeit thematisierten Kritikpunkte hiervon nicht berührt. Es hat bislang keine maßgeblichen Veränderungen an der Kontrollsituation im Rahmen des Schutzsystems gegeben. Das Investment-Dreieck wird noch immer durch die im Rahmen der Analyse zum Schutzsystem aufgeführte Situation und die dort bestehenden Gefahren[938] ge-

---

[934] § 27 Abs. 3 Nr. 3 KAGG.
[935] § 10 Abs. 1 S. 7 KAGG.
[936] *Poß*, ZfK 2001, 1378, 1379.
[937] *Archner*, Die Bank 2001, 800, 803.
[938] Siehe dazu S. 110 ff.

kennzeichnet. Daher sind Überlegungen anzustellen, wie diese Situation in der Praxis verändert werden könnte. Insbesondere ist darauf zu achten, ob die im Rahmen der ökonomischen Analyse angesprochene Milderung der Informationsasymmetrie zwischen Prinzipal und Agent durch den Einsatz geeigneter Informations- und Überwachungssysteme bei Alternativen zum bisherigen Schutzsystem hinreichend Berücksichtigung findet.

C.) Alternativvorschläge zum bestehenden Anlegerschutz

Im folgenden Abschnitt sollen Alternativvorschläge zum bestehenden Anlegerschutz des KAGG vorgestellt und ausgearbeitet werden. Im Rahmen der Analyse des Schutzsystems innerhalb des Investment-Dreiecks ist festgestellt worden, dass die Kontrolle der Depotbank aufgrund der vorhandenen Interessenkonflikte nicht immer effektiv sein kann[939]. Deshalb gilt es zu untersuchen, inwieweit eine Verbesserung des Überwachungs- und Kontrollsystems im Rahmen des Investment-Dreiecks in der Praxis möglich ist. Im Mittelpunkt stehen dabei Alternativen zur Kontrollfunktion, die in ihrer jetzigen Form die in der Analyse des Schutzsystems aufgeführten Risiken für die Anleger nicht immer reduzieren kann.

Die Vorschläge zur Verbesserung der gegenwärtigen Situation lassen sich in Ansätze zur Verhinderung der Interessenkonflikte und solche zu einer verbesserten Kontrolle differenzieren.

I.) Ansätze zur Verhinderung der Interessenkonflikte

1.) Trennbankensystem

Zu den erstgenannten gehört unter anderem die Einführung eines Trennbankensystems zumindest für den Investmentbereich. Zur Verhinderung der Interessenkonflikte könnte man überlegen, den Finanzdienstleistungsunternehmen zu verbieten, sich an den Investmentgesellschaften zu beteiligen. Die befürchteten Interessenkonflikte würden dann eventuell gar nicht erst entstehen. Dieser Vorschlag wendet sich also vom in Deutschland geläufigen Universalbankensystem ab und orientiert sich am amerikanischen Trennbankensystem.

---

[939] Siehe dazu S. 116 ff., 121.

Diese Idee wurde bereits in einem Gesetzgebungsverfahren diskutiert: So stand das Verbot für Finanzdienstleistungsunternehmen, sich an Investmentgesellschaften zu beteiligen, im Mittelpunkt der investmentrechtlichen Bestimmungen des Gesetzentwurfs zur Verbesserung von Transparenz und Beschränkung von Machtkonzentration in der deutschen Wirtschaft (Transparenz- und Wettbewerbsgesetz[940])[941]. Zur Umsetzung dieser Trennung wurde allerdings nicht der Weg einer Ergänzung des KAGG gewählt, sondern es sollten entsprechende Verbote in das Kreditwesengesetz und das Versicherungsaufsichtsgesetz aufgenommen werden. Der Wortlaut des neu einzufügenden § 3a Abs. 3 KWG bzw. § 54 Abs. 4 VAG lautete jeweils: „Eine Beteiligung an Kapitalanlagegesellschaften ist unzulässig".

Allerdings ist die praktische Umsetzung eines solchen Gesetzentwurfs mit Schwierigkeiten verbunden. Um nämlich eine Umgehung der Verbotstatbestände durch die Übertragung des Anteilsbesitzes auf nicht mit dem Bank- oder Versicherungsgeschäft befasste Holding-Gesellschaften zu verhindern, sah der Gesetzentwurf eine Ausdehnung des Beteiligungsverbots auch auf Finanzholding-Gesellschaften vor. Da damit aber sämtliche inländischen Kreditinstitute und Versicherungsunternehmen sowie die von diesen Gesellschaften gebildeten Holdings aus dem Kreis der möglichen dann zulässigen Investmentgesellschaften ausscheiden, verbleiben lediglich ausländische Kreditinstitute und Versicherungsunternehmen, Industriepersonen und Privatpersonen für den Kreis der dann zulässigen Investmentgesellschaften[942].

Die ausländischen Kreditinstitute und Versicherungsunternehmen fallen jedoch insofern aus diesem Kreis heraus, weil davon auszugehen ist, dass sich die neue Regelung auf den Geltungsbereich des Gesetzes selbst, also auf die Bundesrepublik Deutschland beschränkt. Der gesamte inländische Investmentbereich, der in seinem Anteilsbesitz von inländischen Kreditinstituten und Versicherungsunternehmen dominiert wird, wäre von einer gewaltigen Neuordnung und Umstrukturierung betroffen. Damit aber würde man den ausländischen Konkurrenten einen Wettbewerbsvorteil verschaffen[943]. Da die Kreditinstitute und Versicherungsunternehmen ihre Anteile an den Investmentgesellschaften zur Vermeidung von eigenen Nachteilen nicht an die ausländische Konkurrenz veräußern würden, bliebe nur die Anteilsveräußerung an Industrieunternehmen und Privatpersonen übrig.

---

[940] BT-Drucks. 13/367 v. 30.01.1995, S. 14.
[941] Zustimmend *Adams*, ZIP 1996, 1590, 1599; siehe auch *Jacob*, S. 225.
[942] Siehe ausführlicher zu diesem Problem *König*, S. 180.
[943] *König*, S. 181.

Vor allem bei einem Anteilserwerb durch Privatpersonen besteht die Gefahr, dass dabei der Einfluss der ursprünglichen Anteilseigner (vor allem der der Kreditinstitute) nur vordergründig reduziert werden würde, da diese Institute regelmäßig auch die Finanzierung dieser Transaktion übernehmen und damit indirekten Einfluss ausüben könnten[944]. Hinzu käme noch das Problem der gesetzlichen Anforderungen der Eigenkapitalausstattung der Investmentgesellschaften. Nur bei einem finanzstarken Anteilseigner können mögliche Regressansprüche gewährleistet werden. Die Anforderungen der gesetzliche Eigenkapitalausstattung sind in der jetzigen Form auf die Finanzdienstleistungsunternehmen zugeschnitten. Diese Anforderungen müssten erhöht werden, sofern ein privater Investorenkreis die Gewährleistung möglicher Regressansprüche der Anteilsinhaber garantieren will[945].

Ein Erwerb von Anteilen an Investmentgesellschaften in dem dann notwendigen Umfang durch Industrieunternehmen ist nicht zu erwarten[946]. Zum einen kommen hierfür nur sehr finanzstarke Industrieunternehmen in Betracht und des Weiteren müssten diese dann, abgesehen von der rechtlichen Zulässigkeit, ihre Interessenschwerpunkte auf die Finanzdienstleistung erweitern. Zumindest ist nicht auszuschließen, ob nicht auch bei diesem Modell wiederum ähnliche Interessenkonflikte auftreten, die dann einer erneuten Lösung bedürfen.

Trotzdem wurde in der Literatur schon früh eine Vorschrift gefordert, die die Gründung einer KAG durch nur ein Kreditinstitut, welches dann gleichzeitig die Funktion der Depotbank übernimmt, untersagt[947]. Zudem machte die Internationale Börsenvereinigung den Vorschlag, dass zwischen der Depotbank als Treuhänder und der Investmentgesellschaft keine kapitalmäßige Abhängigkeit bestehen und dem Treuhänder gewichtige Kontrollrechte über die Investmentgesellschaft zustehen sollen[948]. Als Gründe für ein Beteiligungsverbot wurden nicht nur der Anlegerschutz, sondern auch die Förderung des deutschen Kapitalstandorts genannt, da mit den aufgezeigten Gefahren auch die Schädigung des Ansehens der Investmentgesellschaften und damit auch des deutschen Kapitalmarktstandorts verbunden wurden[949].

---

[944] *König*, S. 181.
[945] So auch *Büschgen*, S. 247.
[946] *König*, S. 181.
[947] *Vom Berge und Herrendorff*, S. 92.
[948] Empfehlungen der Fédération Internationale des Bourses de Valeurs vom September 1971, siehe bei *Köster*, S. 121 Fn 117.
[949] *Adams*, ZIP 1996, 1590, 1599.

Allerdings wurde auch an einer derartigen Regelung kritisiert, dass sie angesichts der deutschen Banken- und Investmentpraxis nicht durchführbar sei[950]. Die deutschen Investmentgesellschaften sind fast ausschließlich Bankengründungen und „Bankmütter" haben sich zumeist als die hauptsächlichen Gesellschafter der einzelnen KAG als Depotbank bestellen lassen. Eine „Entflechtung" würde zugleich einen bedeutenden Eingriff in das Universalbanksystem erforderlich machen, was allein aus dem Gesichtspunkt eines besseren Schutzes der Investmentanleger nicht gerechtfertigt werden könne[951]. Zudem dürfe nicht außer Betracht gelassen werden, dass das deutsche Bankwesen nun einmal grundsätzlich durch das Universalbanksystem geprägt ist und deshalb schon die durch § 1 Abs. 6 KAGG (§ 7 Abs. 2 InvG) vorgenommene Einschränkung, die den Banken das unmittelbare Betreiben des Investmentgeschäfts neben anderen Bankgeschäften unmöglich macht, eine systemwidrige Ausnahme darstellt. Ihnen auch noch die unmittelbare Beteiligung an diesem Geschäft durch ein Verbot der Mitgliedschaft in einer KAG zu untersagen, würde daher einen äußerst tiefgreifenden Eingriff in die Rechtsstellung der Banken darstellen, der unter Umständen sogar gegen Art. 12 GG verstieße[952].

Weiter ist darauf verwiesen worden, dass die Vorteile der Bankenherrschaft im deutschen Investmentfondswesen bei aller Kritik nicht übersehen werden sollten: So sei ein vergleichbarer Aufschwung des deutschen Investmentfondswesens mit qualifizierten und kompetenten Verwaltungsgesellschaften ohne Beteiligung der Banken schwerlich denkbar[953]. Durch diese Kombination wurde ein unerlässlicher Vertrauenskredit in der Öffentlichkeit geschaffen und zudem verfügten die Banken über die personellen und sachlichen Voraussetzungen für die Verwaltung der Fonds und vor allem für den Absatz ihrer Anteile[954].

Somit lässt sich festhalten, dass die Einführung eines Trennbankensystems für den Investmentbereich die Interessenkonflikte theoretisch zwar durchaus zum Teil lösen könnte. Das Trennbankensystem stellt aber aus Sicht der deutschen Bankenpraxis nicht den richtigen Lösungsweg dar, weil es nur schwerlich durchsetzbar wäre und die gleichen Konflikte an anderer Stelle wieder auftreten würden.

---

[950] *Köster*, S. 121; *Canaris*, Rn. 2331.
[951] *Köster*, S. 121 Fn 118.
[952] *Canaris*, Rn. 2331.
[953] *Roth*, S. 163.
[954] *Roth*, S. 163.

2.) Investment-Viereck

Ein weiterer Ansatz zur Verhinderung der Interessenkonflikte ist die Schaffung eines Investment-Vierecks[955]. Die dabei verfolgte Idee ist wiederum, die Anteilseignerstellung an der Investmentgesellschaft und die Depotbankfunktion zu trennen[956]. Das bestehende „Investment-Dreieck" würde dann auf ein „Investment-Viereck" erweitert, bestehend aus KAG, Depotbank, Anteilsinhabern (Anlegern) und den Investmentgesellschaftern. Investmentgesellschafter sind dann aber nicht, wie im zur Zeit bestehenden Investment-Dreieck, die Depotbanken[957]. Allerdings ergibt sich dann das bereits beim Vorschlag des Trennbankensystems angesprochene Problem des potentiellen Kreises der dann zulässigen Investmentgesellschafter. Auch hier stellt sich die Frage, wer Gesellschafter der KAG werden soll, wenn die Kreditinstitute oder sogar diejenigen, an denen einer der Investmentgesellschafter maßgeblich beteiligt ist, ausscheiden. Daher stellt auch dieser Vorschlag keine adäquate Alternative dar.

3.) Erwerbsverbot spezieller Wertpapiere

Des Weiteren wird ein für die Investmentgesellschaften zu erlassendes Erwerbsverbot spezieller Wertpapiere zur Lösung der Interessenkonflikte vorgeschlagen[958]. Es handelt sich dabei um ein Erwerbsverbot für alle Wertpapiere, bei denen ein besonderes Konfliktpotential besteht, so beispielsweise das Erwerbsverbot für Aktien der Mutterbank[959]. Nachteil dieser Idee ist allerdings die Tatsache, dass hierdurch die Anlagealternativen der von den Großbanken abhängigen Investmentgesellschaften und somit von nahezu allen Investmentgesellschaften eingeschränkt würden. Zudem ist auch der dann anstehende Bedarf an Ausnahmeregelungen, der für Großemissionen, wie z.B. der Telekom AG oder der Post AG eventuell nötig wäre, zu bedenken[960]. Es ist unklar und schwierig, die Grenzen bei solchen Regelungen zu ziehen. Auch kann es im Einzelfall äußerst schwierig sein, die aufgrund der Interessenkonflikte „belasteten" Wertpapiere zu identifizieren[961].

---

[955] *Roth*, S. 147; *König*, S. 189.
[956] *Roth*, S. 147; *König*, S. 189.
[957] Siehe hierzu S. 108 ff.
[958] *König*, S. 183 f.; *Mülbert*, Gutachten E, S. 113 f.
[959] *Mülbert*, Gutachten E, S. 113 f.
[960] *König*, S. 184.
[961] *König*, S. 184.

Ohnehin ergibt sich bei der konsequenten Durchsetzung eines derartigen Verbots ein reduzierter Emissionsgewinn für die Kreditinstitute. Man darf aber auch die Interessen der Kreditinstitute nicht gänzlich außer Acht lassen. Wenn man die Handlungsmöglichkeiten der Banken zu sehr einschränkt, dann kann das auch zur Folge haben, dass derartige Anlageformen nicht mehr auf dem Markt angeboten werden von Seiten der Banken.

Entscheidend ist vor allem, dass durch eine derartige Regelung der Einfluss der Depotbank gegenüber der KAG und das damit zusammenhängende Problem der schlechten Kontrolle nicht effektiv gelöst werden. Mit einem Erwerbsverbot spezieller Wertpapiere wären den Investmentgesellschaften lediglich ein wenig die Hände gebunden. Dies hätte aber wahrscheinlich wirtschaftlich einen schlechteren Nutzen, als die bisherige Lösung, zumal bei beiden keine effektive Lösung der Interessenkonflikte festzustellen ist.

Hinzu kommt allerdings noch ein weitere Aspekt: Bei der Betrachtung der Alternativvorschläge sollten auch die Interessen der Banken nicht ganz unberücksichtigt bleiben. Schließlich bieten diese die Investmentfonds überwiegend über die Investmentgesellschaften auf dem Kapitalmarkt an. Es ist daher danach zu fragen, welche Interessen die Banken durch ihre Geschäftätigkeit verfolgen und ob das vorgeschlagene Erwerbsverbot mit diesen Interessen zu vereinbaren ist.

In der bankwirtschaftlichen Literatur wird grundsätzlich das „Primat der Rentabilität" hervorgehoben: Alle geschäftspolitische Entscheidungen seien danach der Frage zu unterwerfen, inwiefern sie zur Erzielung einer angemessenen Rentabilität beitragen[962]. Traditionell wurde von dem Rentabilitäts-, Sicherheits- und Liquiditätsstreben als den drei Oberzielen bankbetrieblicher Tätigkeit ausgegangen, wobei die letztgenannten Begriffe auch als bloße Nebenbedingungen des Rentabilitätsstrebens verstanden werden[963].

In der neueren Bankbetriebslehre wendet man sich dagegen von der Gewinnmaximierung als der bankbetrieblichen Kernzielsetzung als Erklärungshypothese ab. Hier werden multivariable Ansätze vertreten, die auf Oberziele wie Gewinnerzielung, Erreichung eines angestrebten Eigenkapitals, Standing-Pflege oder die Erhöhung von Marktanteilen zurückgreifen[964]. Auch hier wird die Gewinnerzielung jedoch weiterhin als starke Antriebskraft betrieblichen Handelns verstanden[965]. Daneben kommt den sogenannten „Marketing-Zielen" wie z.B. der Kundenzufriedenheit nur sekundärer Charakter zu. Diese bestehen in zwei-

---

[962] *Preute*, S. 127 m.w.N.
[963] *Büschgen*, Bankbetriebslehre, S. 507, 508; *Preute*, S. 127.
[964] *Büschgen*, Bankbetriebslehre, S. 509; *Preute*, S. 127 f.
[965] *Büschgen*, Bankbetriebslehre, S. 509.

191

ter Linie, wenngleich sie die wesentlichen bankbetrieblichen Ziele beeinflussen. Damit besitzen sie eher instrumentellen als normativen Charakter[966]. Das bedeutet, dass die Banken grundsätzlich als vorrangiges Ziel die Gewinnerzielung verfolgen. Diese Gewinnerzielung basiert bei den Investmentfonds vor allem auch darauf, dass im Rahmen einer großen Anzahl von Anlageprodukten möglichst viele Anlageinteressenten angesprochen werden, um so einen möglichst großen Gewinn durch die Verwaltung der Sondervermögen zu erzielen. Die Anzahl der Anlageprodukte würde aber reduziert werden, wenn man den Banken ein Erwerbsverbot spezieller Wertpapiere auferlegen würde. Daher ist gegen diesen Alternativvorschlag auch das vorrangige Interesse der Banken an einer Gewinnerzielung einzuwenden.

4.) Leistungsorientierte Vergütung

Als weitere Alternative ist an eine leistungsorientierte Vergütung der Investmentgesellschaften zu denken[967]. Die Vergütung des Fondsmanagements für die Verwaltung der Sondervermögen wird dann nicht mehr anhand eines festen Prozentsatzes vom angelegten Vermögen bestimmt, sondern am Erfolg oder Misserfolg der Fondsentwicklung gemessen. Dabei bieten sich eine ausschließliche Erfolgsbeteiligung, eine vollständige Erfolgs- und Verlustbeteiligung sowie eine vollständige Erfolgs-, aber nur teilweise Verlustbeteiligung an[968]. Ein vollständig leistungsorientiertes Entlohnungsmodell, welches sich dann sowohl an positiven wie negativen Entwicklungen der Bemessungsgrundlage orientiert hat den Vorteil der vollständigen Kongruenz mit den Anlegerinteressen. Denkbar wäre auch eine teils feste, teils erfolgsabhängige Vergütung[969]. Vorgeschlagen wird auch, dass die Depotbank anstelle eines Teils des Aufgabeaufschlags von der KAG ein Entgelt vom Kunden erhalten müsste, das sich primär an dem für den Kunden erzielten Nutzen bemisst[970]. Auch dies wäre im Prinzip eine Grundvergütung kombiniert mit einer erfolgsabhängigen Komponente.

---

[966] *Büschgen*, Bankbetriebslehre, S. 511; *Preute* S. 128.
[967] Zu den unterschiedlichen Konzepten siehe zusammenfassend *König*, S. 185 ff.; zudem *Raulin*, S. 95 ff., 171 ff.; *Maurer*, S. 242 ff.; *Jacob*, S. 226 f.; *Kiener*, S. 29; Allgemein zur Ermittlung eines anreizoptimalen Entlohnungsvertrags, *Hartmann-Wendels*, ZfB 1989, 714, 715.
[968] *König*, S. 185.
[969] *König*, S. 185 ff.; *Raulin*, S. 95 ff., 171 ff.; *Maurer*, S. 242 ff.; *Kiener*, S. 29.
[970] *Jacob*, S. 226.

Allerdings stellen auch diese Vorschläge noch keine annehmbare Lösung dar. Die Hauptprobleme sind zum einen die Gefahr der Insolvenz von Investmentgesellschaften und zum anderen eine differenzierende Risikobereitschaft zwischen Anlegern und Investmentgesellschaften. Die Gefahr der Insolvenz von Investmentgesellschaften besteht, sofern sich die Mehrzahl der verwalteten Sondervermögen über einen längeren Zeitraum negativ entwickeln und diese irgendwann ihre eigenen fortlaufenden Kosten für Verwaltung und Anlagemanagement nicht mehr durch eigene Mittel decken können. Dieser Gefahr könnte man zwar durch die Vereinbarung einer Verlustgrenze vermindern, jedoch besteht mit den diesbezüglich adversen Risikoanreizen zwischen Anleger und KAG eine weitere Gefahr: So kann bei einem zwar übereinstimmenden Interesse an der Erzielung von Erträgen eine differenzierte Risikobereitschaft zwischen Anlegern und Investmentgesellschaft bestehen[971]. Die Anleger sind dann gezwungen, eine aktive Risikokontrolle vorzunehmen, um das Bestreben des Fondsmanagements nach einer Erhöhung des Risikos zu erkennen und ggf. zu sanktionieren[972]. Die dabei entstehenden Kosten stehen aber der eigentlichen Zielsetzung eines erfolgsabhängigen Entlohnungssystems, nämlich der effektiven und kostenoptimalen Vermeidung des Prizipal-Agenten-Problems[973], entgegen.

Hinzu kommt, dass mit einem solchen Entlohnungssystem zwar die Stellung der Anleger verbessert werden kann, das eigentliche Problem, die Verbesserung der Kontrolle aber nach wie vor besteht. Auch bei diesem Vorschlag würde nur die Depotbank trotz der weiterhin bestehenden Interessenkonflikte die KAG kontrollieren. Es gilt daher im folgenden zu untersuchen, welche Ansätze zu einer verbesserten Kontrolle im Schutzsystem des Investment-Dreiecks führen.

II.) Ansätze zu einer verbesserten Kontrolle

1.) Erweiterte Publizitätspflichten

Man könnte zum einen daran denken, die Publizitätspflichten der Investmentgesellschaften zu erweitern, um somit den Informationsgrad der Anleger zu verbessern[974]. Mit der Erhöhung des Informationsgrades der Anleger erweitern sich auch die Möglichkeiten der Anleger, die Investmentanlage besser zu kon-

---

[971] Siehe näher *Büschgen*, S. 76 f.; *König*, S. 186; *Maurer*, S. 289.

[972] *Maurer*, S. 289.

[973] *Kiener*, S. 29; *König*, S. 188.

[974] So schon *Bezzenberger*, Das Wertpapier 1968, S. 44, 46 zum damals in Kraft getretenen KAGG.

trollieren. Denkbar wäre beispielsweise, die Anleger noch häufiger als bisher zu informieren und ihnen zudem umfangreichere Berichte zukommen zu lassen. Angedacht wurde in diesem Zusammenhang daher zum einen eine Verkürzung der Berichtszeiträume[975]. Zum anderen ist auch eine Erhöhung des Informationsgehalts der Rechenschaftsberichte vorstellbar. So könnten zusätzliche Informationen in die Rechenschaftsberichte aufgenommen werden, indem die in § 24 a Abs. 1 KAGG (§ 44 Abs. 1 InvG) enthaltenen Mindestinhalte ausgeweitet werden[976]. Daneben wird gefordert, den Informationsgehalt der Rechenschaftsberichte grundsätzlich im Gesetz zu regeln[977].

Insgesamt wird in der aktuellen Diskussion mehr Transparenz gefordert. So wird vor allem bemängelt, dass die Transparenz der Performance-Darstellung und der Kosten von Investmentfonds[978] noch immer gering sind. Die im KAGG vorgeschriebene Kostentransparenz gibt den Anlegern bisher lediglich einen Anspruch auf Informationen zu jährlichen Verwaltungsgebühren für die Anlageentscheidungen sowie zu den Gebühren der Depotbank für Fondspreisberechnung, Überwachung der gesetzlichen Anlagegrenzen und Verwaltung der Vermögensgegenstände der Fonds. Über diese gesetzlichen Mindestanforderungen hinaus werden individuelle und abschließend konsolidierte Angaben zu den Fondskosten nach Anlagevolumen und Anlagedauer für die Anleger gefordert[979]. Die Anleger erhalten zudem keine Informationen über die Höhe der aus den Fonds insgesamt gezahlten Transaktionskosten. So erfährt der Anleger wenig darüber, ob die Fondsverwaltung nach dem Gebot der Transaktionskosteneffizienz gearbeitet hat[980]. Zudem wäre eine Angabe zur Höhe der Umschlagshäufigkeit des Portefeuilles im Berichtsjahr (in den USA sog. „portfolio turnover rate) nützlich. Daraus ist ersichtlich, ob die Frequenz der Transaktionen durch die Anlagerichtlinien oder vielmehr durch den Wunsch nach Provisionsmaximierung veranlasst war[981].

Allerdings gehen einige Investmentgesellschaften bereits neue Wege in der Bereitstellung von Informationen. So wird vereinzelt mit „gläsernen Fonds" auf höchste Bonität gesetzt; interessierte Anleger können sich die genaue Zusammensetzung des Portfolios börsentäglich im Internet ansehen[982].

---

[975] Vom *Berge und Herrendorff*, S. 95; *Barocka*, S. 94; *Gläbe*, S. 206.

[976] Für eine weitergehende Publizitätspflicht schon *Barocka*, S. 99.

[977] *Hornschu*, F.A.Z. Nr. 122 v. 27.05.2003, Sonderbeilage Investmentfonds, S. B 3.

[978] *Hunke*, F.A.Z. Nr. 106 v. 08.05.2001, Sonderbeilage Investmentfonds, S. B 4.

[979] *Hunke*, F.A.Z. Nr. 106 v. 08.05.2001, Sonderbeilage Investmentfonds, S. B 4;
Zur Frage der Vereinbarung der Erhöhung der Verwaltungsgebühren mit den §§ 305 ff. BGB siehe *Einmahl*, ZIP 2002, 381 ff.

[980] *Köndgen* in: Schimansky / Bunte / Lwowski, § 113 Rn 91.

[981] *Köndgen* in: Schimansky / Bunte / Lwowski, § 113 Rn 91.

[982] F.A.Z. Nr. 159 v. 12.07.2001, S. 26 zum Beispiel von www.delta-loyd.de.

Einen weiteren Schritt zu mehr Transparenz haben die Offenen Immobilienfonds geleistet, indem sie sich 2002 einem Rating durch die Agentur Moody's unterzogen und so den Anlegern in dieser Fondskategorie Vergleichsmöglichkeiten geschaffen haben[983]. Derartige zusätzliche Informationen würden eine verstärkte Kontrolle durch die Anleger ermöglichen und zur Steigerung des ökonomischen Postulats der Informationseffizienz[984] beitragen. Ein Mehr an Information ist daher grundsätzlich positiv zu bewerten, doch resultiert daraus erst dann ein verstärkter Wettbewerbsdruck in der Investmentbranche, wenn die zusätzlichen Informationen komprimiert und doch leicht verständlich präsentiert werden[985].

Es sollte insofern auch die Gefahr beachtet werden, dass durch die umfangreichen Rechenschaftsberichte die Bereitschaft zu einer intensiven Durchsicht tendenziell abnehmen wird[986]. Die Literatur spricht hierbei von dem Problem des sogenannten „information overkill", weil der durchschnittliche private Anleger nichts mit den Informationen anfangen kann und die hohe Qualität der Informationen gegebenenfalls eher abschreckend und verunsichernd wirkt[987]. Daher muss berücksichtigt werden, ob den Anlegern ausreichende Kapazitäten zur Informationsverarbeitung und vor allem auch ein geeigneter Kontrollmaßstab zur Verfügung stehen[988]. Häufig ist es jedoch so, dass dem durchschnittlichen Anleger das notwendige Hintergrundwissen nicht zur Verfügung steht[989]. Nur wenn die Anleger die zusätzlichen Informationen für sich nutzen können, würde dies eine Verbesserung ihrer Situation darstellen.

Aus ökonomischer Sicht ist bei einer erweiterten Publizitätspflicht ein weiterer Aspekt zu berücksichtigen: Vom Emittenten zu erstellende Publizitätsmedien sind für die Masse der Adressaten Vertrauensgüter. Solche Vertrauensgüter werden jedoch von der ökonomischen Analyse hinsichtlich des Funktionierens der Märkte als schädlich betrachtet, weil sie hohe Kosten verursachen[990] und weil Märkte, in denen eine Gegenseite auf Vertrauensgüter angewiesen ist, zur Produktion von Ausschuss neigen[991]. Kosten werden dabei durch das zur Verfügung stellen der Informationen auf der einen Seite und durch das Durcharbeiten und Verstehen der Prospekte und Berichte wegen der dabei aufzuwenden-

---

[983] BVI Investment 2003, S. 16, 52 ff.

[984] *Köndgen* in: Schimansky / Bunte / Lwowski, § 113 Rn. 79.

[985] *König*, S. 204.

[986] *Stolzenburg*, ZfK 1978, 828 spricht von „Zahlenfriedhöfen".

[987] *Assmann*, S. 30 f.; *Heinze*, S. 362; *Hartmann*, S. 65.

[988] *Hartmann*, S. 62 f.

[989] *Assmann*, S. 30.

[990] *Posner*, S. 184, 204; *Behrens*, S. 171 f.; *Heinze*, S. 365.

[991] *Schäfer / Ott*, S. 467.

den Zeit auf der anderen Seite verursacht. Das kann letztlich dazu führen, dass die Publizitätsmedien nicht mehr nachgefragt werden. Ebenso verhält es sich mit dem Vorschlag der Verkürzung der Berichtszeiträume. Auch das ist wiederum mit erhöhten Publikationskosten verbunden, die letztlich über die Anleger abgewälzt werden. Allerdings ist eine Alternative ohne zusätzliche Kosten wahrscheinlich kaum vorstellbar. Zumindest für eine Verbesserung des Informationsgrads der Anleger müssen derartige Kosten akzeptiert werden.

Abschließend kann man somit zu dem Vorschlag einer erweiterten Publizitätspflicht anmerken, dass er durchaus positive Ansätze beinhaltet. Auch wenn dieser Alternative der ökonomische Aspekt der Kostenintensivierung entgegengehalten werden kann, so führt sie im Ergebnis zumindest zu einer Verringerung der Informationsasymmetrie und damit zu einer Verbesserung der Situation der Anleger. Allerdings ist mit diesem Vorschlag das Problem der Interessenkonflikte zwischen Depotbank und Investmentgesellschaft noch nicht abschließend gelöst. Es fehlt nach wie vor an einem geeigneten Informations- und Überwachungssystem.

2.) Risikoklassenkonzepte

Eine weitere Entwicklung zur Verbesserung der Kontrolle durch die Anleger stellen die verschiedenen sogenannten Risikoklassenmodelle dar. Mit diesen Modellen soll vor allem erreicht werden, dass die Anlagevorschriften den unterschiedlichen Anleger-Typen angepasst werden, um so die geringe Differenzierung der sehr starren Anlagevorschriften abzuschaffen[992]. Allerdings soll an dieser Stelle nicht weiter auf die Risikoklassenmodelle eingegangen werden[993]. Die unterschiedlichen Modelle haben zwar gute Ansätze zur Verbesserung der Anlagevorschriften und würden im Falle ihrer Umsetzung sicherlich zu einer Reduzierung der Risiken der Anleger beitragen. Auch sie lösen aber nicht das Problem einer verbesserten Überwachung durch die Depotbank bzw. eine andere Institution. Die Risikoklassenkonzepte wollen eine verbesserte Kontrolle des Anlagemanagements durch die Anleger bewirken[994].

---

[992] Siehe Modelle von: *Gerke / Rapp*, ZBB 1992, 85 ff.; *Rao*, S. 146; *Jacob*, S. 210 f.; *König*, S. 211 f., der vorschlägt, hierfür den Wortlaut des § 8 a KAGG umzuformulieren.
[993] Zu den einzelnen Risikoklassen siehe *König*, S. 193-196.
[994] Siehe *König*, S. 193.

196

3.) Ratings und Rankings

In der Diskussion der Investmentfonds werden aber noch weitere Möglichkeiten genannt, durch die auf andere Weise eine Kontrolle der am Investmentgeschäft Beteiligten erzielt werden kann. So gibt es in vielen Fachzeitschriften Performance-Vergleiche von Investmentfonds. Hierzu wurde festgestellt, dass die Kapitalanleger beim Kauf von Investmentanteilen immer stärker auf die in der Vergangenheit erzielte Performance achten[995]. Es ist jedoch fraglich, ob hier quasi durch den Markt eine Art Kontrolle vorgenommen wird, indem gutes oder schlechtes Management anhand des Abschneidens in der Vergangenheit beurteilt wird.

Dabei ist zum einen zu berücksichtigen, dass in einigen Fachzeitschriften nur sogenannte „Hitlisten" abgedruckt werden, bei denen es sich nicht um Ratings, sondern lediglich um Rankings handelt[996]. Derartige Rankings haben insbesondere bei der Betrachtung kurzer Zeiträume nicht nur keine relevante Aussagekraft[997], sondern können sogar zu falschen Schlüssen verleiten, da eine Wahrscheinlichkeit, dass ein Fonds in einem Performance-Ranking auf einem ähnlichen Platz wie im vorherigen Berichtszeitraum landet, nicht kalkulierbar ist.

Besser sind da schon die sogenannten Ratings, die einen langen Zeitraum in Intervalle einteilen und die Performance so bemessen und vergleichen und zudem um Untersuchungen zur Managementkompetenz ergänzen[998]. Die Fonds erhalten dann Bewertungen qualitativer Art, so dass eine größere Aussagekraft erzielt werden kann, als bei den lediglich eine Rangliste erstellenden Rankings. Schwierigkeiten ergeben sich allerdings dadurch, dass die Bewertungsgrundlage der verschiedenen Ratings sehr unterschiedlich ist, so dass ein Vergleich fast unmöglich erscheint. Qualifizierte Ratings können so zwar durchaus dazu beitragen, Entscheidungen auf besserer Informationsgrundlage zu treffen, sie können aber keine Hinweise auf die für den jeweiligen Anleger passende individuelle Portfoliostruktur geben[999].

Vor allem kann durch derartige Performance-Messungen die befürchtete Interessenkollision zwischen KAG und Depotbank nicht verhindert werden. Der Wettbewerb auf dem Markt für Investmentanteilsscheine könnte ein entsprechendes Verhalten nur wirksam ausschalten, wenn die Anleger in vollem Umfang, auf der Basis zuverlässiger Performancemessungen, informiert würden

---

[995] *Wagner*, Geleitwort zu Raulin.
[996] *Wolf*, F.A.Z. Nr. 106 v. 08.05.2001, Sonderbeilage Investmentfonds, S. B 7.
[997] Z.B. durch die Bezeichnung „Fonds des Monats".
[998] *Wolf*, F.A.Z. Nr. 106 v. 08.05.2001, Sonderbeilage Investmentfonds, S. B 7.
[999] *Wolf*, F.A.Z. Nr. 106 v. 08.05.2001, Sonderbeilage Investmentfonds, S. B 7.

und ohne von ihnen zu tragende Transaktionskosten in die besseren Fonds wechseln könnten[1000]. Davon ist jedenfalls bei den Publikumsfonds nicht auszugehen, da bei diesen i.d.R. Ausgabeaufschläge auch beim Wechsel in einen anderen Fonds anfallen. Da der Vertrieb der Fondsanteile derzeit weitgehend über die Anteilseignerbanken selbst erfolgt, werden Fonds mit schlechterer Performance auch nicht zuverlässig von unabhängigen Anlagevermittlern aussortiert. An vertraglichen Vorkehrungen gegen „dumping the trash" und den Einsatz von Fondsmitteln zur Kurspflege stehen zunächst die entsprechende Gestaltung der Vertragsbedingungen und die Einflussnahme auf die Anlagepolitik über den Anlageausschuss zur Verfügung. Beides kommt aber praktisch nur für Spezialfonds, nicht für Publikumsfonds, in Betracht[1001].

Hinzu kommt zudem, dass gerade die Depotbanken keiner Kontrolle durch den Markt ausgesetzt sind. Sie bieten ihre Leistungen nicht auf dem Markt an, sondern werden von den Investmentgesellschaften bestimmt. Vergleichbar sind nur die Gebühren der einzelnen Investmentgesellschaften bezüglich ihrer Fonds[1002] und das jeweilige Abschneiden der Fonds mit den erwähnten Einschränkungen. Die Leistung der Depotbank ist hingegen nicht messbar. Daher kann eine Kontrolle der Depotbank über den Markt nicht stattfinden. Die Leistung der Depotbank dürfte für die meisten Anleger auch nicht vordergründig von Interesse sein bei der Entscheidung für einen bestimmten Investmentfonds. Erst, wenn eventuell im Laufe der Zeit Verluste oder Pflichtverletzungen aufgetreten sind, dürfte die Depotbank erstmalig von Interesse werden für die Anteilsinhaber.

4.) Aufsichtsrat

Eine weitere Möglichkeit für die Verbesserung der Kontrollfunktion stellt der Aufsichtsrat dar. Gesetzlich vorgesehen ist dieser in den §§ 3 und 4 des KAGG. Es ist allerdings zweifelhaft, ob durch Aufsichtsräte bei den Investmentgesellschaften die Kontrolle wirklich verbessert werden kann. Es müssten schon neutrale Personen in den Aufsichtsrat entsandt werden. Problem hierbei dürfte allerdings das latente Desinteresse der Anleger an der Bestimmung ihrer Vertreter sein[1003]. Zudem ist zu bezweifeln, ob die Entsendung von Vertretern der Anteilsinhaber, die von den Aktionären bzw. Gesellschaftern der KAG unabhängig

---

[1000] *Baums / König* in: Festschrift für Kropff, S. 23.
[1001] *Baums / König* in: Festschrift für Kropff, S. 23.
[1002] Zur Frage der Vereinbarung der Erhöhung der Verwaltungsgebühren mit den §§ 305 ff. BGB siehe *Einmahl*, ZIP 2002, 381 ff.
[1003] *Meier*, S. 142; *Mülbert*, Gutachten, S. 112.

sind, gelingt, da häufig die Banken, die ja Gesellschafter der Investmentgesellschaften sind, die Anteile für ihre Kunden ins Depot nehmen und insoweit deren Depotstimmrecht in der Versammlung der Anteilsinhaber ausüben können[1004].

Hinzu kommen geringe gesetzliche Vorgaben an die Qualifikation des Aufsichtsrats als Kontrollinstanz, die den Anlegern zugute kommen soll. § 4 Abs. 1 KAGG (§ 6 Abs. 2, 3 InvG) beschreibt zwar die Anforderungen, die an die Mitglieder des Aufsichtsrats zu stellen sind, der Aufsichtsrat muss aber nicht von der Bankaufsichtsbehörde bestätigt werden. Zur gesetzlichen Begründung führte der Bundesrat zur Regelung des § 4 KAGG (§ 6 Abs. 2, 3 InvG) aus, dass die Bestätigung des Aufsichtsrats die Bankaufsichtsbehörde mit einem unzumutbaren Prüfungs- und Haftungsrisiko belasten würde und auch die Vorstandsmitglieder schon keiner Bestätigung bedürfen[1005]. Auch die in § 4 Abs. 1 S. 2 a.F. KAGG enthaltene Verpflichtung, die Bestellung des Aufsichtsrats und jeden Wechsel der Aufsichtsratsmitglieder der Bankaufsichtsbehörde unverzüglich anzuzeigen, ist durch das Erste FMFG entfallen[1006].

Die Entwicklung zeigt, dass der Aufsichtsrat zumindest für Publikumsfonds nicht als wichtige Kontrollfunktion angesehen werden kann. Eine wirklich verbesserte Kontrolle ist von einem Aufsichtsrat nicht zu erwarten.

5.) Schaffung zusätzlicher Kontrollorgane

Es ist dann daran zu denken, zusätzliche Kontrollorgane zu schaffen. So wird vorgeschlagen, bei Publikumsfonds zwingend Anlageausschüsse einzuführen und mit Vertretern der Anleger zu besetzen[1007]. Auch hier besteht allerdings das bereits beim Aufsichtsrat genannte Problem des möglichen Desinteresses der Anleger. Zudem gilt es selbst bei einem tatsächlich durch die Anleger gewählten Anlageausschuss zu beachten, dass damit letztlich der eigentliche Grundgedanke des Investmentsparens, nämlich die Fremdverwaltung, sukzessive in den Hintergrund gedrängt wird[1008]. Der Anlageausschuss müsste sich dann in die Anlagetätigkeit der Investmentgesellschaft einmischen. Die Anteilsinhaber würden also indirekt Entscheidungen beeinflussen können.

[1004] *Barocka*, S. 106 ff.; *vom Berge und Herrendorff*, S. 29 ff.
[1005] BT-Drucks. II/3235, S. 2 f.
[1006] *Baur*, Investmentgesetze, § 4 Rn. 2.
[1007] *Gläbe*, S. 189; *Thiel*, S. 200; *v. Dietel*, S. 100.
[1008] *König*, S. 191.

Außerdem ist zu bedenken, dass die Tätigkeit des Managements auf das hochspezialisierte Gebiet der Finanzanlage bezogen ist. Die im Anlageausschuss vertretenen Anleger müssten also schon über ein hinreichendes Spezialwissen verfügen, was i.d.R. nicht gegeben ist[1009]. Daneben wird auch darauf hingewiesen, dass schon gesetzliche Bestimmungen fehlen, die den Pflichtenumfang der Mitglieder eines Anlageausschusses festlegen[1010]. Hinzu kommt, dass ein solcher Ausschuss mit Kosten verbunden wäre, die dann die schon üblichen Ausgabeaufschläge[1011] und Verwaltungsgebühren um zusätzliche Kosten erweitern würden.

Ein Anlageausschuss ist daher lediglich empfehlenswert bei den Spezialfonds, wo er auch sehr geläufig ist. Dort will der einzige Anteilsinhaber oder gegebenenfalls die sehr kleine Zahl der Anteilsinhaber die Entscheidungen der Anlagepolitik beeinflussen können. Dieses Instrument eignet sich aber nicht für die Publikumsfonds mit den vielzähligen Anteilsinhabern. Daher ist auch der Anlageausschuss keine adäquate Alternative für eine verbesserte Kontrolle.

6.) Organisation der Anleger

Eine weitere Möglichkeit ist eine Organisation der Anleger selbst. Wie bereits festgestellt worden ist, steht die KAG der unbekannten Masse der Kleinanleger gegenüber[1012]. Die Anleger stellen zwar eine Interessengruppe dar. Dieser fehlen aber die Eigenschaften einer Interessengruppe im Sinne der „Capture Theory", nämlich Interessenhomogenität und das Merkmal der relativ kleinen Zahl, die die Voraussetzungen für eine effektive Organisation sind[1013]. Lediglich ein Ausschnitt aus dieser Gruppe der Investmentsparer - die meisten Spezialfondsanleger - erfüllt diese Bedingungen. Das gilt aber eben nicht für die in dieser Arbeit berücksichtigten Kleinanleger, die ihr Geld in den offenen Publikumsfonds anlegen.

Zu denken wäre daher an eine Organisation, die die Interessen dieser Anleger wahrnimmt und gegebenenfalls mit Kontrollrechten ausgestattet wird. Genau diese Funktion berücksichtigt das Gesetz mit der Depotbank. Im Rahmen dieses Vorschlags müsste daher eine zusätzliche Anlegerorganisation geschaffen werden. Dies ist allerdings wieder mit großem Aufwand und hohen Kosten verbun-

---

[1009] *Schwark*, S. 168.
[1010] *Schwennicke*, WiB 1997, 608, 610.
[1011] Siehe § 21 Abs. 2 S. 1 KAGG (§ 41 Abs. 1 S. 2 InvG).
[1012] Siehe dazu S. 94.
[1013] *Hartmann*, S. 154.

den, die zu den ohnehin hohen Fondsverwaltungskosten und Ausgabeaufschlägen hinzukommen würden.

Daneben besteht auch hierbei das schon bei den Ausführungen zum Aufsichtsrat erwähnte Problem des Desinteresses der meisten Anleger, die erforderlichen Mitglieder eines derartigen Ausschusses zu bestimmen oder dort selbst tätig zu werden. Voraussetzung dafür wäre zudem ein entsprechendes Fachwissen der Mitglieder. Selbst wenn man sich eine solche Organisation der Anleger vorstellen würde, so dient diese eher zur Interessenvertretung und -wahrnehmung. Die Wahrnehmung einer Kontrollfunktion seitens dieser Organisation ist nicht vorstellbar. Neben dem bereits erwähnten Fachwissen ist vor allem fraglich, woraus die Anteilsinhaber zu einer Kontrollbefugnis ermächtigt werden sollten. Hinzu kommt, dass auch dieser Alternativvorschlag das Prinzip des Investmentsparens, die Idee der Fremdverwaltung, unterlaufen würde.

Im Ergebnis würde die Depotbank nach wie vor bei den bestehenden Interessenkonflikten zur KAG die Kontrollaufgaben wahrnehmen. Es ist daher direkt bei der Depotbank anzusetzen, um das Problem effektiv lösen zu können.

7.) Externes, unabhängiges Kontrollorgan

Zur Lösung beitragen könnte daher die Schaffung eines externen Kontrollorgans. Eine verbesserte Kontrolle ist wohl nur durch eine externe und vor allem unabhängige Institution möglich. Nur so können die bestehenden Interessenkonflikte kontrolliert werden[1014].

Schon kurz vor dem Inkrafttreten des KAGG wurde vermutet, dass die Investmentgesellschaften überwiegend von Banken gegründet werden und sich daher eine Personalunion von Investmentgesellschaft und Depotinstitut nicht immer vermeiden lassen dürfte[1015]. Dies spricht Barocka zufolge dafür, von dem Zwang zur Bestellung eines unabhängigen staatlichen Treuhänders für das Anlagevermögen nicht abzusehen[1016]. Allerdings ist ein staatlicher Treuhänder für das Anlagevermögen meines Erachtens nach nicht zwingend notwendig. Sinnvoller wäre vielmehr eine externe Kontrollinstanz. Diese Kontrollinstanz müsste von KAG und Depotbank unabhängig sein.

[1014] So auch *Jacob*, S. 225.
[1015] *Barocka*, S. 105.
[1016] *Barocka*, S. 105.

Bei diesem Vorschlag würde das vom Gesetz vorgesehene Investment-Dreieck, anders als beim oben skizzierten Investment-Viereck[1017] bestehen bleiben. KAG und Depotbank haben weiterhin ihre Aufgaben und Pflichten. Es gibt nun aber noch eine weitere Kontrollinstanz, die dann effektiv dem Anlegerschutz zugute kommen soll. Diese zusätzliche Instanz sollte meines Erachtens auch nicht die KAG kontrollieren, sondern vielmehr die Kontrollarbeit der Depotbank. Es wäre demnach eine Kontrolle der vom Gesetz vorgesehenen Kontrolle. Das externe Kontrollorgan übernimmt dabei auch nicht alle Aufgaben der Depotbank. Das würde dazu führen, dass die Depotbank abgeschafft oder ersetzt wird. Ein solcher Eingriff in das Investment-Dreieck ist nicht erforderlich. Es würde sich auch niemand außerhalb der Banken finden, der all diese Aufgaben wahrnehmen kann.

Sinnvoll wäre aber eine Überprüfung insbesondere der Kontroll- und Verwahrungsfunktion der Depotbank. Ein dafür notwendiger Informationsaustausch sollte auch deshalb nur zwischen der Depotbank und der externen Kontrollinstitution stattfinden, damit die Handlungsbereitschaft der Investmentgesellschaften nicht zu sehr beeinträchtigt wird. Eine solche Lösung würde zu einer verbesserten Kontrolle führen und auch zu einer Stärkung des Vertrauens in die Anlage von Investmentfonds.

Es wurde schon vorgeschlagen, die Wahrnehmung der Depotbankfunktion der Deutschen Börse Clearing AG zu übertragen[1018]. Die Deutsche Clearing AG stellt zwar durchaus eine externe, unabhängige Institution dar. Bei dieser Lösung handelt es sich aber eben um eine komplette Übertragung der Depotbankfunktion. Eine solche Maßnahme halte ich wie bereits angeführt nicht für erforderlich.

Als weitere externe und unabhängige Institution kommt das BAKred bzw. die Nachfolgeorganisation, die BaFin, in Betracht. Das BAKred war ohnehin schon mit bestimmten Überwachungsaufgaben betraut, die sich im Gesetz meistens in Form von Genehmigungen wiederfanden. Die im Wege des Dritten FMFG vorgenommene Neuformulierung des KAGG sah auch eine Stärkung der Kontrollbefugnisse des BAKred vor. Diese ergibt sich aus dem durch einen S. 2 erweiterten § 2 Abs. 1 KAGG (§ 5 InvG): Danach wird das BAKred ermächtigt, „im Rahmen der Aufsicht alle Anforderungen zu treffen, die erforderlich und geeignet sind, um den Geschäftsbetrieb einer KAG und die Tätigkeit einer Depotbank mit diesem Gesetz, den aufgrund dieses Gesetzes erlassenen Bestimmungen und den Vertragsbedingungen im Einklang zu erhalten". Hierdurch soll

---

[1017] S. 189.

[1018] *Lütgerath*, S. 87; *König*, S. 189 (noch vor der Fusion vom Deutschen Kassenverein und Deutschen Auslandskassenverein zur Deutschen Börse Clearing AG).

auch den Schutzbedürfnissen der Anleger angemessen Rechnung getragen werden[1019]. Es handelt sich allerdings um eine sehr generelle Regelung, die so sicherlich noch nicht ausreichend ist, um eine effektive Kontrolle zu erreichen. Vorstellbar ist jedoch eine Intensivierung der Überwachungsfunktionen des BAKred.

Mitunter wurde allerdings auch geäußert, dass die Bundesbehörde personell und organisatorisch nicht für derart umfangreiche Aufgaben ausgestattet sei[1020]. Es wurde sogar befürchtet, dass das BAKred mit seinen Aufgaben bald überfordert sei[1021]. Hinzu kommen die Befürchtungen einiger Ministerpräsidenten, mehr als 2000 Finanzbeamte einstellen zu müssen, um die Förderung der privaten Altersvorsorge abzuwickeln. Diesbezüglich wurde daher vorgeschlagen, die Förderung auf eine Bundesbehörde zu verlagern[1022]. Als Bundesbehörde kam hier wohl auch das BAKred in Betracht. Damit war dann eine weitere Belastung dieser Institution zu befürchten.

Allerdings ist hierbei zu bedenken, dass das BAKred inzwischen gemäß § 1 des Gesetzes über die Bundesanstalt für Finanzdienstleistungsaufsicht (FinDAG) mit Wirkung zum 01.05.2002 zusammen mit dem Bundesaufsichtsamt für das Versicherungswesen und dem Bundesaufsichtsamt für den Wertpapierhandel zu einer neuen bundesunmittelbaren, rechtsfähigen Anstalt des öffentlichen Rechts zusammengelegt worden ist. Diese neue BaFin untersteht nach § 2 FinDAG der Rechts- und Fachaufsicht der Bundesministeriums der Finanzen und hat ihren doppelten Sitz in Bonn und Frankfurt am Main[1023]. Die Errichtung der neuen Bundesanstalt war nötig, da Banken, Versicherungsunternehmen und Wertpapierhäuser inzwischen auf demselben Markt konkurrieren und denselben Kunden mit ähnlichen oder vergleichbaren Produkten umwerben[1024].
Sehr bedeutend für die wichtigen und zunehmend komplexer werdenden Aufgaben der Finanzmarktaufsicht ist daher auch die budgetäre Unabhängigkeit der selbständigen Anstalt[1025]. Die Finanzmarktaufsicht muss unabhängig von der Situation der öffentlichen Haushalte und den dort herrschenden Sparzwängen die Möglichkeit haben, sich die notwendige Sach- und Personalausstattung zu beschaffen[1026]. Diesbezüglich ist daher bei der BaFin eine bessere personale Si-

---

[1019] Amtl. Begr. zum Dritten FMFG, BT.-Drucks. 13 / 8933, S. 289; *Beckmann* in: Investment-Handbuch 425, § 2 Rn. 3 a.

[1020] *Jacob*, S. 225.

[1021] *Sanio*, Präsident des BAKred, in: Süddeutsche Zeitung Nr. 51 v. 02.03.2001, S. 26.

[1022] *Hagelüken*, Süddeutsche Zeitung Nr. 40 v. 17./18.02.2001, S. 6.

[1023] § 1 Abs. 2 FinDAG.

[1024] *Hagemeister*, WM 2002, 1773, 1774.

[1025] *Hagemeister*, WM 2002, 1773, 1775.

[1026] *Hagemeister*, WM 2002, 1773, 1774.

203

tuation zu erwarten als beim ehemaligen BAKred. Die neue Anstalt finanziert sich gemäß § 16 FinDAG, soweit die Kosten nicht durch Gebühren oder die gesonderte Kostenerstattung für einzelne Maßnahmen gedeckt werden, durch die Erhebung einer Umlage bei allen Kreditinstituten, Versicherungsunternehmen, Finanzdienstleistungsunternehmen und sonstigen der Aufsicht unterliegenden Personen. Damit werden jetzt im Gegensatz zur bisherigen Rechtslage die Kosten der Aufsicht zu 100 % und nicht nur zu 90 % von den beaufsichtigten Unternehmen getragen.

Ich denke daher, dass die BaFin bei im Vergleich zum BAKred besseren internen Bedingungen am ehesten für die vorgeschlagenen Kontrollaufgaben in Betracht kommt. Zumindest hat die BaFin wegen der Zusammenarbeit der früheren drei großen Aufsichtsämter ein größeres Maß an Möglichkeiten der Überwachung. Des Weiteren könnte man im Rahmen der Zusammenarbeit der bisherigen Aufsichtsbehörden auch über die Schaffung einer Abteilung nachdenken, die die erforderlichen Kontrollaufgaben im Investmentrecht des KAGG aufgrund ihrer Kompetenz wahrnehmen kann. Eine derartige Abteilung in der integrierten Finanzaufsichtsbehörde wäre am geeignetsten für die beschriebene externe Überwachung der Kontrollfunktion der Depotbank. Es müsste dann auch keine neue Institution geschaffen werden, sondern die Befugnisse einer bereits vorhandenen lediglich ausgeweitet werden.

Auch im Rahmen dieses Alternativvorschlages sollen allerdings die Interessen der Banken nicht unberücksichtigt bleiben. Wie bereits beim Erwerbsverbot spezieller Wertpapiere erläutert, besteht das vorrangige Ziel der Banken in der Gewinnmaximierung[1027]. Bei einer Umsetzung des Vorschlages eines externen, unabhängigen Kontrollorgans ist sicherlich Widerstand von Seiten der Universalbanken zu erwarten. Diese haben nicht unbedingt ein Interesse daran, dass bei der jeweilige Depotbank eine weitere Kontrolle vorgenommen wird. Gründe dafür dürften vor allem der damit verbundene Mehraufwand und die zusätzlichen Kosten sein.

Allerdings verfolgen die Banken neben der Gewinnmaximierung, wenn auch nur sekundär, die sogenannten „Marketing-Ziele"[1028]. Die dabei zu erzielende Kundenzufriedenheit und das Ansehen in der Öffentlichkeit können aber gerade dadurch erhöht werden, dass man eine weitere Kontrolle zulässt, die von einem externen, unabhängigen Organ vorgenommen wird. Durch diese Maßnahme wird zusätzliches Vertrauen für die Anlage in Investmentfonds geschaffen.

[1027] S. 190 f.
[1028] *Büschgen*, Bankbetriebslehre, S. 511; *Preute*, S. 128.

Einige Investmentgesellschaften gehen diesen öffentlichkeitswirksamen Weg wie bereits erwähnt[1029] bei den Informationspflichten und bieten dem Kunden mehr Informationen als gesetzlich vorgesehen. Das wird von den Anlegern sicherlich gern angenommen und auch mit zusätzlichem Vertrauen belohnt. Für die Banken muss sich daher die Frage stellen, ob der wirtschaftliche Nachteil einer kostenverursachenden Kontrolle den positiven Öffentlichkeitseffekt überwiegt. Es dürfte zumindest schwierig sein, diese Kosten komplett auf die Anleger über die Ausgabeaufschläge und Verwaltungsgebühren abzuwälzen, da die Anlage in Investmentfonds ansonsten für den Verbraucher ab einem bestimmten Punkt nicht mehr rentabel erscheint.

III.) Zusammenfassung zu den Alternativvorschläge

Betrachtet man die dargestellten Alternativvorschläge zusammenfassend, so kann festgestellt werden, dass die Vorschläge zur erweiterten Publizitätspflicht und zum externen, unabhängigen Kontrollorgan am ehesten geeignet sind, um das vorhandene Schutzsystem des Investment-Dreiecks aus Sicht der Anteilsinhaber zu verbessern. Die erläuterten Alternativvorschläge stellen ein von der ökonomischen Analyse gefordertes geeignetes Informations- und Überwachungssystem dar. Beide Vorschläge führen auf ihre Weise zu einer Verbesserung: Durch eine erweiterte Publizitätspflicht kann eine Verringerung der Informationsasymmetrie erreicht werden, die zusätzliche Kontrolle durch ein externes Kontrollorgan wirkt möglichen Interessenkonflikten zwischen Investmentgesellschaften und Depotbanken entgegen. Aufgrund der Kenntnis der späteren Kontrolle würde dann ein Anreizeffekt für den Agenten, die Depotbank, erzeugt. Dieser Anreizeffekt verringert die Gefahr des moral-hazard. Der Agent würde dann nicht mehr überwiegend im eigenen Interesse handeln, sondern auch die Interessen des Prinzipals, also des Anlegers, verstärkt berücksichtigen.

[1029] Siehe S. 193 f.

-FÜNFTER TEIL-

Neues Investmentgesetz und Investmentsteuergesetz

A.) Zusammenfassung der Gesetzesänderungen

Seit dem 01.01.2004 sind das neue Investmentgesetz (InvG) sowie das neue Investmentsteuergesetz (InvStG) in Kraft. Die Neuerungen des InvG basieren auf der Umsetzung von EU-Änderungsrichtlinien[1030] sowie der Zusammenlegung und Modernisierung von KAGG und AuslInvestmG. Im InvStG sind die bisherigen steuerrechtlichen Vorschriften dieser beiden Gesetze zusammengefasst und überarbeitet worden. Durch das InvG ist das deutsche Investmentrecht übersichtlicher und verständlicher gestaltet worden[1031]. Detailregelungen werden dabei teilweise auf den Verordnungsgeber übertragen, der mit kürzeren Reaktionszeiten neue Entwicklungen des Finanzmarktes aufgreifen kann[1032].

Die Gesetzesänderungen dienen der weiteren Fortentwicklung und Steigerung von Leistungsfähigkeit sowie Attraktivität des Investmentstandortes Deutschland[1033]. Ziele sind vor allem die Stärkung der Aufsicht durch die BaFin, erleichterte Bedingungen für die Anbieter von Investmentfonds und die Verbesserung des Anlegerschutzes. Die wesentlichen Neuerungen stellen sich dabei wir folgt dar[1034]: Die gesetzlichen Fondstypen sind aufgehoben worden. Eine Klassifizierung der Sondervermögen, wie das KAGG sie kannte, gibt es im InvG nicht. Damit wird den Investmentgesellschaften die Möglichkeit gegeben, gemischte Sondervermögen aufzulegen[1035]. Der Anlegerschutz ist weiter verbessert worden durch die Zulassung eines vereinfachten, standardisierten und leicht verständlichen Verkaufsprospektes[1036], der jetzt neben dem bisherigen ausführlichen Verkaufsprospekt zur Verfügung gestellt wird und die wichtigen Informationen in zusammengefasster Form enthält. In dem vereinfachten Verkaufsprospekt ist u.a. eine Gesamtkostenquote (Total Expense Ratio – TER) an-

---

[1030] EU-Änderungsrichtlinie 2001/107/EG und 2001/108/EG zur Richtlinie zur Koordinierung der Rechts- und Verwaltungsvorschriften betreffend Organismen für gemeinsame Anlagen in Wertpapieren (OGAW-Richtlinie) 85/611/EWG.

[1031] *Lang*, WM 2004, 53.

[1032] Begründung des Regierungsentwurfes, www.bundesfinanzministerium.de/Anlage199989/ Entwurf-des-Investmentmodernisierungsgesetzes.pdf, S. 153.

[1033] Begründung des Regierungsentwurfes, www.bundesfinanzministerium.de/Anlage199989/ Entwurf-des-Investmentmodernisierungsgesetzes.pdf, S. 152 ff.

[1034] Siehe zur genaueren Darstellung der wesentlichen Änderungen *Lang* WM 2004, 53 ff.

[1035] *Kestler*, Die Bank 2003, 675, 676.

[1036] § 42 InvG.

zugeben[1037], mit deren Hilfe zugunsten der Anleger eine bessere Kostentransparenz erzielt werden soll[1038].

Des Weiteren sind die Tätigkeiten der KAG ausgeweitet und das Anfangskapital der KAG abgesenkt worden von bisher 2,5 Mio. € auf jetzt 730.000 €[1039], womit Markteintrittsbarrieren abgebaut werden. Als weitere Gesellschaftsform ist die bereits in Luxemburg und Irland etablierte Investmentaktiengesellschaft mit veränderlichem Kapital in den §§ 104 ff. InvG aufgenommen worden[1040]. Das neue InvG umfasst zudem Regelungen zur Auslagerung von Tätigkeiten der KAG[1041] und zum erweiterten Einsatz von Derivaten[1042]. Zudem ist es jetzt rechtlich zugelassen, sogenannte Umbrella-Fonds aufzulegen[1043]. Damit ist es den Anlegern möglich, zu günstigen Bedingungen zwischen Teilfonds zu wechseln. Der europäische Pass für Investmentfonds ist ausgeweitet und der für Verwaltungsgesellschaften erstmals eingeführt worden.

Eine wesentliche Neuerung ergibt sich durch die erstmalige Zulassung der vom Gesetz in den §§ 112 ff. InvG so bezeichneten „Sondervermögen mit zusätzlichen Risiken", den Hedge-Fonds[1044]. Zum Schutz der Privatanleger sind bei der Anlagemöglichkeit in Hedge-Fonds die Beschränkung der Anlage auf Dachfonds[1045] sowie ein ausdrücklicher Warnhinweis im Verkaufsprospekt[1046] zur Bedingung gemacht worden.

Daneben soll das InvG durch neue Regelungen zu einer Beschleunigung des Genehmigungsverfahrens für Vertragsbedingungen[1047] und einer Straffung der Produktpaletten der Investmentgesellschaften beitragen. Letzteres wird durch die in § 40 InvG aufgenommene Möglichkeit zur Verschmelzung von Sondervermögen erreicht. Die Möglichkeit der Verschmelzung ist auch deshalb sinn-

---

[1037] § 41 InvG.

[1038] Begründung des Regierungsentwurfes, www.bundesfinanzministerium.de/Anlage199989/ Entwurf-des-Investmentmodernisierungsgesetzes.pdf, S. 153.

[1039] § 11 Abs. 1 Nr. 1 InvG.

[1040] Siehe dazu näher *Lang*, WM 2004, 53, 54 f.; *Kestler*, Die Bank 2003, 675.

[1041] § 16 InvG.

[1042] § 51 InvG.

[1043] Diese Möglichkeit berücksichtigt das Gesetz in § 34 Abs. 2 InvG.

[1044] Siehe zur Darstellung der Rahmenbedingungen für Hedge-Fonds *von Livonius*, WM 2004, 60 ff; *Pütz / Schmies*, BKR 2004, S. 51 ff.; Hinweise zu empirischen Befunden zu Hedge-Fonds bei *Ricke*, BKR 2004, S. 60, 64 f.

[1045] § 113 InvG.

[1046] § 117 Abs. 2 InvG.

[1047] § 43 InvG; Begründung des Regierungsentwurfes, www.bundesfinanzministerium.de/ Anlage199989/Entwurf-des-Investmentmodernisierungsgesetzes.pdf, S. 213 f.; kritisch bzgl. der Umsetzung *Lang*, WM 2004, 53, 56.

voll, weil es 2003 erstmals mehr Fondsschließungen als Neuauflagen gegeben hat[1048].

Auch die Regelungen zum Vertrieb von Investmentanteilen außerhalb Deutschlands und von EG- sowie ausländischen Investmentanteilen in Deutschland sind überarbeitet worden[1049].

B.) Auswirkungen der Gesetzesänderungen

Insbesondere mit dem vereinfachten Verkaufsprospekt, mit dem der Gesetzgeber erreichen will, dass die Anleger die Informationen auch tatsächlich zur Kenntnis nehmen und nicht wegen der Länge der Prospekte auf die Durchsicht verzichten[1050], ist eine Verbesserung des Anlegerschutzes verwirklicht und einer der im vierten Teil unter C II 1 genannten Verbesserungsvorschläge zu einer erweiterten Publizitätspflicht berücksichtigt worden. Hierzu zählt auch die gemäß § 41 Abs. 2 S. 3 InvG gesondert zu erfolgende Angabe einer erfolgsabhängige Vergütung. Diese Gesichtspunkte werden sicherlich zu einer Verringerung der Informationsasymmetrien und somit zu einem verbesserten Anlegerschutz führen. Allerdings wird die Verbesserung der Preistransparenz auch als noch immer unzureichend kritisiert[1051]. Zudem ist zum einen unverständlich, dass die TER nicht im ausführlichen, das Widerrufsrecht hingegen nicht im vereinfachten Verkaufsprospekt zu berücksichtigen ist und zum anderen wäre auch eine weitreichendere Kostentransparenz wünschenswert gewesen[1052].

Die Aufhebung der bisherigen Klassifizierungen der Sondervermögen und vor allem die Einführung neuer Anlagemöglichkeiten wie der Hedge-Fonds werden den Investmentmarkt weiter ausbauen und somit wegen der größeren Auswahl auch für die Anleger eine Verbesserung darstellen. So sollen noch mehr Investmentgesellschaften ihre Fonds in Deutschland verkaufen[1053]. Auch wenn von einigen ein Boom[1054], von anderen ein zögerlicher Start der Hedge-Fonds[1055]

[1048] *Ruhkamp*, Börsenzeitung v. 06.01.2004, S. 8.

[1049] Siehe hierzu §§ 128 f, 130 ff., 135 ff. InvG.

[1050] Begründung des Regierungsentwurfes, www.bundesfinanzministerium.de/Anlage199989/ Entwurf-des-Investmentmodernisierungsgesetzes.pdf, S. 155 f..

[1051] *Lang*, WM 2004, 53, 57.

[1052] Siehe hierzu bereits S. 193.

[1053] Handelsblatt v. 06.01.2004, S. 17.

[1054] *Schönauer*, Handelsblatt v. 05.01.2004, S. 18.

[1055] *Narat*, Handelsblatt v. 26.02.2004, S. 21.

erwartet wird, so werden diese für die Privatanleger vor allem als geeignete Beimischung zum Portfolio empfohlen[1056].

Allerdings haben auch die durch das InvG eingeführten Neuerungen keine Veränderung am im dritten und vierten Teil der Arbeit kritisch betrachteten Schutzsystem des Investment-Dreiecks bewirkt. Insbesondere im Hinblick auf die Zulassung von Hedge-Fonds sowie die sonstigen erweiterten Anlagemöglichkeiten ist die Überwachungsfunktion der Depotbank noch wichtiger geworden. Ein externes, unabhängiges Kontrollorgan, wie es im vierten Teil unter C II 7 gefordert worden ist, sieht auch das neue InvG nicht vor. Daher behalten die im vierten Teil dargestellten Verbesserungsvorschläge weiterhin Relevanz.

[1056] *Quandt*, Handelsblatt v. 08.01.2004.

- ZUSAMMENFASSUNG -

1.)
Investmentfonds haben eine große kapitalmarkt- und sozialpolitische Bedeutung. In den letzten Jahren verzeichnete diese Form der Vermögensanlage hohe Steigerungsraten, die die wirtschaftliche Bedeutung der Investmentfonds auch in Zukunft noch weiter ausbauen werden.

2.)
Bei dem zwischen den Anteilsinhabern und der Depotbank bestehenden Rechtsverhältnis handelt es sich um ein gesetzliches Schuldverhältnis, welches sich insbesondere aus den von der Depotbank zugunsten der Anteilsinhaber wahrzunehmenden Leistungs- und Kontrollpflichten ergibt.

3.)
Das KAGG nimmt eine klare Verteilung der Aufgaben und Pflichten zwischen KAG und Depotbank vor. Der Depotbank kommt dabei neben einer Verwahrungsfunktion bezüglich des Sondervermögens insbesondere eine bedeutende Kontroll- und Überwachungsfunktion gegenüber der KAG zu. Die ihr zugewiesenen Aufgaben stellen ein aufeinander abgestimmtes Schutzsystem zur Sicherung des Sondervermögens und damit zur Wahrung der Interessen der Anteilsinhaber dar.
Der KAG obliegt vor allem die Verwaltung und Anlage des Fondsvermögens. Damit ist eine Trennung von Verwaltung und Verwahrung im KAGG vorgegeben.

4.)
Durch die Wahrnehmung der unterschiedlichen Aufgaben von KAG und Depotbank wird eine Begrenzung der mit der Anlage in Investmentfonds verbundenen Risiken erreicht.

5.)
Das Prinzipal-Agenten-Modell ist auch auf das Investment-Dreieck anwendbar. Die Anteilsinhaber als Prinzipale stehen dabei der Investmentgesellschaft als Agent gegenüber und sind zur Wahrnehmung ihres Schutzes auf die Kontrolle der Depotbank gegenüber der KAG angewiesen.

6.)

Der Depotbank kommt eine gegenüber der KAG bedeutendere Schutzfunktion zugunsten der Anteilsinhaber zu. Dadurch wird vom Gesetz ein System der „checks and balances" etabliert.

7.)

Die Wirkung der von der Depotbank zugunsten der Anteilsinhaber im Rahmen der Kontrollfunktion auszuübenden Kompetenzen ist allerdings aufgrund der Begrenzung der Kontrolle auf die Recht- und Pflichtmäßigkeit des Handelns der KAG und aufgrund des Fehlens eines eigenen Weisungsrechts der Depotbank gegenüber der KAG eingeschränkt. Die gesetzlich vorgesehene Schutzfunktion wird zudem in ihrer Auswirkung durch ein nur auf Gesetzes- oder Vertragsverstöße beschränktes Verweigerungsrecht der Depotbank begrenzt.

8.)

Bei der Umsetzung des Schutzsystems in der Praxis beeinträchtigen das Näheverhältnis von Investmentgesellschaften und beteiligten Depotbanken und die daraus resultierenden Gefahren die Effektivität des Schutzes der Anteilsinhaber und führen dazu, dass eine konsequente Wahrnehmung der Schutzinteressen der Anteilsinhaber nicht gewährleistet ist.

Das vom Gesetzgeber geschaffene Schutzsystem der „checks and balances" wird auf Grund der von gesellschaftsrechtlichen Verflechtungen und der von den damit verbundenen Interessenkollisionen ausgehenden Gefahren sowie der wenig wirksamen Eingriffsmöglichkeiten der Depotbank nicht effektiv umgesetzt.

9.)

Den Anteilsinhabern stehen gegenüber der Depotbank Schadensersatzansprüche insbesondere bei der Verletzung von sich aus der Kontroll- und Verwahrungsfunktion ergebenden Pflichten zu. Als Anspruchsgrundlagen kommen insbesondere § 280 Abs. 1 und § 823 Abs. 2 BGB in Betracht. Schwierigkeiten können sich im Rahmen der Durchsetzbarkeit der Ansprüche vor allem bei einer Beweisführung ergeben.

10.)

Zur Verbesserung des Schutzsystems des Investment-Dreiecks sind erweiterte Publizitätspflichten und ein externes, unabhängiges Kontrollorgan, welches die Aufgabenwahrnehmung der Depotbank überwacht, am geeignetsten. Als Kontrollorgan kommt dabei eine Abteilung der neu geschaffenen BaFin in Betracht. Diese Alternativvorschläge stellen ein von der ökonomischen Analyse gefordertes geeignetes Informations- und Überwachungssystem dar.

Claus C. Roggatz

Informationspflichten von Investmentgesellschaften

Analyse der gesetzlichen Publizitätsvorschriften zur Verbesserung der investmentrechtlichen Transparenz und des Anlegerschutzes

Frankfurt am Main, Berlin, Bern, Bruxelles, New York, Oxford, Wien, 2003.
395 S., zahlr. Abb., 12 Tab.
Schriftenreihe Ökonomisches Analyse des Rechts.
Herausgegeben von Michael Adams. Bd. 4
ISBN 3-631-51211-2 · br. € 56.50*

Gegenstand der Arbeit ist das 1957 verabschiedete Gesetz über Kapitalanlagegesellschaften (KAGG) und die sich daraus ergebenden Publizitäts- und Informationspflichten der Investmentfondsgesellschaften. Es wird der Frage nachgegangen, ob die Verkaufsunterlagen in der Praxis den Anlegern tatsächlich alle für eine Investitionsentscheidung notwendigen Informationen zur Verfügung stellen oder ob die Publizitätsanforderungen ihrem gesetzlichen Aufklärungsanspruch nicht gerecht werden. In diesem Zusammenhang spielt auch die Möglichkeit von interessenmotivierten Sorgfaltsverstößen innerhalb der Fondsbranche und deren Kontrolle eine bedeutende Rolle. Zur Verbesserung der investmentrechtlichen Aufklärungspflicht durch Transparenz und Publizität werden Reformvorschläge und Möglichkeiten aufgezeigt, die den Anlegerschutz nachhaltig stärken können.

Aus dem Inhalt: Investmentsparen und gesetzliche Rahmenbedingungen · Information und investmentrechtliche Publizitätspflichten · Anlegerschutz durch Transparenz und Publizität · Anforderungen an die Verkaufsunterlagen und Reformen

Frankfurt am Main · Berlin · Bern · Bruxelles · New York · Oxford · Wien
Auslieferung: Verlag Peter Lang AG
Moosstr. 1, CH-2542 Pieterlen
Telefax 00 41 (0) 32 / 376 17 27

*inklusive der in Deutschland gültigen Mehrwertsteuer
Preisänderungen vorbehalten
Homepage http://www.peterlang.de

Peter Lang · Europäischer Verlag der Wissenschaften